大きな嘘とだまされたい人たち

マーク・カーランスキー　橋本恵◉訳

あすなろ書房

大きな嘘とだまされたい人たち

BIG LIES: From Socrates to Social Media
by Mark Kurlansky

装画：山﨑杉夫　装丁：城所潤＋大谷浩介（ジュン・キドコロ・デザイン）

読者への切なる願い

真実はすべての者の鼻をくすぐる。
問題は、ぐちゃぐちゃにもつれたなかから、
どうすれば真実を引きだせるかだ。

————イサーク・バーベリ「私の初めてのガチョウ」
（短篇集《たんぺんしゅう》『騎兵隊《きへいたい》』1926年刊より）

真実に近づく努力

この本には、いろいろな考えや事実や意見が書いてある。ただ読んで、そういうものかと信じるのは簡単だ。

でもそうではなく、読みながら自分の頭で考え、何を信じるか、ぜひ自分で決めてもらいたい。

科学的方法——データを集め、データに基づいて仮説を立て、その仮説を事実で検証する研究法——の先駆者《せんくしゃ》であるイギリスの哲学者《てつがくしゃ》フランシス・ベーコン（一五六一～一六二六）は、一六一二年にこう書いている——「読書とは、否定して反論するためではなく、頭から信じるためでもなく、話題のためにするものでもない。じっくりと考えるためにするものだ」

人はそのように努力して、真実に近づいていく。その努力が、世界を混乱から守ってくれるのだ。嘘《うそ》は見抜《みぬ》きやすいが、何が真実かを見極《みきわ》めるのは難しい。いまなお評価の高い一九世紀のドイツの哲学者《てつがくしゃ》G・W・F・ヘーゲル（一七七〇～一八三一）は「絶対的な真実は必ず存在するが、その真実にたどりつけるとはかぎらない」と主張した。

確かにそうかもしれないが、真実をつきとめる努力を惜《お》しんではならない。何が真実かを問い続けなければ、全世界の人々が秩序《ちつじょ》ある健全な社会で暮らすことなどできない。

なぜ嘘《うそ》を信じる？

では、明らかに嘘《うそ》とわかることを、なぜこんなにも多くの人が信じてしまうのか？　よく問題になるのは、この点だ。

どんな嘘《うそ》も、信じる人がいなければ、大きな嘘《うそ》――自由と人権と公共の利益を害する嘘《うそ》――にはならない。信じるかどうかは、その人が決めること。公平で正しくふるまえるかどうかは、ひとりひとりの決断にかかっている。

人は誰《だれ》しも、面倒《めんどう》な変化をともなう不都合な真実より、魅力的《みりょくてき》な嘘《うそ》のほうを選びたくなる。嘘《うそ》が心を癒《い》やし、なぐさめとなり、望みをかなえる言い訳や理由となるなら、誰《だれ》だって嘘《うそ》のほうがいい。すべてを疑え、というのは難しい。

しかし民主主義は、つねに正しくあろうとする道徳的な勇気と、自分の頭で考える力と、偏見《へんけん》のない公平な判断にかかっている。

真実と嘘《うそ》を見極《みきわ》めようとしなくなったら、民主主義は滅《ほろ》んでしまう。

独裁者ヒトラーが支配するドイツから逃亡《とうぼう》し、二〇世紀を代表する哲学者《てつがくしゃ》となったハンナ・アーレント（一九〇六～一九七五）は、『全体主義の起源』のなかでこう書いている――「（個人の自由と権利が無視され、国家と民族が優先する）全体主義を忠実に実行したのは、全体主義を信奉《しんぽう》したナチ党でも、熱心な共産主義者でもない。事実と捏造《ねつぞう》、真実と虚偽《きょぎ》を区別しなくなった民衆だ」

この本を読むときも、人生を歩むときも、いったい何が真実なのかと、自分につねに問いかけてほしい。

——マーク・カーランスキー

もくじ

1

嘘《うそ》という名のカーニバルではしゃぐ人々

嘘《うそ》って何?

もし本気で真実を追い求めたければ、人生で少なくとも一度は、できるかぎり、すべてのことを疑ってかかる必要がある。

——ルネ・デカルト(『哲学《てつがく》原理』1644年刊より)

すべてを疑え

「すべてを疑え」と主張した、フランスの哲学者《てつがくしゃ》ルネ・デカルト（一五九六～一六五〇）は正しい。とくに現代は、すべてを疑ったほうがいい。

現代人はえんえんと続く嘘《うそ》のカーニバルの中で、激しく踊《おど》らされているようなものだ。政治家は、人にもよるが、たまに、あるいはしょっちゅう、嘘《うそ》をつく。嘘《うそ》もいろいろで、悪い物を売るための嘘《うそ》もあれば、良い物から遠ざけるための嘘《うそ》もある。

イギリスの作家ジョージ・オーウェル（一九〇三～一九五〇）は「偽《いつわ》りが蔓延《まんえん》する時代には、真実を言うことが革命の遂行《すいこう》となる」という、現代にふさわしい有名な警句を残したと言われている。いかにもオーウェルが言いそうなことだが、実はこれも嘘《うそ》だ。オーウェルの著作や発言にこの警句の記録はなく、オーウェルが一九五〇年に亡《な》くなったあとに考案されたものらしい。

これは、すべてを疑ってかかるのがいかに重要か、教えてくれる一例と言えるだろう。

ノーベル文学賞を受賞したアメリカのイディッシュ作家（ユダヤ人が用いるイディッシュ語で創作した作家）I・B・シンガー（一九〇四～一九九一）は、言われたことをうのみにする「ばかもののギンペル」というキャラクターを創作した。何でもかんでも信じることを非難されたギンペルは、「どういう意味だよ！　みんなが嘘《うそ》をついてるって言うの？」と反論する。

確かにみんなを嘘《うそ》つき呼ばわりするのは問題だろう。しかし何か言われたら、まずは本当かと疑ってみるほうが賢明《けんめい》だ。

嘘《うそ》という名のカーニバル

伝統的なカーニバルでは、飲み騒《さわ》ぐ人々は仮面をかぶって素顔《すがお》をかくしている。これは「嘘《うそ》という名のカーニバル」にもあてはまる。

誰《だれ》かの意見を聞いたり読んだりしたとき、その人が本当に名乗っている通りの人物かどうかはわからない。「人間はトカゲやピエロやエイリアンにつきまとわれている」とか、「ワシントンＤＣのふつうのピザ屋で危険な陰謀《いんぼう》が進行している」とか、奇抜《きばつ》な話は実際に広まっている。

現代は、どんな話が飛びだしてきてもおかしくない。

しかも人間は、本能的に嘘《うそ》をつく。スイスの児童心理学者ジャン・ピアジェ（一八九六〜一九八〇）は一九三二年に、嘘《うそ》をつくのは「人間の生まれつきの傾向《けいこう》で……衝動的《しょうどうてき》で普遍的《ふへんてき》な行為《こうい》だ」と結論づけている。

子どもは、言葉と理性が発達するにつれて、嘘《うそ》をつく能力を身につける。

子どもはすぐに嘘《うそ》をつくので、真実を話すよう、つねに教えこまなければならない。あまりに正直すぎて嘘《うそ》を教えなければいけない子など、めったにいない。

嘘《うそ》をつく動物

嘘《うそ》をついて相手をだます動物は、なにも人間だけではない。嘘《うそ》をつく能力は、進化の過程で生まれたからだ。キツネやカラスも、嘘《うそ》をつく習性があることは広く知られている。

恐怖《きょうふ》を感じた犬が、うなったり吠《ほ》えたり牙《きば》をむきだしたりするのを、見たことがないだろうか？昆虫《こんちゅう》から哺乳類《ほにゅうるい》にいたるまで、動物は敵を追いはらうために、わざと威嚇《いかく》することがある。はったりをかけるのだ。

逆にあえて攻撃性《こうげきせい》を抑《おさ》える動物もいれば、危険を感じて死んだふりをする動物も数多くいる。

また動物のなかには、生息環境《かんきょう》に溶《と》けこめるよう、生まれつき体がカモフラージュされているものもいるが、環境《かんきょう》に合わせて外見を変えられるものもいる。わかっているだけで二〇二種類もいるカメレオンは、温度やソーシャル・シグナル（相手が発する仕草やジェスチャー）に反応して、攻撃《こうげき》や降伏《こうふく》の印として、もしくは背景に溶《と》けこむために外見を変えられるのだが、他の動物をあざむくために姿を変えることもある。殻《から》や骨がないタコも、捕食者《ほしょくしゃ》や獲物《えもの》をだますために形や色を変えることで生きのびている。

動物の「だまし」には、遺伝によるものもある。たとえば、ベイツ型擬態《ぎたい》。ベイツ型擬態《ぎたい》とは、無害な種のチョウが、捕食者《ほしょくしゃ》の攻撃《こうげき》をまぬがれるために、有毒なチョウの模様を持って生まれてくるような擬態《ぎたい》をさす。

そんな無意識の「だまし」は、高等な霊長類《れいちょうるい》の場合、大脳新皮質《だいのうしんひしつ》の成長にともなって、意識的な嘘《うそ》へと進化した。

サルのなかには、何の危険もないのに、食料を独占《どくせん》したいがために、わざと甲高《かんだか》い声をあげて、仲間に逃《に》げろと知らせるものもいる。

しかしもっとも進化した嘘《うそ》つきは、人間だ。

人間と嘘《うそ》

一九世紀のイギリスの博物学者チャールズ・ダーウィン（一八〇九〜一八八二）の定義によると、進化は自然選択《せんたく》によって進む。そして生存と繁殖《はんしょく》の可能性を高める遺伝子の組み換《か》えは、次の世代に引き継《つ》がれやすい。

同じように人間の「だまし」の能力も、戦略としては有効なので、何世代にもわたって引き継《つ》がれてきた。嘘《うそ》をつく生物は、とことん正直な生物よりも生き残る可能性が高いので、人間は嘘《うそ》つきへと進化をとげた。しかも言葉をしゃべれる人間は高いコミュニケーション能力を持っており、そのせいでどの生物よりも上手に嘘《うそ》をつける。

人間の場合、はったり、誇張《こちょう》、自慢《じまん》や徹底《てってい》した嘘《うそ》は、競争の道具としてあたりまえのように使われている。さらに人間は、自分自身にも嘘《うそ》をつくことがある。精神科医のアーノルド・ルドウィックが書いたように、「空想は、人生をより快適にするために、人間が一時的に自分をだます便利な方法となることが多い。人間はもともと物語が大好きな生き物だが、それは嘘《うそ》に強く惹《ひ》かれる証拠《しょうこ》でもある」。

人間はだれしも嘘《うそ》をつく。数字を偽《いつわ》ったり、強調するために話を誇張《こちょう》したり、不利な事実や恥《は》ずかしい事実をごまかしたり、不都合な事実や好ましくない事実をわざと省いたりして、嘘《うそ》をつく。相手の体調が悪そうでも、相手の気持ちをおもんぱかって、元気そうだねと声をかける。おそろしくまずい食事でもおいしいと言うし、悪趣味《あくしゅみ》な家でもすてきだと言うし、退屈《たいくつ》なおしゃべりでも楽しいと嘘《うそ》をつく。ぜったい嘘《うそ》をつかないとしたら、嫌味《いやみ》な人でしかない。

真実が不快な場合は、嘘《うそ》をつくほうが好ましいように思える。だがこれは、嘘《うそ》つきにつけいる隙《すき》を与《あた》えることにもなる。

ゆるされる嘘《うそ》と、ゆるされない嘘《うそ》

たわいもない嘘《うそ》をつくのは世渡《よわた》りの役に立つし、時には礼儀《れいぎ》にもなる。しかしささいな嘘《うそ》を認めると、もっと重大な嘘《うそ》を——真実よりも都合がいい嘘《うそ》を——容認しやすくなる。たとえば、「気候変動など起きていない」とか、「気候変動は人間が原因ではない」とか、「気候変動は手の打ちようがないから放っておこう」とか、そういう嘘《うそ》になびいてしまいかねない。

旧約聖書は「嘘《うそ》をついてはならない」と説いているが、ユダヤ教の生活規範《きはん》を定めたタルムードには、嘘《うそ》がゆるされる場合が書いてある。たとえば、自慢《じまん》げに見えるのをさけるためには、嘘《うそ》をついても良いとされている。配偶者《はいぐうしゃ》との仲睦《なかむつ》まじさについてたずねられたときは、真実を言わなくてもよい。調停のときも、嘘《うそ》はゆるされている。

一三世紀の代表的な神学者のひとり、トマス・アクィナス（一二二五ごろ〜一二七四）も、誰《だれ》かの役に立つか、ただの冗談《じょうだん》の場合は、嘘《うそ》をついてもゆるされると考え、悪意に満ちた嘘《うそ》のみ大罪とした。

しかし一八世紀のドイツの哲学者《てつがくしゃ》で厳格なモラリストのイマヌエル・カント（一七二四〜一八〇四）は、嘘《うそ》はいかなる場合も悪だと断じた。「害のない嘘《うそ》」と「害になる嘘《うそ》」の違《ちが》いには興味がなく、「嘘《うそ》はつねに他者を傷つける。嘘《うそ》は法律の土台そのものを損《そこ》なうので、たとえ特定の相手を傷つけなくても、人類全体を傷つける」との理由で、すべての嘘《うそ》は有害だと主張した。つまり、法律は真実に基づいているので、真実に反する行為《こうい》は法治社会の基礎《きそ》を揺《ゆ》るがす、というわけだ。カントは、嘘《うそ》は他者の尊厳を傷つける、とも言っている。

しかし実社会では、数多くの職業が嘘《うそ》の上に成り立っている。たとえば広告主は嘘《うそ》や誇張《こちょう》した広告をする。正直者の車のディーラーが、顧客《こきゃく》に「この車は燃費の効率が良く、他の車と同じくらい快適で、同じクラスの車ならだいたいこの価格だ」とすすめたとしよう。ディーラーの指摘《してき》は確かに正しいが、ほぼすべての車にあてはまる特徴《とくちょう》にすぎない。これでは、顧客《こきゃく》に車を買わせるのは無理だ。

政治家はほぼ全員、程度の差はあるが、嘘《うそ》をつく。とくに独裁者は、独裁政権を正当化するために、「嘘《うそ》の現実」をでっちあげる。

しかし、「選挙で選ばれる政治家にはとても言えない真実」を告げた、例外的な独裁者もいる。

真実を告げた独裁者と、嘘《うそ》をつきたがる独裁者

一九九〇年初頭、キューバを支援《しえん》してきたソ連は崩壊《ほうかい》の一途《いっと》をたどっていた。

このとき、キューバの独裁者フィデル・カストロ（一九二六～二〇一六）は、「ソ連はまだ生き残れる」とか、「ソ連が崩壊《ほうかい》しても、ソ連の金はキューバに流れてくる」とか、「ソ連の金がなくても、

キューバは問題ない」とか主張することもできた。

しかしカストロはそうせず、キューバは「戦時の非常時」ではなく、「平和時の非常時」に突入《とつにゅう》した、と宣言した。石油が不足し、車は走れなくなり、食糧難《しょくりょうなん》に見舞《みま》われ、国民は飢《う》えに苦しみ、困難な時代を迎《むか》えるだろう、と予言したのだ。

この予言はすべて的中し、独裁者カストロは「選挙で選ばれる政治家にはとても言えない真実」を正直に告げることで、国民に支持され続けた。

カストロの行動は政治家の長年のリーダーシップ戦略に反しているが、この場合は成功した。カストロが絶対的な独裁者だったからこそ成功した、ともいえるが、カストロがユニークな例外だったのはまちがいない。

というのも、大多数の独裁者は嘘《うそ》をつきたがるからだ。たとえば一九二四年までに権力を掌握《しょうあく》し、一九五三年までソ連の最高指導者をつとめたヨシフ・スターリン（一八七九〜一九五三）は、その間ずっと、国内経済の悲惨《ひさん》な状況《じょうきょう》について、国民に嘘《うそ》をつき通した。

「国民に真実を告げる」というカストロの戦略は、リーダーがつねに試練にさらされる民主主義国家では、成功したとは思えない。もしキューバが民主主義国家だったなら、「自分がトップに立てば生活はもっと楽になる」と、誰《だれ》もが聞きたがる嘘《うそ》をつく別の政治家が現れたことだろう。

民主主義の場合、真っ正直な政治家は、次の選挙で落選する。

トランプの嘘《うそ》

アメリカの前大統領ドナルド・トランプ（在任二〇一七〜二〇二一）は、まさに生き残りたいがために、真っ正直とは程遠い「嘘《うそ》八百戦略」をとった。『ワシントン・ポスト』紙で事実を確認《かくにん》するファクトチェッカーチームによると、トランプは大統領だった四年間で、三万五七三件の虚偽《きょぎ》や誤解を招きかねない主張をした。しかも、そのうち五〇三件は、再選をめざした二〇二〇年大統領選の投票日前日についたものだった。

トランプは「気候変動はでっちあげだから、現状を大胆《だいたん》に変更《へんこう》する必要はない」と主張した。気候変動が事実だと知っていて主張したのか、あるいは知らなかったので気にしなかったのかはわからないが、トランプが気候変動をでっちあげと主張するのは、「新型コロナウイルスのパンデミックは誇張《こちょう》されすぎ」と主張するのと同じく、政治戦略だ。

トランプが大統領のときは、日々の生活が不便になるような変更《へんこう》は必要なかった。誰《だれ》だって、そのほうが都合がいい――「気候変動はでっちあげだ」と、自分を納得《なっとく》させられるのならば、だが。

遅《おそ》かれ早かれ、真実は表に出る。しかし熟練の嘘《うそ》つきは、明日のことは考えず、今日をしのぐために嘘《うそ》をつく。「だます側がだましたことを認めたくないように、だまされている側もだまされたとは認めたくない」ことを知っているので、今日さえしのげればいい。

明日には明日の嘘《うそ》をつけばいい。そうすれば、乗りきれるかもしれない。嘘《うそ》が通用しなくなるまでは、今日のうちに恩恵《おんけい》を受けておこう。熟練の嘘《うそ》つきは、そう考える。

『君主論』の影響力《えいきょうりょく》

一五一三年ごろ、イタリアのルネサンス期の外交官ニッコロ・マキャベリ（一四六九～一五二七）は『君主論』を書いた。これは策略と冷徹《れいてつ》さを説く、皮肉をまぶした、とても実用的な政治術の指南書だ。『君主論』はいまだに読み継《つ》がれていて、現代の政治指導者たちも――あまり認めたがらないが――多大なる影響《えいきょう》を受けている。

マキャベリは政治家にこうアドバイスしている――「為政者《いせいしゃ》は、おおいなる詐称者《さしょうしゃ》、おおいなる偽善者《ぎぜんしゃ》となるべきだ。民衆はおそろしく単純で、目の前の欲求にすぐに飛びつくから、為政者《いせいしゃ》はだます相手に事欠くことはない」

マキャベリの時代のフィレンツェを統治していたメディチ家から、現代のデマゴーグ（民衆を扇《せん》動《どう》する政治家）にいたるまで、マキャベリのこのアドバイスは実際に成功している。

魅力的《みりょくてき》な嘘《うそ》をつけるなら、信じる者は必ずいる。マキャベリが言ったように「だます側は、だまされやすい相手を必ず見つけられる」のだから。

二種類の嘘《うそ》

嘘《うそ》は大きく二種類に分けられる。私的な嘘《うそ》と、公的な嘘《うそ》だ。

私的な嘘《うそ》とは、友だちや家族、先生や上司や近所の人につく、誰《だれ》しも経験のある嘘《うそ》を指す。

この本で扱《あつか》うのは、もう一つの公的な嘘《うそ》——政府や政治家、マスコミ、影響力《えいきょうりょく》のある著名人や企《き》業《ぎょう》による大きな嘘《うそ》のほうだ。

大きな嘘《うそ》の目的は、「責任逃《のが》れや選挙に勝つ」「真意をごまかす」「隠《かく》したいことから民衆の目をそらす」「真実という言葉の意味を変える」「混乱や困惑《こんわく》を引きおこす」、あるいは「権力と富を手に入れ、持ちつづける」ことだ。

こうした大きな嘘《うそ》は、民主主義の土台を揺《ゆ》るがし、自由と正義という理想を脅《おびや》かす。

大きな嘘《うそ》には、とても長い歴史がある。本書でも過去の独裁者や現代の陰謀論者《いんぼうろんしゃ》など、歴史の具体例を通じて大きな嘘《うそ》を解き明かしているが、大きな嘘《うそ》が現代ほど盛んな時代はない。

ソーシャルメディアは、個人間のやりとりが多い。それが、ソーシャルメディアのそもそもの目的だった。そんなソーシャルメディアでは、自慢《じまん》につながる嘘《うそ》や、意図的に言わないことでつく嘘《うそ》が多い。

たとえば、開いたことにしているが、実は開いていないパーティー。運動競技での嘘《うそ》の記録。実際には捕《つか》まえていない二〇キロ以上の魚。解雇《かいこ》された経歴をあえて省いたリンクトイン（ビジネス向けのソーシャルメディア）。こういった例は、程度の差はあるが、すべて私的な嘘《うそ》にあたる。

だまされる側に真実を知る権利がない場合、嘘《うそ》は正当化されるのか？　ポケットの中にある現金の額を、いじめっ子に正直に言う必要があるのか？　このように私的な嘘《うそ》の道徳は是非《ぜひ》が分かれるが、この本で私的な嘘《うそ》は取りあげない。

この本のテーマは、報道や歴史をゆがめてしまう、政府や指導的立場の政治家や（政治目標を掲《かか》げる）民間組織の嘘《うそ》だ。それこそが真の危険であり、民衆に迫《せま》る危険といえる。

この本ではそういった、世界を不安定化しかねない嘘《うそ》を取りあげる。

大きな嘘《うそ》の媒体《ばいたい》

最近まで、「私的な嘘《うそ》は私的なコミュニケーションでの嘘《うそ》」「公的な嘘《うそ》＝大きな嘘《うそ》は公的な媒体《ばいたい》を通しての嘘《うそ》」というふうに分かれていた。本や小冊子やテレビは大きな嘘《うそ》のための媒体《ばいたい》で、私的な嘘《うそ》の媒体《ばいたい》ではなかった。

しかしラジオは、昔から少しちがっていた。ラジオは、非公式な会話のふりをして、公的な情報を広められる。だからこそ、アメリカのフランクリン・ローズベルト大統領（在任一九三三～一九四五）は一九三〇年代から四〇年代にかけて、ラジオを通して、自らの政治的メッセージを「おしゃべり」という形で伝えたのだった。

ラジオを利用すれば、突拍子《とっぴょうし》もない大きな嘘《うそ》であっても、さりげなく話に織りまぜられる――まるで突拍子《とっぴょうし》もない嘘《うそ》が、誰《だれ》でも知っている一般《いっぱん》常識であるかのように。

ソーシャルメディアの登場で、この傾向《けいこう》はさらに強まった。ソーシャルメディアを使えば、さりげないコメントを装《よそお》って、何百万もの人々に公的な声明を出せる。私的な嘘《うそ》のふりをして、大きな嘘《うそ》を語れるのだ。

たとえばツイッターは、大多数のソーシャルメディアと同じく、「プライベートなつぶやきの場」として設計された。言いかえれば、私的な嘘《うそ》や私的な真実だらけの、私的な会話の場だ。しかしツイッターは、公的な声明らしくない砕《くだ》けた言葉を使って、大きな嘘《うそ》を広める場にもなる。

これまでも大きな嘘《うそ》をつく人々はつねに、嘘《うそ》を織りまぜた話をさりげなく広める方法を探してきた。ソーシャルメディアの登場により、現代ではそれがおそろしいくらい簡単にできるようになった。

COLUMN
コラム

ローマの大火

西暦《せいれき》六四年七月、ローマが大火に包まれた。火をつけたのは、ローマ帝国《ていこく》のネロ皇帝《こうてい》（三七〜六八）――という説は、いまも生きている。ローマが燃えている最中に、ネロ皇帝《こうてい》はバイオリンやハープを奏《かな》でていた、という説まである。この時代、バイオリンはまだ発明されていなかったのに。

火元は大競技場チルコ・マッシモで、火の手はまたたくまに、周辺に密集していた店や住宅に広がった。当時ローマには一〇〇万人以上が住んでいたが、この火事で数百人が死《し》亡《ぼう》し、数十万人が家を失った。

ネロ皇帝《こうてい》犯行説は、大火から数世紀後に広まった。言いだしたのは、おそらくキリスト教関係者だろう。

ネロ皇帝《こうてい》を犯人と示す証拠《しょうこ》は何もない。それどころか大火のとき、ネロ皇帝《こうてい》はローマではなく、近郊《きんこう》のアンティウムという町にいた――もちろん、ローマを離《はな》れていても、家来に火をつけさせることはできたが。

だが当時、ネロ皇帝《こうてい》はまちがいなく、あることをした。それは、嘘《うそ》をつくことだ。ネロ皇帝《こうてい》は、大火の犯人はキリスト教徒だと、根拠《こんきょ》もなく主張した。キリスト教徒の勢力拡大を恐《おそ》れたネロ皇帝《こうてい》は、キリスト教徒に罪をなすりつけ、大勢の教徒を逮捕《たいほ》して拷問《ごうもん》し、処《しょ》刑《けい》した。

キリスト教徒が大火に関係していたという証拠《しょうこ》は、いまもいっさい見つかっていない。

このネロ皇帝《こうてい》の嘘《うそ》を見習ったのが、アドルフ・ヒトラー（一八八九〜一九四五）だ。ヒトラーは一九三三年、ドイツの国会議事堂が放火されたとき、それを共産党員による襲撃《しゅうげき》と一方的に決めつけ、緊急令《きんきゅうれい》でワイマール憲法を事実上廃止《はいし》した。共産党に対するヒトラーの非難は意図的で、ほぼ確実に嘘《うそ》だ。

では、真犯人はヒトラーが率いるナチ党だったのか？　それとも、ヒトラーは放火事件を利用しただけなのか？

真実はどうであれ、ドイツ国会議事堂放火事件は「偽旗作戦《にせはた》」——独裁政権が敵を排除《はいじょ》する口実として、敵からの攻撃《こうげき》をでっちあげ、世論を操作する作戦——と言われるようになった。

政治的な嘘《うそ》の原則

政治的な嘘《うそ》の歴史をひもとくと、二つの原則が浮《う》かびあがる。

一つは「嘘《うそ》は大きければ大きいほど、大勢の人を惹《ひ》きつける」という原則だ。ささいな嘘《うそ》は見向きもされないが、あまりに突拍子《とっぴょうし》もない大嘘《おおうそ》は、信じる人が大勢でてくる。「大きな嘘《うそ》」というフレーズは、ドイツのナチ党指導者アドルフ・ヒトラーが、自分の生い立ちと政治思想を記した著書『我が闘争《とうそう》』の中で創作したものだが、そのヒトラーによると、突拍子《とっぴょうし》もない嘘《うそ》が成功するのは、「真実をそこまでひどく歪曲《わいきょく》できるはずがない」と、誰《だれ》もが思いこむせいらしい。

もう一つの原則は、「嘘《うそ》は繰《く》り返せば繰《く》り返すほど、信じる人が増える」ということだ。一六世紀、王母および摂政《せっしょう》として、フランスを三〇年にわたり統治したカトリーヌ・ド・メディシス（一五一九～一五八九）は、マキャベリよりも若いが、その手法に精通していた。フランスのアンリ二世の王妃《おうひ》となったカトリーヌは、「嘘《うそ》の報告でも、もし三日以内に信用されれば、政府の役に立つ」と言ったとされている。嘘《うそ》は短期間に何度も繰《く》り返されると、だんだん真実のように聞こえてくる、というわけだ。

繰《く》り返される嘘《うそ》の効果について、他にも大勢が同じことを述べている。

ちなみにカトリーヌが言ったとされる「嘘《うそ》の報告」の話は、皮肉なことに、それ自体が嘘《うそ》の可能性がある。カトリーヌが言っていないのに言ったとされている引用は数多くあり、これもその一つかもしれない。ほかにもカトリーヌはフランスにイタリア料理を持ちこんだ、とも言われているが、イタリアのメディチ家からフランスに嫁《とつ》ぐとき、カトリーヌはフランス料理のシェフしか連れてこなかったので、これもたぶん嘘《うそ》だろう。

だが、「嘘《うそ》は繰《く》り返せば繰《く》り返すほど、真実と見なされやすい」のは本当だ。インターネットの威力《いりょく》は、まさにそこにある。ほんの数日間、ソーシャルメディアを通じて、嘘《うそ》を一億回繰《く》り返したときの影響力《えいきょうりょく》を想像すれば、わかるだろう。

歴史と化した嘘《うそ》

有名人は昔から、嘘《うそ》を広める方法を見つけてきた。なかには歴史として受け入れられた嘘《うそ》もある。一例をあげると、アメリカという国名は、イタリアの探検家アメリゴ・ベスプッチ（一四五四～一五一二）にちなんで命名された。アメリゴ・ベスプッチは南米に到達《とうたつ》し、新大陸を発見したと主張して、南米に上陸した初のヨーロッパ人だとみなされた。

だがこれはベスプッチ本人が一五〇三年の手紙の中でそう主張しただけで、現代では嘘《うそ》だとされている。ベスプッチは南米には行ったが、それはコロンブスよりも後だった。

人間は簡単に嘘《うそ》をつける。しかも嘘《うそ》つきとして、独自の技術を持っている。いっぽうで人間は、嘘《うそ》を見抜《みぬ》く独自の技術も持っている。

インターネットは嘘《うそ》を広める便利な道具だが、嘘《うそ》を暴《あば》く貴重なツールにもなることを、覚えておいてほしい。

COLUMN
コラム

建国の父の嘘《うそ》

アメリカの学校では「嘘《うそ》をつくな」と教えるときに、あたりまえのように嘘《うそ》をついている。では、学校がつく嘘《うそ》とは？　それは、アメリカ合衆国の初代大統領で建国の父ジョージ・ワシントン（一七三二～一七九九）の有名な逸話《いつわ》だ。

ワシントンは子どものころ、斧《おの》の切れ味を試したくて桜の木を伐《き》った。そして、伐《き》ったのは誰《だれ》かと父親に問われると、ワシントン少年は「嘘《うそ》はつけない」と言い、自分だと正直に答えた。すると父親は、息子《むすこ》の正直な告白は一〇〇〇本もの桜の木に値すると言って、息子《むすこ》をゆるした――。

しかし、この逸話《いつわ》はまったくのでたらめだ。

ワシントンの桜の逸話《いつわ》は、ワシントンが亡《な》くなった翌年の一八〇〇年、『逸話《いつわ》でつづるワシントンの生涯《しょうがい》』を出版したメイソン・ロック・ウィームズ牧師の創作だった。しかもこの逸話《いつわ》は、一八〇六年に増刷された第五版でようやく登場する。本は大ベストセラーとなり、何世代にもわたって学校で読まれるようになった。

『逸話《いつわ》でつづるワシントンの生涯《しょうがい》』で創作された話は、それだけにとどまらない。アメリカ独立戦争中、ワシントンがバレーフォージ野営地近くの森でひざまずいて祈《いの》りを捧《ささ》げているると、ひとりのクエーカー教徒がそれに感動し、反戦主義をひるがえして共に戦った、という逸話《いつわ》も創作だ。

作者のウィームズ牧師は、古代ギリシャの哲学者《てつがくしゃ》プラトン（前四二七〜前三四七）が著書『国家』の中で「高貴な嘘《うそ》」と呼んだ嘘《うそ》をついたのかもしれない。プラトンはソクラテスの言葉として、「我々は、あらゆる人々が信じるような高貴な嘘《うそ》を一つ求めている」と記した。

プラトンの言う高貴な嘘《うそ》とは、国家や市民に存在意義を与《あた》えるための嘘《うそ》を指す。国家はその存在意義を確立するために、たとえ嘘《うそ》でも作り話を広めるべきだ、とプラトンは考えていた。『国家』の中でプラトンは、高潔さを育てるのは国家の義務だと論じ、その義務の真価を理解できない人々には嘘《うそ》をつくしかないと説いている。

だがこの議論は、民衆に嘘《うそ》をふきこむ歴史が繰《く》り返されたことで、予期せぬ結果を招いたといえるだろう。プラトンが定義する高貴な嘘《うそ》でも、そうでない嘘《うそ》でも、嘘《うそ》は嘘《うそ》でしかない。

一八〇〇年当時、新しい国のアメリカには、作り話や架空《かくう》の英雄《えいゆう》が必要だと信じられていた。だからこそ、「背が高くエレガントで、身なりが立派で、雄弁《ゆうべん》で、歴史の中心にいる英雄《えいゆう》のワシントン」は、つねに作り話の標的となった。

　ワシントンが象牙《ぞうげ》の義歯《ぎし》をはめていたのは事実だが、木製の義歯《ぎし》をはめていたという通説はまちがっている。そもそも木製の義歯《ぎし》では、役に立たなかっただろう。「ジョージ・ワシントンが寝《ね》た部屋」と吹聴《ふいちょう》する寝室《しんしつ》は各地にあるが、さすがにそんなにたくさんの部屋でワシントンが一晩過ごしたとは思えない。一九世紀にはワシントンの偽《にせ》の肖像画《しょうぞうが》が多数描《えが》かれ、かなり売れた。

　ワシントンは、アメリカ独立戦争でイギリスに勝利する前から、早くも嘘《うそ》つきたちの標的になっていた。イギリス軍の大将を見て、恐怖《きょうふ》のあまり失神した、という嘘《うそ》もある。

　一七七六年には『ワシントン将軍が数人の友に宛《あ》てて書いた手紙』という、明らかに嘘《うそ》の手紙まで登場した。ワシントンはイギリス軍のコーンウォリス将軍を見た瞬間《しゅんかん》、従者のビリー・リーも所持品もかなぐり捨てて、とっとと逃《に》げだし、従者のリーがワシントンの所持品のなかから、数人の友に宛《あ》てて書いた手紙の束を見つけた――ということになっているが、それも完全なでっちあげだ。

　捏造《ねつぞう》された手紙が描《えが》くワシントンは、臆病者《おくびょうもの》で、イギリス支持者だった。ある農園経営者に宛《あ》てたとされる手紙には、こう書いてあった――「きみは、僕《ぼく》が他の人より臆病《おくびょう》だと思うかい？　きみには正直に言おう。いま、この瞬間《しゅんかん》、僕《ぼく》はとにかく怖《こわ》くてたまらない」

偽《にせ》の手紙には他にも、ワシントンが内心ではイギリスとの戦争に負けたと思っていて、支持者に嘘《うそ》をついて戦っているだけで、指揮官をやめる方法を探《さぐ》っており、妻のマーサにはイギリス軍と和平を結びたいと本心を語り、実はイギリス国王を崇拝《すうはい》している、と書いてあった――「僕《ぼく》は国王を愛している。君もそれはわかっているはずだ。兵士として、かつ善良な人間として、国王を愛さずにはいられない」

イギリスで出版された一連の手紙は、イギリスの新聞各社には捏造《ねつぞう》だと切りすてられたが、アメリカではよく売れた。

ワシントン本人は笑い飛ばして相手にしなかったが、大統領として二期目に入った一七九五年、イギリスとの国際条約をめぐる激しい政争のさなか、ある事件を機に、一連の手紙はふたたび脚光《きゃっこう》を浴びた。

その事件とは、アメリカの初代財務長官アレクサンダー・ハミルトン（一七五五～一八〇四）が襲撃《しゅうげき》され、暴徒が路上でイギリス国旗を燃やした、というものだ。

このとき、ワシントンは中立の立場をとろうとした。だが、ワシントンが条約を支持しているると思いこんで怒《おこ》った反対派が、「ワシントンが昔から親イギリス派の偽善者《ぎぜんしゃ》だった証拠《しょうこ》」として、一連の捏造《ねつぞう》された手紙を再出版したのだった。

ワシントンはそんな嘘《うそ》が通用するわけがないと思い、またも相手にしなかったが、大統領任期の最後の二年間、その手紙は世間に広く出まわった。

さすがのワシントンも、大統領任期の最終日、一連の手紙は偽造《ぎぞう》だと正式に非難した。

しかし大統領退任後、ワシントンは捏造《ねつぞう》された手紙に名誉《めいよ》を傷つけられたことを、一生後悔《こうかい》しつづけた。

2

啓《けい》蒙《もう》思想と無知蒙《もう》昧《まい》

啓《けい》蒙《もう》思想と嘘《うそ》と妄《もう》想《そう》

えてして無知は、知識より、自信につながることのほうが多い。
―――チャールズ・ダーウィン(『人間の由来』1871年刊より)

啓蒙《けいもう》思想

ソーシャルメディアが爆発的《ばくはつてき》に広まったせいで、嘘《うそ》は新時代を迎《むか》えたらしい。嘘《うそ》を広めるのは、まちがいなく、より速く、より簡単になった。

しかし意外なことに、嘘《うそ》そのものには変化がなく、独創性に欠ける昔ながらの嘘《うそ》が多い。たとえば二一世紀の現代は、保守派の政治家が嘘《うそ》を利用し、社会の分断をあおっているが、同じことは三〇〇年前にも起きていた。

啓蒙《けいもう》思想として知られる考え方は一七世紀に定着し、個人主義と平等主義と理性を広め、現代でも持ちこたえている。

アメリカ独立革命（一八世紀後半イギリス領だった東部一三州が結束し、アメリカ独立戦争を経て、合衆国を形成するまで）とフランス革命（一七八九年から九九年にかけて起きた市民革命）は、啓蒙《けいもう》思想が下敷《したじ》きになっていて、啓蒙《けいもう》思想の影響《えいきょう》を受けている。

アメリカの政治家トマス・ジェファソン（一七四三～一八二六）は、一七七六年のアメリカ独立宣言の中で「すべての人は生まれながらにして平等」で、「(生命・自由・幸福を追求する）不可侵《ふかしん》の権利を与《あた》えられている」と書いた。これは、まさに啓蒙《けいもう》思想の理想だ。

啓蒙《けいもう》思想を受け入れがたい保守主義者や君主主義者、イギリスが支持する宗教の大半が、独立宣言を非難したのもうなずける。

アメリカ合衆国憲法も、啓蒙《けいもう》思想が生みだしたものといっていい。教会と国を切り離《はな》す政教分離《ぶんり》――国家には国民に宗教を強制する権利がない、とする考え――は、啓蒙《けいもう》思想にのっとったものだ。

科学者と啓蒙《けいもう》思想

科学は真実を明らかにする手段であり、自然現象や宇宙を解明するのは、宗教ではなく科学である――という考えも、啓蒙《けいもう》思想の根幹といえる。

ルネ・デカルト（一五九六～一六五〇）、トマス・ホッブズ（一五八八～一六七九）、ジョン・ロック（一六三二～一七〇四）、ジャン＝ジャック・ルソー（一七一二～一七七八）、イマヌエル・カント（一七二四～一八〇四）といった、時代を代表する哲学者《てつがくしゃ》や思想家たちは、啓蒙《けいもう》思想の意味を明確にし、おしすすめる役割を担《にな》った。

イギリスの哲学者《てつがくしゃ》、フランシス・ベーコン（一五六一～一六二六）もそうだ。「真実は信念で決まるものでなく、立証可能な現象を検証することで見つけられる」と語ったのは、おそらくベーコンが初めてだろう。実際、ベーコンは、検証作業の最中に命を落としている。冷やせば食物を保存できるのではないか、とひらめいたベーコンは、雪の降る真冬のロンドン郊外《こうがい》で馬車をとめ、鶏肉《とりにく》に雪をつめて実験した。その結果、鶏肉《とりにく》は保存されたが、ベーコンは寒さにやられ、肺炎《はいえん》で亡《な》くなった。

他にも近代科学の巨匠《きょしょう》としては、物理学の基礎《きそ》を築いたアイザック・ニュートン（一六四二～一七二七）、近代化学の祖と言われるロバート・ボイル（一六二七～一六九一）、微生物《びせいぶつ》学の父として知られるアントニ・ファン・レーウェンフック（一六三二～一七二三）、現在でも使われている植物分類学を編みだしたカール・・フォン・リンネ（一七〇七～一七七八）、元素周期表の主要な元素を発見したハンフリー・デービー（一七七八～一八二九）、現代生物学の基礎《きそ》を築いたチャールズ・ダーウィン（一八〇九～一八八二）が挙げられる。全員、啓蒙《けいもう》思想の申し子だ。

我々が暮らしている今の世界は、政治も科学も、我々が思い描《えが》く理想も、学校で習う内容も、すべて啓蒙《けいもう》思想が基《もと》になっている。

わざわざ言葉にすることはまずないが、我々は今も啓蒙《けいもう》思想を信じている。だがいっぽうで、驚《おどろ》くべきことに、いまだに啓蒙《けいもう》思想を敵視する人々もいる。

啓蒙《けいもう》主義と反啓蒙《けいもう》主義

昔から啓蒙《けいもう》思想には、賛成派と反対派が必ずいる。

科学や民主主義、平等の権利や社会正義（社会の常識から考えて正しい道理）や政教分離《ぶんり》――すべて、アメリカ合衆国憲法が理想とする概念《がいねん》だ――を信じるか、とたずねられたら、イエスと答える人が圧倒的《あっとうてき》に多いだろう。

しかしこういう理想に反対する、頑固《がんこ》な少数派の人々もいる。少数派は反対だと声をあげるだけでなく、ソーシャルメディアに投稿《とうこう》したり、他の媒体《ばいたい》を使ったりして、啓蒙《けいもう》思想を名指しで声高《こわだか》に非難する。

過去にも反啓蒙《けいもう》主義の政治家は世界各地に現れたが、反啓蒙《けいもう》主義を公然とかかげた大国は帝政《ていせい》ロシアだけだ。ロシア史上最後の王朝となるロマノフ朝（一六一三～一九一七）は、筋金入りの反啓蒙《けいもう》主義国家だった。ロマノフ朝時代のロシア人は、ルソーやホッブズやゲーテ（一七四九～一八三二）といった啓蒙《けいもう》思想家の本を読んだだけで、逮捕《たいほ》され、投獄《とうごく》された。

ロシア皇帝《こうてい》から現代のデマゴーグ（民衆を扇動《せんどう》する政治家）にいたるまで、反啓蒙《けいもう》主義者は「特権を有する独裁主義者」ばかりと言っていい。独裁主義者は、「労働組合や政党や社会集団に属していない人」「経済的に恵《めぐ》まれない人」「日々の暮らしに困っている人」「誰《だれ》も自分の意見を代弁してくれないと思っている人」に目をつけ、自分の主張を信じこませ、支持者に取りこもうとする。

啓蒙《けいもう》思想から取り残された人々に、「啓蒙《けいもう》思想の前提がまちがっている」と思いこませ、偏見《へんけん》を抱《いだ》かせるのは簡単だ。皮肉なことに、偏見《へんけん》を押《お》しつける側の人々は、押《お》しつけられる側とは対照的に、金持ちで社会的に成功していることが多い。

陰謀論《いんぼうろん》とデマゴーグ

自分の勢力拡大のチャンスを虎視眈々《こしたんたん》と狙《ねら》うオポチュニスト（ご都合主義者）は二世紀にわたり、「社会的・経済的に圧迫《あっぱく》され、政府に不満を持つ人々」に、「諸君を陥《おとしい》れる陰謀《いんぼう》が目下進行中だ」などと、さまざまな陰謀論《いんぼうろん》を吹《ふ》きこんできた。

典型的な独裁者アドルフ・ヒトラーは、プロパガンダ（主義や思想の宣伝）について、ターゲットは「ほとんど教育を受けていない、知識が乏《とぼ》しい人々にするべきだ」とアドバイスし、著書『我が闘争《とうそう》』にこう記した――「すべてのプロパガンダは大衆に受けが良くてはならず、メインターゲットとなる知的レベルの低い人々の理解力に合わせるべきだ」

もしデマゴーグの話を聞いて、意味がわからないと思ったら、あなたはターゲットになっていないと思ったほうがいい。

教養のある人がデマゴーグの嘘《うそ》や歪《ゆが》んだ話を支持しているとしたら、その人の誠意を疑ったほうがいい。

過激な党首を支持する政治家の大部分は、党首の言い分など、まず信じていない。自分の支持層や大口の資金提供者の機嫌《きげん》を損《そこ》ねるのが怖《こわ》いのかもしれないし、自分の支持率が上がれば票や利益につながると信じているのかもしれない。デマゴーグの大演説が新聞の一面に取りあげられれば、「触《ふ》れられたくない話題や隠《かく》したいことから、大衆の目をそらすことができる」と計算しているのかもしれない。

デマゴーグ自身、自分の言っていることを信じていなかったり、無関心でどうでもいいと思っていたりする可能性もある。

デマゴーグが信じているのは、「今日の自分に有利に働くことだけ」かもしれない。

COLUMN
コラム

廃貨《はいか》（通貨廃止《はいし》）

たいていの詐欺師《さぎし》は知っていることだが、日々惨《みじ》めさを噛《か》みしめている貧しい無学の人々は、誰《だれ》よりも嘘《うそ》を信じやすい。真実を見ようとせず、「きっと誰《だれ》かが現れて、世界を変えてくれるはず」と奇跡《きせき》を夢見るからだ。

デマゴーグは、そこにつけこむ。それは、世界共通の現象と言っていい。

二〇一六年、インドのモディ首相は、廃貨《はいか》として知られる政策を発表した。二〇一六年一一月八日をもって、マハトマ・ガンディーの肖像《しょうぞう》が印刷されたすべての五〇〇ルピー札と一〇〇〇ルピー札を法定通貨から外す、という政策だ。同札を持っている人は、二〇一六年の末までに、銀行で新しいデザインの五〇〇ルピー札と二〇〇〇ルピー札に交《こう》換《かん》しなければならない。

最貧民層の国民は、銀行口座を持っていない者が多い。そのため旧札を新札と交換《こうかん》してくれる先を見つけなければならず、その交換《こうかん》のために長時間列に並ぶことになった。

ビジネス層や富裕層《ふゆうそう》は銀行で交換《こうかん》するだけでよく、そもそも現金をあまり使っていなかった。しかし綿などを栽培《さいばい》して細々と暮らしている貧しい農家は、現金のやりとりだけで暮らしていたので、悲惨《ひさん》な目にあった。

ふしぎなのは、ここからだ。モディ首相に不満を抱《いだ》いていた富裕層《ふゆうそう》は、廃貨《はいか》政策も気に入らず、経済に大混乱を引き起こすと主張し、実際、その通りになった。

しかしモディ首相の廃貨《はいか》政策は、苦労を強《し》いられた貧困層には支持された。なぜか？　それはモディ首相が「自分は貧困層の味方だ」と主張し、富裕層《ふゆうそう》を敵視する姿勢を見せたからだ。廃貨《はいか》政策は「富裕層《ふゆうそう》の不法所得であるブラックマネーに対する戦争であり、ブラックマネーを富裕層《ふゆうそう》から吸いあげ、貧困層に配るための政策だ」と、モディ首相は訴《うった》えた。当時、農民たちは極貧《ごくひん》にあえぎ、一〇〇万人以上が殺虫剤《ざい》を飲んだり首を吊《つ》ったりして自殺するありさまだった。にもかかわらず、貧困層は廃貨《はいか》政策を大歓迎《だいかんげい》し、結果としてさらに極貧《ごくひん》におちいった。

しかも貧困層は、ブラックマネーが配られることなどなかったのに「モディ首相は自分たちのために富裕層《ふゆうそう》に立ち向かってくれた」と信じ、廃貨《はいか》政策を支持しつづけた。「モディ首相は少数のイスラム教徒の脅威《きょうい》――この脅威《きょうい》も、モディ首相の捏造《ねつぞう》だ――とパキスタンに立ち向かってくれる強いリーダーで、今度はブラックマネーに立ち向かってくれた」と、信じたのだ。ちなみにインドはヒンドゥー教徒、パキスタンはイスラム教徒が多い。

その結果、モディ首相は二〇一九年、地滑《じすべ》り的な大勝利をおさめて再選を果たした。

啓蒙《けいもう》思想と特権階級

啓蒙《けいもう》思想は特権階級から権力を奪《うば》うことにつながるので、特権階級や貴族社会を信奉《しんぽう》する人々は反対した。アメリカ独立戦争当時、イギリスへの忠誠を続けた人々や、フランス革命当時、フランス王家のブルボン家を支持した人々は、当然ながら啓蒙《けいもう》思想を拒絶《きょぜつ》した。

民主主義は不公平で機能しない、と主張する政治家は、啓蒙《けいもう》思想を拒否《きょひ》している。そういう政治家は、民主主義をむしばむ目的で選挙制度に疑問を呈《てい》した反啓蒙《けいもう》主義のリーダーたちと、同じことをしている。

啓蒙《けいもう》思想は、科学が――宗教観に基づく憶測《おくそく》ではなく、立証できて検証もできる知識が――宇宙の真理をひもとく鍵《かぎ》だ、と主張することで、宗教的な権力者たちの力をも弱めた。

科学を否定する人は――ダーウィンの進化論や、炭素排出量《はいしゅつりょう》が気候に悪影響《あくえいきょう》を与《あた》えているという事実や、すでに証明されているワクチンの効果を否定する人は――啓蒙《けいもう》思想を拒否《きょひ》していることになる。

イルミナティ

「イルミナティと呼ばれるエリート集団が策略をめぐらせ、啓蒙《けいもう》思想を世間に広めようとしている」という嘘《うそ》は二五〇年ほど前から存在するが、現代ほど広まっている時代はおそらくないだろう。イルミナティのフェイスブックは三四〇万件の「いいね!」を獲得《かくとく》し、イルミナティによる陰謀《いんぼう》論《ろん》はユーチューブにあふれている。

実際、過去にバイエルン啓明結社《イルミナティ》という秘密結社は存在していたが、会員については現在もわかっていない。証拠《しょうこ》はないが、ゲーテは会員だったと考えられている。このイルミナティの目的は、(真の意味での)啓蒙《けいもう》思想を広めることで、一七七六年から一七八五年までしか存在しなかった。にもかかわらず、イルミナティに対する恐怖《きょうふ》と非難は、結社そのものよりも長く続いている。

バイエルン啓明結社《イルミナティ》の創設者アダム・ヴァイスハウプト(一七四八〜一八三〇)はドイツの法律学の教授で、啓蒙《けいもう》思想の正当性を強く信じていた。会員は最盛期には二五〇〇名に達したこともあるようだが、活動期間の大半は数百人にとどまっている。一七八五年、バイエルン選帝侯《せんていこう》が秘密結社を禁止したため、バイエルン啓明結社《イルミナティ》も抑圧《よくあつ》されて、解散した。

しかしその直後から、陰謀論者《いんぼうろんしゃ》たちは「秘密結社のイルミナティはひそかに活動を続け、一大勢力になっている」と主張しはじめた。陰謀論者《いんぼうろんしゃ》の語るイルミナティはフランス革命の仕掛《しか》け人とされ、啓蒙《けいもう》思想家というだけで、第三代アメリカ大統領トマス・ジェファソン（在位一八〇一〜一八〇九）はイルミナティの会員だと非難された。一七九八年にはボストンの聖職者ジェディディア・モールス（一七六一〜一八二六）が「新興国のアメリカは団結して、イルミナティから国を守らなければならない」という内容の警告を発している。

アメリカという国そのものが（真の意味での）啓蒙《けいもう》思想によって誕生したことを思うと、なんとも奇妙《きみょう》な主張だ。

フリーメーソン

イルミナティは他の秘密結社にも潜入《せんにゅう》していると噂《うわさ》され、友愛結社のフリーメーソンはイルミナティを非難する人々から、まったく同じ理由で――「危険な啓蒙《けいもう》思想を支持し、会員と活動は秘密で、秘密のサインとシンボルを使っている」として――いまも非難されている。

もともとフリーメーソンは、一八世紀、労働組合に所属していなかったレンガ職人たちが作ったもので、職人たちが仕事を探してあちこちを渡《わた》り歩くうちに、各地に支部が作られるようになった。当初は文字通り、組合に属さない自由な（フリー）石工（メーソン）の集まりだったが、時がたつにつれて、会員数も目的も主張も大きくなっていった。

フリーメーソンには忠誠を誓《ちか》う特定の国家がなかったので、「国を持たない」というレッテルを貼《は》られた。これは、ユダヤ人にもよく使われる非難のレッテルだ。

さらにフリーメーソンは宗教色がなく、さまざまな宗教の人を受けいれ、ユダヤ教徒も受けいれたため、つねにキリスト教会から攻撃《こうげき》された。

フランスの啓蒙《けいもう》思想家のボルテール（一六九四〜一七七八）はフリーメーソンの会員で、フランス革命に大きな貢献《こうけん》をした。フリーメーソンの会員は、アメリカ独立革命でも活躍《かつやく》している。ポール・リビア、イーサン・アレン、ロジャー・シャーマン、ベンジャミン・フランクリン、パトリック・ヘンリー、ジョージ・ワシントンといったアメリカ独立革命のリーダーたちは、全員フリーメーソンの会員だ。アメリカ独立戦争でアメリカ軍を指揮したラファイエット侯爵《こうしゃく》と、アメリカ建国の父のひとりアレクサンダー・ハミルトンも、会員だった可能性がある。

また、ドル紙幣《しへい》に印刷されている「頂点に目が描《えが》かれた謎《なぞ》のピラミッド」は、フリーメーソンのシンボルだと考えられている。謎《なぞ》のピラミッドについては、現時点で他の説はない。

このフリーメーソンを非難する反フリーメーソン運動はアメリカで勢力を拡大し、ついに一八二六年、反メーソン党が設立され、一八三一年には初の大統領候補指名集会を開いた。しかし一八三二年、反フリーメーソンのみを掲《かか》げて臨《のぞ》んだ選挙では、バーモント州の選挙人投票でわずか七票しか獲得《かくとく》できず、直後に党は衰退《すいたい》した。

フリーメーソンへの非難は、まさに嘘《うそ》だらけだった。「イルミナティに支配されている」という非難も、もちろん嘘《うそ》だ。フリーメーソンとちがい、イルミナティはもはや存在していない。

こういった陰謀論《いんぼうろん》は過去の話だと思うかもしれないが、陰謀論《いんぼうろん》は定期的に再浮上《さいふじょう》している。

たとえば一九五〇年代、カナダの陰謀論者《いんぼうろんしゃ》ウィリアム・ガイ・カーの影響《えいきょう》を受けて、アメリカのキリスト教の保守派は「国際的な共産主義者の陰謀《いんぼう》」の裏にはフリーメーソンとイルミナティとユダヤ人がいるとして、その危険性を訴《うった》えた。

共産主義の脅威《きょうい》が失速した現代でも、陰謀論者《いんぼうろんしゃ》たちはあいかわらず、「フリーメーソンとイルミナティとユダヤ人は、〝新世界秩序《ちつじょ》（パワーエリートをトップとする地球レベルでの政策の統一と管理社会の実現）〟を打ち立てようと企《たくら》んでいる」と警告し続けている。

COLUMN
コラム

ピエロ恐怖症《きょうふしょう》

ピエロを見て、何とも思わない人もいるだろうが、恐怖《きょうふ》を覚える人もいる。ピエロは人間の顔をしていない。自分しか知らないジョークでひとり笑いでもしているみたいに、いつも意味もなくニヤニヤしている。髪型《かみがた》もたいてい奇妙《きみょう》だ。

二〇一六年八月、ギャグズという名のピエロがアメリカ、ウィスコンシン州グリーンベイの街角に立った。不気味な風体《ふうてい》のギャグズは、実は低予算ホラー映画の宣伝のために現れただけで、風船を配る以外は何もしなかった。だがグリーンベイ警察に緊急《きんきゅう》通報が殺到《さっとう》したことからすると、宣伝効果は抜群《ばつぐん》だったようだ。

この不気味なギャグズへの苦情はソーシャルメディアを通じて拡散し、その結果、全国的なピエロパニックが発生した。ピエロへの恐怖《きょうふ》はかなりリアルに伝わったので、「ピエロ恐怖症《きょうふしょう》」という用語まで誕生した。

その後、同じ八月に、サウスカロライナ州のグリーンビルで、「ひそひそ話をしたり、変な音をたてたりするピエロの集団を見た」と多数の子どもが証言し、警察が捜査《そうさ》に乗りだす事態になった。

その結果、ピエロなどひとりも見つからなかったのに、住人はパニックにおちいり、「邪悪《じゃあく》なピエロたちが子どもを森の中へさそいこもうとしている」と決めつけた。

ジョージア州メーコンでも、「バス停で、ピエロたちが子どもを脅《おど》している」という報告が一件あった。

その後も匿名《とくめい》のピエロ目撃《もくげき》情報があいつぎ、実際に行方《ゆくえ》不明になった子はひとりもいなかったのに、ノースカロライナ州とサウスカロライナ州にパニックが広がり、やがて全米に飛び火した。

ソーシャルメディアの投稿《とうこう》も混乱を助長したが、目撃《もくげき》証言のどれが本物で、どれが悪質ないたずらだったのかは、正直わからない。ノースカロライナ州ウィンストン・セーレムでは、警察に虚偽《きょぎ》の通報をした容疑で、ひとりの男性が逮捕《たいほ》されている。

翌月、フロリダ州のゲーンズビルで、ひとりの女性がゴミ箱を外に出す最中に、アパートの裏門にひとりのピエロがいるのを目撃《もくげき》した――「その男は全身黒ずくめでした。ピエロの髪《かみ》がついた白黒のマスクをかぶっていて、こっちの注意をひくために音を立てながら、ひたすらこっちを見てたんです」女性は警察に緊急《きんきゅう》通報したが、警察はピエロを見つけられなかった。

その直後、ピエロのマスクをかぶった何者かが、夜、森のそばに立っている映像がフェイスブックに投稿《とうこう》され、またたくまに一二〇万件のアクセス数を記録した。マスコミもこうしたピエロ目撃《もくげき》情報を報道したが、検証しようとはしなかった。

結局、子どもを脅《おびや》かすピエロの噂《うわさ》は、ジョージア州やアーカンソー州など、全米の二七州に広まった。

ピエロの衣装の着用を禁じる自治体もあったが、ソーシャルメディアにはピエロによる脅迫《きょうはく》がさらに増えた。ピエロ集団を名乗るフェイスブックのグループは「教師を殺害し、子どもを拉致《らち》する」と脅迫《きょうはく》まがいの主張をしたが、実際には起きなかった。

これまでのところ、人々を怖《こわ》がらせるためにふざけてピエロに扮《ふん》した者は数名逮捕《たいほ》されているが、邪悪《じゃあく》なピエロによる陰謀《いんぼう》の証拠《しょうこ》は何一つ見つかっていない。ピエロのマスクをかぶった強盗《ごうとう》は多数起きているが、これは昔からよくあることだ。

実はピエロパニックは、ソーシャルメディア時代以前にも見られた。その一つ、一九八〇年代のパニックは、「ピエロたちが〝悪魔崇拝儀式《あくますうはいぎしき》〟のために子どもたちを誘拐《ゆうかい》する」という噂《うわさ》から広まったものだが、そのような儀式《ぎしき》は存在しなかった。

邪悪《じゃあく》なピエロが子どもを襲《おそ》った証拠《しょうこ》は、現在にいたるまで、一つも見つかっていない。

イルミナティに対する妄想《もうそう》

ディープステート（闇《やみ》の政府）——選挙で選ばれたのではない人々による、政府を陰《かげ》で操る秘密のネットワーク——と比べると、イルミナティは古くさく感じるかもしれないが、イルミナティへの恐怖《きょうふ》はいまだに残っている。

一九七〇年代、ロバート・シェイとロバート・A・ウィルソンは『イルミナティ』三部作——バイエルン啓明結社《イルミナティ》の創設者アダム・ヴァイスハウプトをイルミナティの創設者と名指しするなど、中《ちゅう》途半端《とはんぱ》な事実に基づくフィクション——を通して、イルミティに対する妄想《もうそう》をよみがえらせた。

アメリカの小説家ダン・ブラウンのベストセラー小説『ダ・ヴィンチ・コード』と、その小説を映画化した作品には、カトリック教会と対立する現代版イルミナティの陰謀《いんぼう》が描《えが》かれている。小説では「見え透《す》いた政治目標を掲《かか》げる、極右（極端《きょくたん》な保守主義）の陰謀論者《いんぼうろんしゃ》による嘘《うそ》」を誇張《こちょう》しているが、ダン・ブラウン自身の目標は、たぶん本の売上のほうだろう。陰謀論《いんぼうろん》は大衆に受けがいいし、陰謀論《いんぼうろん》の本はよく売れる。しかしダン・ブラウンのファンも含《ふく》め、イルミナティの陰謀《いんぼう》を真に受ける者はまずいない。

陰謀論《いんぼうろん》の負の効果

だがささいな嘘《うそ》が大事《おおごと》となりうるように、イルミナティの陰謀論《いんぼうろん》も悪質な効果を広くもたらしている。

イルミナティの陰謀論《いんぼうろん》のせいで、社会の確固たる価値観を象徴《しょうちょう》しているはずの啓蒙《けいもう》思想が、ごく一部のエリートによる陰謀《いんぼう》であるかのような、まちがった印象が広まってしまったのだ。

現代の極右の陰謀論者《いんぼうろんしゃ》は、ゲーテやジェファソンよりも、大衆文化の有名人を標的にすることが多い。どうせ悪者にするなら、大衆が親しみを感じ、ユーチューブやテレビで見られる有名人のほうがいい、というわけだ。たとえばジェイ・Z、ビヨンセ、カニエ・ウェストは全員、イルミナティの会員だと噂《うわさ》されている。三人とも否定しているが、事実はどうであれ、認めるわけがないだろう。

嘘《うそ》つきたちは最近、「アメリカ政府は一八六〇年代に消滅《しょうめつ》し、以来アメリカはずっとイルミナティに動かされている」などと言いだした。だがイルミナティを本気で信じている者など、ほとんどいない。イルミナティは一種の娯楽《ごらく》のようなものだ。

とはいえ、より大がかりで、より悪質な嘘《うそ》の土台となる、ささいな嘘《うそ》の一つでもある。

COLUMN
コラム

生まれ変わる陰謀論《いんぼうろん》

使い古された策略を生まれ変わらせるには、新たな名前をつけるという手がある。

アメリカの保守派の政治家たちは、秘密結社イルミナティの代わりとして、新たな架空《かくう》の敵「ディープステート」（闇《やみ》の政府）を生みだした。

このディープステートは、支配からの解放という大義のもとに、事あるごとに非難を浴びている。

ディープステートというフレーズが最初に使われたのは、第一次世界大戦後のトルコでだった。

オスマン帝国《ていこく》の消滅《しょうめつ》後、ケマル・アタテュルク（一八八一～一九三八）は一九二三年、近代的なトルコ共和国を建国した。これに対し、民主主義に反対する保守派の集団が一九五〇年代に結成され、「国家の内部における国家」と名乗った。主に暴動を扇動《せんどう》する軍人から成る集団で、政府関係者を共産主義者と見なして攻撃《こうげき》し、この集団の過激派は数千名もの犠牲者《ぎせいしゃ》を出したと言われている。

一九七〇年代になると、ソ連からの亡命者たちが「ＫＧＢ（国家保安委員会）はソ連政府を操《あやつ》るディープステートだ」と主張しはじめた。

ソ連崩壊《ほうかい》後、ロシアを最終的に掌握《しょうあく》したのが、元KGBのウラジーミル・プーチン（一九五二〜）だったというのは、なんとも皮肉な話と言えよう。

次にディープステートというフレーズが登場したのは、アメリカのバラク・オバマ大統領（在位二〇〇九〜二〇一七）の任期後半にあたる二〇一四年。元共和党の議会補佐官マイク・ロフグレン――二〇一一年に引退してからは、共和党をあけすけに批判するようになった――が『Anatomy of Deep State（ディープステートの解剖《かいぼう》）』という論文を書いたときだ。

ロフグレンの描《えが》くディープステートはこれまでとは違《ちが》い、「政府を堂々と操《あやつ》る、財界および産業界の富豪《ふごう》のリーダーたちのネットワーク」だった。

ロフグレンの論文によると、ディープステートは「秘密の陰謀《いんぼう》組織ではなく、ありふれた光景の中に潜《ひそ》んでいて、白昼堂々と活動している。結束の強いグループではなく、明確な目標があるわけでもない。むしろ政府全体に広がり、民間セクターにまで入りこんだ、無秩序《むちつじょ》に広がるネットワークだ」という。

ロフグレンにとって敵は、金融街《きんゆうがい》のウォールストリートとIT産業の中心地シリコンバレーだった。

ロフグレンの語る概念《がいねん》――「政府全体に広がり、民間セクターにまで入りこんだ、無秩《むちつ》序《じょ》に広がるネットワーク」――は、とくに目新しいものではない。実際、ドワイト・アイゼンハワー元アメリカ大統領（在位一九五三〜一九六一）は一九六一年の退任演説で、将来の大統領たちに対し、「それが意図されたものであろうとなかろうと、軍産複合体（軍部、民間企業《きぎょう》、政治家が、それぞれの利益のために連携《れんけい》し、国防支出の増大を図る癒着《ゆちゃく》構造）が不当に影響力《えいきょうりょく》を持たぬよう、用心しなければならない」と警告している。

しかしディープステートというフレーズは、ドナルド・トランプとその支持者たちによって、またしても新たに定義された。

今回の定義は「反トランプの陰謀《いんぼう》を企《くわだ》てる裕福《ゆうふく》な権力者たちの秘密組織」というものだ。「反トランプの陰謀《いんぼう》を企《くわだ》てる、トランプ版ディープステート」は長年にわたって活動しており、アメリカ政府が下した数々の最悪の決定への責任をなすりつけられた。

たとえばベトナム戦争への関与《かんよ》。アルカイダによるアメリカ同時多発テロ事件もそう。「イラクのサダム・フセインが大量破壊《はかい》兵器を所持している」という嘘《うそ》をブッシュ政権（二〇〇一〜二〇〇九）に信じこませたのも、オバマ大統領に中東での無人機攻撃《こうげき》を決断させたのも、すべてディープステート。ロシアの大統領選干渉疑惑《かんしょうぎわく》に対するFBI（米連邦捜査局《れんぽうそうさきょく》）の捜査《そうさ》は、トランプを倒《たお》すためのディープステートの陰謀《いんぼう》。ディープステートの目的は、権利を奪《うば》われた貧民を犠牲《ぎせい》にして、ウォールストリートと金持ちのエリートたちがさらに富を築くこと。

これが、トランプ版ディープステート陰謀論《いんぼうろん》だ。

この架空《かくう》の陰謀論《いんぼうろん》を踏《ふ》み台にして、トランプは典型的なアメリカのヒーローにのしあがった。無能な歴代大統領よりも背が高く、力も強い、「男のなかの男」トランプ。一般《いっぱん》人《じん》を食い物にしようともくろむ悪の権化《ごんげ》の金持ちや権力者を撃退《げきたい》すべく、たったひとりで戦うトランプ。そのトランプならきっと、ディープステートに勇猛果敢《ゆうもうかかん》に立ちむかい、我々を救ってくれるはず——。

トランプ版ディープステートの信奉者《しんぼうしゃ》は、そう信じている。

しかしトランプは莫大《ばくだい》な財産を相続しており、金持ちのエリートに対抗《たいこう》するというより、むしろ金持ちのエリートのひとりとして、冷静に事態を観察していたふしがある。

それを思うと、この陰謀論《いんぼうろん》は奇《き》っ怪《かい》としか言いようがない。

トランプが大統領に選出されるより前に、トランプの側近スティーブン・バノン（元投資銀行家　一九五三～）はいち早く、「トランプの選挙は、『孤高《ここう》の戦士トランプ』と『エリート層が支配するディープステート』との壮大《そうだい》な戦いのゴングを鳴らすだろう」と偽名《ぎめい》で記事を書いている。

トランプ陣営《じんえい》の基本戦略は、政府嫌《ぎら》いで政府を信用していない人々を、トランプ支持に取りこむこと——トランプがめざすのは、他ならぬその政府のトップの座なのに、だ。

COLUMN
コラム

トカゲの脅威《きょうい》

二〇〇八年のアメリカ大統領選のころ、「民主党員の多くは、実は宇宙から来たトカゲだと判明した」というデマが流れた。

民主党のトカゲたちの目標は、世界征服《せいふく》。ユダヤ人やイルミナティやディープステートといった陰謀論《いんぼうろん》の目標と同じ世界征服《せいふく》だ。

「トカゲ人間」は投票用紙にまで登場した。投票したい候補者がひとりもおらず、不満を抱《いだ》いたミネソタ州のひとりの有権者が、投票用紙にそう書いたのだ。本人は後にジョークのつもりだったと述べているが、二〇一〇年の中間選挙で、トカゲ人間だらけの民主党ではなく、共和党が票を伸《の》ばしたことに安堵《あんど》した有権者たちもいる。

アメリカを乗っ取ろうとするトカゲたちの陰謀《いんぼう》が、少なくとも当面は失敗したことを意味するからだ。

ソーシャルメディアによると、トカゲは人間に姿を変える能力があるらしい。トカゲ論の著作が多い著述家のデービッド・アイクによると、トカゲは古代から人類の歴史を操《あやつ》ってきたそうだ。アイクは一九九八年に出版した『大いなる秘密』の中でトカゲ論を確立し、ソーシャルメディアや自分のウェブサイトを通じて世間に広めた。

トカゲ論によると、トカゲは民主党員だけではなく、共和党員にもいる。

ジョージ・W・ブッシュ（元テキサス州知事、元大統領）やドナルド・ラムズフェルド（生涯《しょうがい》で二度、米国防総省のトップを務め、二〇二一年に死去）は、人間になりすましたトカゲの共和党員なのだそうだ。

民主党の有名人としては、ビル・クリントンとヒラリー・クリントン、バラク・オバマがトカゲ。

アメリカの政党とは無関係のイギリスの故エリザベス女王や、二〇世紀に活躍《かつやく》したコメディアンのボブ・ホープ、歌手のマドンナやケイティ・ペリーや女優のアンジェリーナ・ジョリーといった現代のセレブも、トカゲだ。

「トカゲはフリーメーソンだけでなく、イルミナティも操《あやつ》っている」と、トカゲ論者のアイクは主張する。

人間に姿を変えたトカゲの見つけ方については、いろいろな人がアイクのウェブサイトやソーシャルメディアに持論を投稿《とうこう》している。

たとえばトカゲ人間の明らかな特徴《とくちょう》としては、緑色の目、鋭《するど》い視覚と聴覚《ちょうかく》、赤毛、宇宙好き、低血圧があげられ、最大の特徴《とくちょう》は人間に対してよそよそしいことだという（周囲から孤立《こりつ》した人を「宇宙から来たトカゲ」と疑いたくなる気持ちは、わからないでもないが、もっとまともな説明がつくはずだ)。

アイクのフォーラムでは「ほほえんだときに下の歯が見える人や、目の大きさが変わる人や、瞳孔《どうこう》が不自然に大きい人は警戒《けいかい》したほうがいい」と勧《すす》めているが、ハンドルネームUFOchick氏によると、身体的特徴《とくちょう》だけでトカゲ人間を見破るのは難しいらしい。「重要なのは身体そのものではなく、身体に宿る魂《たましい》のほうだ」と、同氏は警告している。

トカゲ論に登場するトカゲは、りゅう座(名前のごとく、竜《りゅう》の形をしている、全天で八番目に大きい星座)から来た可能性が高いとされているが、おおいぬ座やオリオン座の可能性もあるとされている。

だが星座から来たとする説は、眉唾物《まゆつばもの》だと疑ってかかるべきだ。星座を偽物《にせもの》と決めつけるのは辛辣《しんらつ》すぎる気がするが、星座はまちがいなく想像の産物だ。

夜空を地図のように描《えが》く目的で、天文学者はいまでも星座を利用しているが、星座はそのままの形で宇宙に存在するわけではない。「××が××星座から来た」という噂《うわさ》を耳にしたら、星座は恒星《こうせい》間の位置情報ではないし、星座を形作る星々は宇宙で近くに固まっているわけでもないことを、どうか思いだしてほしい。

星座は、おそらく有史以前の古い神話に基《もと》づいている。シュメール人、古代エジプト人、中国人、オーストラリアの先住民など、多くの民族が星座の存在を知っていた。科学の知識がない占星家《せんせいか》が星々を見て、星と星とをつなぎ、さまざまな形を想像したのが星座だ。

もし地球の外の遠く離《はな》れた地点から、星座を成す星々をながめられるとしたら、我々の知っている星座とはぜんぜんちがう形に見えるだろう。夜空の星座は星々が集まっているように見えるかもしれないが、実際の宇宙ではそれぞれ遠く離《はな》れている。ほとんどの場合、星座を成す星々の共通点は、同じ銀河系の星という点と、地球から裸眼《らがん》で見えるくらい光っている点しかない。

「宇宙から来たトカゲが人間に扮《ふん》し、地球を征服《せいふく》しようとしている」という説を疑うのに、なにも星座まで否定しなくていい。

しかし現実には、トカゲや星座など、トカゲ論全般《ぜんぱん》を信じている人もいる。世論調査会社のパブリック・ポリシー・ポーリングは、二〇一三年四月、「アメリカ人の四パーセントは、トカゲ人間の存在を信じている」という結果を発表した。もしそうならば、一二〇〇万人ものアメリカ人が、少なくともトカゲ人間が存在する可能性を考えていることになる。

トカゲ人間はいると信じているが、トカゲ人間からの報復を恐《おそ》れ、公《おおやけ》に認めようとしない人は、もっと大勢いるのかもしれない。

3 科学を否定する人たち

科学をかたどった嘘《うそ》

あらゆる発見や発明のなかで、コペルニクスの学説ほど人間の精神に
大きな影響《えいきょう》を与《あた》えたものはないであろう。
「世界（地球）は宇宙の中心にある」という一大特権を放棄《ほうき》せよ、と求められたとき、
「世界（地球）は球形であり、自身のうちに完結する」という
認識《にんしき》はほとんどなかったからだ。人類につきつけられた要求のなかで、
これほど大きな要求はなかったにちがいない。
コペルニクスの学説を容認《ようにん》することで、
（コペルニクス以前の）多くのものが雲散霧消《うんさんむしょう》してしまったのだ！
────ヨハン・ヴォルフガング・フォン・ゲーテ（『色彩論《しきさいろん》』1810年刊より）

科学と直感

直感的に正しいとわかることは、すぐに理解できる。

たとえば、腐《くさ》った食べ物が体に悪いというのは、見た目や臭《にお》いからわかる。水分は植物に良いというのも、植物が雨のあとに生長したり、日照りで枯《か》れたりするのを見ているから、すっと頭に入ってくる。

しかし一六世紀、科学に直面した人々は、科学に反発をおぼえた。

科学はたいてい直感ではわからないし、それまでの常識が覆《くつがえ》されることもあるので、直感と矛《む》盾《じゅん》するからだ。

地球は平ら？　動いている？

教育を受けておらず、数世紀にわたって積み上げられた科学の知識がない人なら、周囲をながめ、地球は平らだと結論づけるだろう。もちろん、どの方向でもまっすぐに、えんえんと旅していけば、いずれスタート地点にもどる。そうすれば「地球は平らではなく、丸い」と実感できるだろうが、そこまでする人などいるだろうか？

自分が今いる地点からだと、確かに地球は平らに見える。多くの人は、それ以上は求めない。科学は、地球が自転していると教えてくれる。赤道の上に立ったら、そのままじっとしていても、地軸《ちじく》のまわりを秒速約四六〇メートルで動いていることになる。しかし直感では、動いている気がぜんぜんしない。

地球は自転している、と知っているのは、そう教えられたからだ。

空を見上げれば、太陽が空を移動していくのがわかる。だがそれは「太陽が地球のまわりを回っているのではなく、地球が自転しているからそう見える」と、科学は教えている。

他にも科学は、太陽が地球のまわりを回っているのではなく、地球が太陽のまわりを回っている（公転している）のであり、そのスピードは秒速約三〇キロメートル、時速では約一〇万八〇〇〇キロメートルになる、と告げている。信じがたい数字だが、すでに科学がそれを証明している。

さらに太陽系――太陽と、太陽を中心に運行する地球などの天体の集団――も銀河系の中心を秒速約二四〇キロメートルで周回し、銀河系は膨張《ぼうちょう》する宇宙に乗る形で、秒速約六〇〇キロメートルの速度で移動している。

つまり、この文章を読んでいる今も、あなたは秒速約六〇〇キロメートルの速度で、宇宙空間をつき進んでいることになる。どうだろう？　くらくらしてきたかな？

病気の原因

誰《だれ》かが病気になったとき、病人を攻撃《こうげき》しているものは目に見えないので、実体のない悪霊《あくりょう》の仕業《しわざ》だと思いたくなるのも無理はない。

しかし一七世紀までに、教養のある人々は、病気の原因を悪魔《あくま》の仕業《しわざ》とは思わなくなっていた。さらに一九世紀末には、一部の病気があまりに微小《びしょう》で裸眼《らがん》では見えない細菌《さいきん》によって引き起こされることがわかってきた。とはいえ顕微鏡《けんびきょう》が手元になければ、確かめようがない。

しかし顕微鏡《けんびきょう》を持っていなくても、磁石を持っている人は大勢いる。そこで数世紀にわたって、病気は磁石で取り除けると信じられた。磁石の威力《いりょく》は、たとえ理解できなくても、目で見ることができるからだ。

科学は難解？

人類の世界観を変えてきた論文はたいていどれも難解で、一般人《いっぱんじん》には理解できない。コペルニクス（一四七三～一五四三）やガリレオ（一五六四～一六四二）、ニュートン（一六四三～一七二七）やアインシュタイン（一八七九〜一九五五）といった偉大《いだい》なる科学者たちの理論はその通りなのだろうと信じているが、著作は読んだためしがない。読み解こうとしても、ちんぷんかんぷんだ。なぜなら、偉大《いだい》なる科学者たちの本は、我々一般人《いっぱんじん》のレベルをはるかに超《こ》える科学と数学の能力を持つ人向けに書かれているからだ。

我々一般人《いっぱんじん》はアインシュタインの相対性理論を一〇〇パーセント理論通りに理解しているとは言えないが、疑う人はまずいない。ニュートンが語る重力について、一般人《いっぱんじん》でそれを数学で完全に説明できる人はまずいないが、重力の存在は疑わない。

たいていの科学は、一般人《いっぱんじん》には理解できないように思える。今年のノーベル物理学賞受賞者の本を読んでも、はてさて、と頭をかくだけだ。正直に言うと、その受賞者が何を成し遂《と》げたのか、さっぱりわからない。

現代の物理学の中心は、原子や電子や素粒子《そりゅうし》などの特殊《とくしゅ》な性質を解き明かす量子力学――原子レベル以下の極《きわ》めて小さいエネルギーや物質が、宇宙で果たす役割を解明する学問――だ。

算数や幾何学《きかがく》、代数学、微分積分法《びぶんせきぶん》（ニュートンとライプニッツがそれぞれ独自に確立した数学）、微分《びぶん》方程式、行列代数、群論といった技能を身につければ、大学の物理学科には進学可能だろうが、現代の研究を理解するには、それ以上の技能が求められる。

重力とニュートンの言う運動の法則にまつわる一八世紀の論争について、フランスの啓蒙《けいもう》思想家ボルテール（一六九四〜一七七八）はおもしろいことを言っている――「フランスの哲学者《てつがくしゃ》デカルトとその同国人によると『すべてのことは衝動《しょうどう》によって起こるのであり、その衝動《しょうどう》は誰《だれ》しも理解しがたい』そうだが、ニュートンによると『すべてのことは引力によって起こるのであり、引力の原因はまだ解明されていない』のだそうだ」

科学と宗教

こうなると、科学はやみくもに信仰《しんこう》するしかないように思えてくるが、そんなことはない。科学は信仰《しんこう》の土台をこわした、と考える宗教家たちは、科学を、既存《きそん》の宗教に変わるもう一つの宗教と見なすという過《あやま》ちを犯《おか》し、自分たちの宗教の方が尊いと主張する。

しかし宗教は、信仰《しんこう》という概念《がいねん》を受け入れ、神を信じよと説くものだが、科学はそれとは正反対のことをする。科学では、ある仮説が生まれると、すぐに受け入れ信じるのではなく、まず検証し、さらに検証を重ね、正しいかどうかを確かめる。

だからこそ、ある理論が証明されたと発表されたとたん、別の科学者たちがいっせいに反証に乗りだすのだ。

科学的発見のうち、まちがっていると証明されるものは多く、度重なる検証でも崩《くず》れなかった説だけが生き残る。

科学の強みは、ある説がまちがっている可能性を視野に入れ、疑いつづけるという姿勢だ。つねに疑い、つねに検証を重ねるからこそ、科学的思考は嘘《うそ》に対抗《たいこう》する最強の武器となる。

宗教と科学は何世紀にもわたって不毛な議論を重ねてきたが、実をいうと議論しようがない。宗教と科学は、話す言葉も考え方もまるでちがうし、前提からしてちがう。

宗教の前提は信じることだが、科学の前提は疑うことだ。

ガリレオ、ニュートン、アインシュタイン

イタリアの天文学者ガリレオ・ガリレイは天文学の父と呼ばれているが、粗末《そまつ》な望遠鏡で月を見て、実際には存在しない水域を見つけたり、月の山の高さを実際よりもはるかに高く計算したり、数々の観察ミスを犯《おか》している。

だがイギリスの天文学者ニュートンは、ガリレオの研究とはちがい、月の重力が地球の潮の満ち引きに影響《えいきょう》を与《あた》えていることを具体的に説明し、信じるだけではなく、証明してみせた。

科学者たちは数世紀にわたって、ニュートンの数々の発見のあらさがしをしてきた。たとえば物理学者のアインシュタインは、光を粒子《りゅうし》の集合だと考えたニュートンの「光粒子説《こうりゅうしせつ》」では説明のつ

かない事象を説明できる「光量子説《こうりょうしせつ》」（光は粒子《りゅうし》でもあり波でもある、とする説）を提唱している。

それでもニュートンがガリレオの発見を完全否定していないように、アインシュタインもニュートンの発見を完全否定したわけではなく、ニュートンの説を発展させただけだった。

コペルニクスもガリレオも、ニュートンもダーウィン（一八〇九～一八八二）も過《あやま》ちを犯《おか》した。アインシュタインの相対性理論に関しては、現時点ではミスは見つかっていないが、数多くの物理学者が矛盾《むじゅん》を見つけようとしている。

だが過去の偉大《いだい》なる科学者たちは、ミスを犯《おか》したにせよ、人類が宇宙を理解する土台を築いてくれた。

科学は宗教と相いれない存在だ。とくに宗教の政治力や、宗教観に基づく知識、宇宙の前提をめぐって、科学は宗教と対立してきた。

科学は空から天界を取りのぞき、かわりに宇宙空間を据《す》えた。科学は人類の歴史を支配する全能の神を取りのぞき、代わりに誰《だれ》かの意志とは関係のない自然の法則を打ち立てた。

自然の法則は、人類の行動や信念にかかわらず、つねに同じように機能する。健康か病気かどうかを決めるのは神ではなく細菌《さいきん》であり、細菌《さいきん》の働きは予測可能なので撃退《げきたい》できる。

聖書と科学

科学は、聖書の伝説的な人物に疑問を投げかけることもある。

といっても、キリスト教徒の多くは、その人物の存在を本気で信じているわけではない。しかし聖書をそっくりそのまま信じている一部のキリスト教徒にとって、科学はやっかいな存在でしかない。

キリスト教徒にとって科学がやっかいな存在となる一例として、旧約聖書の創世記を基《もと》に説明してみよう。

創世記では、神が起こした大洪水《だいこうずい》のとき、ノアが箱舟《はこぶね》を作り、自分の家族とすべての動物をひとつがいずつ乗せた、とされている。

スウェーデンの生物学者カール・フォン・リンネ（一七〇七〜一七七八）は、これを疑問視した。リンネは植物界と動物界のあらゆる種を特定し、命名しようとしたことで知られている。現在知られている種の数に比べればほんの一部にすぎないが、それでもリンネは、「これだけの生命体をすべて乗せられたなんて、ノアはいったいどんな箱舟《はこぶね》を作ったのだろう」と疑問を呈《てい》した。

科学を否定する者の矛盾《むじゅん》

科学と宗教の間には、科学が芽生えたころから溝《みぞ》があった。現代でも宗教をわけもなくただ信じる人は、科学を敵視することがある。

だが科学を敵視する人たちは、テレビのリモコンを使い、コンピュータでソーシャルメディアに書き込《こ》み、携帯《けいたい》電話を使い、高度な電子機器を搭載《とうさい》した車を運転し、抗生《こうせい》物質を服用する、という矛盾《むじゅん》した行動をとっている。科学反対と言いながら、科学の恩恵《おんけい》を受けているのだ。科学を否定するために、ソーシャルメディアというテクノロジーを使うのは、根本的に矛盾《むじゅん》している。

ケンタッキー州フランクフォートのブックフェアで、僕《ぼく》はある女性に話しかけられた。彼女《かのじょ》は僕《ぼく》の本を読んだと言い、なぜ気候変動を信じるのか教えてくれ、と問いかけてきた。そこで僕《ぼく》は、「気候変動は、信じるかどうかの問題じゃない」と説明し、「気候変動がどのようにして起きるか、大勢の科学者が確固たる証拠《しょうこ》を積み上げているんですよ」と答えた。すると、彼女《かのじょ》は言った。「ちょっと、あなた、科学者と話をするの?」僕《ぼく》が「はい」と答えると、彼女《かのじょ》は軽蔑《けいべつ》をあらわにした。

科学を否定し、軽蔑《けいべつ》する人の大多数は、「無視する科学」と「利用する科学」を使いわけている。

COLUMN
コラム

科学的な嘘《うそ》

世の中にはまともな科学者だけでなく、悪い科学者もいる。ミスをするだけでなく、悪質な目的のためにわざと嘘《うそ》をつく科学者だ。

気候変動の証拠《しょうこ》は大量にあるのに、気候変動の原因であるエネルギー関連会社の宣伝のために、そんな現象はないと否定する科学者たちは、その典型と言える。

科学者ではなく、エネルギー会社のほうが嘘《うそ》をついたケースもある。石油メジャー大手の一つエクソンモービルが気候変動に関する調査をした際、調査を担当した科学者たちは正直に、気候変動は現実に起きていることを証明した。しかしエクソンモービルは嘘《うそ》をつき、自社の調査結果を否定した。

こういった気候変動に関する意図的な偽《にせ》情報は、石油メジャーの間では一般的《いっぱんてき》だった。その実態は、二〇二一年後半のアメリカ議会の公聴会《こうちょうかい》で明らかになっている。

何らかの意図がある科学は、たいてい悪い科学と言っていい。

史上最悪の嘘《うそ》の一つは、悪い科学によって広まった。奴隷《どれい》制度とアフリカの植民地化が正当化されたのは、黒人の知性と知能が劣《おと》っていると科学的に見なされたからに他ならない。

第三代アメリカ合衆国大統領のトマス・ジェファソン（在任一八〇一～一八〇九）は、自分は科学者であると誇《ほこ》らしげに名乗り（科学者を名乗った大統領は、ジェファソンとジミー・カーターだけだ）、とくに農業分野で論理的な科学研究をした。複数の望遠鏡を持っていて、バージニア州モンティセロの自宅には自動ドアを導入し、ニュートンの論文を読みこなせた。

そのジェファソンですら、ゆいいつの著書『ヴァジニア覚え書』（一七八五年刊）の中で、「黒人は白人より魅力《みりょく》に乏《とぼ》しく、知性が低い」と言い切り、「ユークリッド（紀元前のギリシャの数学者）のもろもろの発見を理解できる黒人などいるわけがない。黒人は想像力に欠け、情緒《じょうちょ》がなく、正常ではない」と書いている。黒人は白人ほど眠《ねむ》る必要がないので、酷《こく》使《し》されることなどありえない、とも考えていたようだ。

アメリカ建国の父ジェファソンも、科学者としてはこんなレベルでしかなかった。アフリカ系アメリカ人の奴隷《どれい》は、「黒人は生物学的に劣《おと》っている」という何の科学的根《こん》拠《きょ》のない偽《にせ》科学を、科学者によって刷りこまれた。

そうした科学者のひとり、スイス出身の生物学者で、化石を研究した地質学者でもあるルイ・アガシー（一八〇七～一八七三）は、ダーウィンの進化論を拒絶《きょぜつ》し、「自然界の秩序《ちつじょ》は、神によってあらかじめ定められている」と主張した。アガシーはハーバード大学の教授として、科学を大衆に広めようとしたことはよく知られているが、いっぽうで新たなアイデアは受けつけなかった。

アガシーは人種多元論の提唱者だった。「人種の違《ちが》いは、先祖の違《ちが》いによって発生した」とする説で、現代では偽《にせ》科学とされている。

アガシーはこの人種多元論に基づき、「黒人は劣等《れっとう》な生物で、白人と黒人は絶対に混合させてはならない」と主張し、黒人の劣等性《れっとうせい》の証拠《しょうこ》として、奴隷《どれい》の写真を集めた。だがアガシーの写真――黒人の奴隷《どれい》が被写体《ひしゃたい》となった初の写真――は、「奴隷《どれい》は白人より劣《おと》っている」のではなく、「奴隷《どれい》は酷使《こくし》されて栄養失調だ」と告げているようにしか見えない。

そのアガシーも、晩年は酷評《こくひょう》にさらされた。それは人種差別のせいではなく、ダーウィンの功績を非科学的な態度で頑《かたく》なに拒絶《きょぜつ》したからだった。「ダーウィンの説がこれほど早く受け入れられるとは、夢にも思っていなかった」と、アガシーは述べている。

時代を代表する科学者たちがダーウィンの進化論を認めることを、アガシーは予見できなかったのだった。

科学者への誤解

「科学界に革命をもたらしたパイオニアたちは、宗教と闘《たたか》った」と言われるが、それはよくある誤解だ。宗教側はたびたび科学者たちに挑戦《ちょうせん》したが、たいていの科学者は信心深い信徒だった。

たとえば科学的思考を最初に実践《じっせん》したひとり、イギリスの哲学者《てつがくしゃ》フランシス・ベーコン（一五六一～一六二六）は、「科学者が得た知識は、神が創《つく》りたもうた世界の重要性の証拠《しょうこ》である」と信じていた。

化学の父と呼ばれるイギリスのロバート・ボイル（一六二七～一六九一）と、多大なる業績を残した物理学者のアイザック・ニュートンも、「自然界にさまざまな法則が存在するとわかってきたが、それは法則を作った神が存在する証拠《しょうこ》に他ならない」と信じていた。

ニュートンは運動の法則について、「諸惑星《しょわくせい》の現在の動きは偶然《ぐうぜん》によってもたらされたものではなく、神がそのようにしてくださったのだ」と述べている。

ボイルにいたっては、「科学のせいで、人々が宗教から離《はな》れるのではないか」と心配するあまり、一六九一年の遺言書に「キリスト教を布教し、無神論に反論する講演のために、毎年五〇ポンドを寄付する」と書き残したほどだ。

カトリック教会はガリレオに対し、コペルニクスの地動説を教えたとの理由で、宗教裁判で有罪とし、終身禁固、のちに軟禁《なんきん》の罰《ばつ》を言い渡《わた》したが、コペルニクスもガリレオも反教会の立場ではなかった。

進化論は現在にいたるまで一部のキリスト教徒の反感を買っているが、ダーウィン自身は進化論の構想を練っていたころ、英国国教会の聖職者をめざしていた。

コペルニクス

一五四三年、ポーランドの天文学者コペルニクスの著作が出版されたとき、読んだ者はほとんどおらず、内容を理解できた者はさらに少なかった。著書の中でコペルニクスは、当時の宇宙の概念《がいねん》はまちがっていると説き、地球は宇宙の中心ではなく、太陽のまわりを回っている惑星《わくせい》の一つだと主張した。

コペルニクスの著作には、ルター派の神学者アンドレアス・オジアンダー（一四九八〜一五五二）が序文を書いたが、それは「この本に書いてあることはすべてばかげていて、信じる必要はない」という、コペルニクスが読んだら腰《こし》を抜《ぬ》かすような内容だった。

当初、コペルニクスの著作に対し、教会側はほとんど反発しなかった。教会にとっては地球と人間こそが宇宙の中心であり、コペルニクスは救いがたい変人でしかなかった。

コペルニクスが出版した天文学の著作『天体の回転について』の原題は、英語ではOn the Revolutions of Celestial Bodiesとなる。revolutionという単語には「革命」という意味があるが、コペルニクスの「革命的」なこの著作の原題が、revolutionという単語を「回転」という意味で使った初めての例でもあるのは、興味深い。

コペルニクスは革命について書いたわけではなく、革命を望んだわけでもないが、コペルニクスの地動説はまちがいなく、科学界に革命を引き起こした。

地動説が世に広まり始めると、出版当時は見向きもされなかったコペルニクスの著作は、前代未聞の規模で世界を揺《ゆ》るがした。もし地球が宇宙の中心ではなく、運動の法則にのっとって太陽の周囲を回る惑星《わくせい》の一つにすぎないとしたら、人類は特別な存在ではなくなるし、地球と結びつく天界も存在しなくなるからだ。

ニコラウス・コペルニクスは一四七三年、ポーランドで生まれ、ルネサンス期のイタリアで学んだ。コペルニクスは革命とは程遠い、教会に通う保守的な人間だった。そして教会の中に天体観測のための部屋をもうけ、著作を出版する何年も前から地動説についての論考をまとめ、「星々が地球の周囲を回るように見えるのは、地球が回転しているせいでそう見えるだけだ」と語っていた。

コペルニクスの著書『天体の回転について』は、天文学の傑作《けっさく》と言っていい。だが本人は著作が出版された直後に亡《な》くなったので、あまりにひどい序文を見ずに済んだと思われる。

ガリレオ・ガリレイ

天文学者のガリレオ・ガリレイはコペルニクスよりもはるかに尊大な人間で、その報《むく》いを受けた。科学と宗教の対立のシンボルとして名を残しているほどだ。

ガリレオは一五六四年に——ミケランジェロが亡《な》くなり、シェークスピアが生まれた年にあたる——イタリアのピサで生まれた。名字と名前がやけに似ているガリレオ・ガリレイという奇妙《きみょう》な名前は、長男には名字（ガリレイ）の単数形（ガリレオ）を名前にするという、トスカーナ地方の伝統にのっとったせいだ。

学生時代、ガリレオは幾何学《きかがく》に興味を持ち、二〇年後、落体の法則を発見した。一六〇九年、オランダで遠くの天体を観察する望遠鏡が発明されたと知ったガリレオは、すぐにレンズと筒《つつ》を組み合わせて望遠鏡を手作りし、当時は天上界と呼ばれていた天空を観察しはじめ、月や木星や木星の衛星など、無数の星を観察して記録した。

そして「コペルニクスが描《えが》いた太陽系は正しい」と発表し、「地球や他の惑星《わくせい》は軸《じく》を中心にして自転しながら太陽のまわりを公転している」と主張して、キリスト教会の反感を買った。ガリレオのこの声明に対しては賛否両論だったが、コペルニクスが地動説を発表したときよりもはるかに反《はん》響《きょう》を呼んだ。

ガリレオは自説を証明でき、芸術家や作家や自由思想家たちから支持されたが、定評のある当時の学者の大半からは非難された。

一六一六年、ローマ教皇庁はついにコペルニクスの地動説を禁ずる布告を出し、ガリレオにコペルニクスの地動説を擁護《ようご》しないように命じた。

ガリレオはコペルニクスとはちがって尊大で、敵を作りやすかった。聖書のことも尊重せず、聖書が数理科学と矛盾《むじゅん》するなら書き換《か》えるべきだ、と言い放った。「聖書は天国に行く方法を教えてくれるが、天国の仕組みについては教えてくれない」などと、ジョークまで飛ばした。

ガリレオの業績を理解していた者の多くは、「なにも教会という強大な権力に盾突《たてつ》かなくてもいいのに」と考えたが、ガリレオはこう反論した——「人間の心を誰《だれ》が制限しようとするのか？　人間はすべてを知り尽《つ》くしているなどと、誰《だれ》が断言できるのか？」

こうしてガリレオは科学に殉《じゅん》じた犠牲者《ぎせいしゃ》となり、古い権力と闘《たたか》う新しい啓蒙《けいもう》主義のシンボルとなった。

ニュートン

ガリレオの死からわずか数カ月後、一六四二年一二月に生まれたイギリスの物理学者アイザック・ニュートンは、大小さまざまな物体の運動を三つの運動の法則にまとめ、物体が落ちる理由を重力として説明した。

さらに自説を証明する数学として微分《びぶん》積分《せきぶん》法を発明し、太陽光のような白色光は色のついた光が重なり合ったもので、七色に分解できることを実証してみせた。

ニュートンの著作を読んだ者はほとんどいないし、読みこなせた者はもっといない。それでもニュートンは、まちがいなく、人間が暮らす世界の仕組みを解き明かしてくれた。

その後アインシュタインが多少修正したが、今日でも世界と科学に対する我々の理解はニュートンの学説に基づいている。量子力学と、宇宙船が目的地にぴったりと着陸できた月面着陸は——月面着陸がでっちあげでないかぎり——ニュートンのおかげと言っていい。

しかし数々の斬新《ざんしん》な説を発表したにもかかわらず、ニュートンは論争の的にはならず、イギリスの国民的なヒーローとなり、ヨーロッパ全土で広く尊敬された。一七二七年三月に亡《な》くなったときは、ロンドンのウェストミンスター寺院に葬《ほうむ》られ、巨大《きょだい》なモニュメントが作られた。ニュートンはいまなお「イギリス屈指《くっし》の天才」と見なされており、ヨーロッパ各地でニュートンのモニュメントや記念メダルが作られている。

ニュートンが活躍《かつやく》するころには、科学者はヒーローになっていた。それは、科学が勢力を拡大し、宗教の権力が衰退《すいたい》していく時期にあたっていたからだった。教会の数はどんどん減っていき――その傾向《けいこう》は現代まで続いている――対照的に科学協会の数はどんどん増えていき、一六〇〇年から一七九三年の間に、全世界で公的な科学協会が多数設立された。

ダーウィンの進化論と嘘《うそ》の文化

ニュートンと対照的なのは、進化論を編み出したチャールズ・ダーウィンだ。

ダーウィンは進化論を提唱した当時にすさまじい非難を浴びたが、現在でもなお非難する人がいる。これは、ダーウィンの進化論が理解しやすいからかもしれない。

科学を否定する人々はニュートンやアインシュタインに反論するだけの知識を持ちあわせていないが、ダーウィンの本なら読める。

効果的な戦略を持つ種は生き残って進化するが、そうでない種は絶滅《ぜつめつ》する。現在の生物は、この生き残りをかけた戦いに勝ち抜《ぬ》いた種のみ――ダーウィンの進化論をざっくり説明するとそうなる。

生き残るか、絶滅《ぜつめつ》するか。それは自然選択《せんたく》で決まる。すなわち、最適な戦略を持つ種は、生き残って繁殖《はんしょく》する可能性が一番高い。

このダーウィンが唱えるメカニズムは、神の介在《かいざい》をいっさい必要としていない。自然選択《せんたく》の仕組みは、微積分《びせきぶん》のような難解な数学がわからなくても理解できる。ダーウィンの著作『種の起源』(一八五九年刊)、『人間の由来』(一八七一年刊)、『ビーグル号航海記』(一八四五年刊)はすべて、読めばわかる。ダーウィンがどのようにして自分の考えに行きついたかがわかる科学本として、楽しむこともできる。

ダーウィンに抵抗《ていこう》する宗教家たちは、今日にいたるまで、ダーウィンの説には証拠《しょうこ》がないと主張する。しかしダーウィンは大量の証拠《しょうこ》をそろえているし、遺伝学やDNAなど、この一五〇年間で発見された生物学のほぼすべての新事実は、ダーウィンが正しかったことを証明している。

ダーウィンが挙げた証拠《しょうこ》の一つに、化石がある。複数の化石化した生物を調べると、生存期間に違《ちが》いがあることがわかったのだ。また、地表近くで発見された化石は現代の生物の種に似ているが、地下深くの層で発見された化石は現代の種とはちがうさまざまな種があり、絶滅《ぜつめつ》した種もまじっていることも、明らかになった。

この明白な証拠《しょうこ》に対し、宗教家はいろいろ反論するが、その一つに「化石は、人間をまどわすために悪魔《あくま》が地中に置いたもの」という説がある。この説に従うと、「悪魔説《あくませつ》に異議を唱える者は、悪魔《あくま》の手先」ということになる。ここまでくると、知識をはばむのは神への信仰《しんこう》ではなく、悪魔《あくま》への信心となってしまう。

この手の反論は、デマゴーグ（民衆を扇動《せんどう》する政治家）や陰謀論者《いんぼうろんしゃ》に活躍《かつやく》の場を与《あた》え、もはや事実など関係ない嘘《うそ》の文化を生んでしまう。いっさい証明しなくていいのなら、まさになんでもありだ。

たとえばドナルド・トランプは大統領時代、支持者に対し、「あなたたちが見たり聞いたり読んだりしている内容は、事実ではない」と語りかけた。それは、「支持者たちが聞いている事実は、支持者たちをだますための嘘《うそ》」でしかなく、「そんなもの＝事実は無視して、私の話さえ聞いていればいい」という主張に他ならない。

COLUMN
コラム

現代まで生き残った最古の嘘《うそ》、アトランティス島

一七世紀後半から一八世紀のヨーロッパを中心に、理性によって迷信や無知から人間を解放する思想や運動が広まり、魔術師《まじゅつし》は衰退《すいたい》した。

しかし一九世紀後半には、新しいタイプの魔術師《まじゅつし》がもてはやされるようになった。当時の人々は、すべて「魔術《まじゅつ》」の一言で片づけられる時代が恋《こい》しくなったのかもしれない。

新しいタイプの魔術師《まじゅつし》たちは反科学ではなく、自分たちの魔術《まじゅつ》は科学に基づいていると主張した（といっても、本物の科学者たちは認めなかったが）。「現在の科学の先を行くことで、科学が見落としている事象を解明している」と主張し、「普通《ふつう》ではないが、実際に起きている現象――心霊《しんれい》や精神や霊魂《れいこん》が引き起こす超常《ちょうじょう》現象――を調査しているのだ」と語った。

こういった心霊《しんれい》現象を研究する超《ちょう》心理学者のなかには、真剣《しんけん》に取り組んでいる者もいれば、ペテン師や詐欺《さぎ》師《し》もいた。しかし実証した内容が科学的な証拠《しょうこ》に欠けていた点は、どちらも変わりない。

たとえば、自称《じしょう》「心霊術師《しんれいじゅつし》」たちは死者と交信したと主張し、自分たちは科学の領域を

拡大したと考えていた。一九世紀、心霊術《しんれいじゅつ》は国際的なブームとなり、二〇世紀になっても人々の関心は衰《おとろ》えなかった。

そのうち、心霊《しんれい》現象に真剣《しんけん》に取りくんでいる真面目《まじめ》な心霊術師《しんれいじゅつし》たちは、そうでない心霊《しんれい》術師《じゅつし》たちのペテンを暴《あば》くようになり、スケプティクス（懐疑論者《かいぎろんしゃ》）と呼ばれるようになった。

一九六〇年代後半から一九七〇年代前半にかけて広まった、精神世界を大切にするニューエイジャー（ニューエイジ運動の支持者たち）は、既成《きせい》の権力組織を崩壊《ほうかい》させ、より良い社会を作ろうとした。

ニューエイジャーは保守派というよりは改革派で、反戦運動家やブラックパワー（黒人の地位向上をめざす運動）の提唱者、フェミニスト、ヒッピー（既成《きせい》の社会体制や価値観を否定し、脱《だつ》社会的行動をとった若者たち）、共同生活を送っている人々などが参加した。

ニューエイジャーの信念は、科学、占星術《せんせいじゅつ》、心理学、東洋の世界観、およびアメリカ先住民の世界観をとりまぜたもので、「すべての人々が幸せと豊かさを享受《きょうじゅ》できる希望の時代が到来《とうらい》する」と予言した。

この希望の時代は水がめ座《アクエリアス》の時代（水がめ座が象徴《しょうちょう》する平和で博愛主義の時代）と呼ばれ、一九六八年に初演されたロック・ミュージカル『ヘアー』の『アクエリアス』という曲にも登場する――「調和と理解、共感と信頼《しんらい》が満ちあふれる／虚偽《きょぎ》や嘲《あざけ》りは終わりを告げ／

黄金の生きた夢と／神秘的な水晶《すいしょう》の啓示《けいじ》と／精神的真実の解放の時代が来る／おお、水がめ座よ！」

この歌詞の中の「神秘的な水晶《すいしょう》の啓示《けいじ》」に注目してほしい。

一九八〇年代から九〇年代にかけて、スケプティクスは、ニューエイジャーの中にいる、水晶療法《すいしょうりょうほう》のような科学的に怪《あや》しい方法を信じる者を排除《はいじょ》しようとした。水晶療法《すいしょうりょうほう》の治療師《ちりょうし》はペテン師だらけだと、スケプティクスは信じていた。

水晶療法《すいしょうりょうほう》は、一九八五年のカトリーナ・ラファエルの著書『クリスタル・エンライトメント』がきっかけで社会に広まった。著者のラファエルは、さまざまな水晶《すいしょう》がどのようにして採掘《さいくつ》され、カットされ、磨《みが》かれたかを論じる地質学――これは、まともな科学だ――を研究していた。しかしその後、水晶《すいしょう》がアトランティス島の古代の知恵《ちえ》を含有《がんゆう》している、と言い出すようになった。

アトランティスとは、かなり高度な文化を持っていたが、地震《じしん》により一夜で海中に没《ぼっ》したとされる島で、古代ギリシャの哲学者《てつがくしゃ》プラトンの作品にも登場する。

ただしプラトンは、「正当な理由があれば、嘘《うそ》も役に立つ」と信じていた人物だ。アリストテレスもプラトンについて、「何もないところから国家を作りだし、それを破壊《はかい》することができる」と述べている。

アリストテレスや他の哲学者《てつがくしゃ》たちがほのめかしたように、もしプラトンが嘘《うそ》をついていて、アトランティス島など存在しなかったとしたら？

その場合、アトランティス島は世界最古の嘘《うそ》の一つと言っていい。

プレートテクトニクス――大陸や大洋底の位置の変動が地質現象を引き起こす、と考える学問――の研究者たちは、地球の表面をパズルのようにおおうジグザグのプレートに、島が沈《しず》むだけの余地はないと言う。

それでもアトランティス島は、ボリビアやトルコ、南極大陸やカリブ海など、いまなお世界各地で発見されている。ちなみにプラトンは、「アトランティス島は大西洋に存在した」と明言したが、大西洋では見つかっていない。

一七〇二年にはスウェーデンの科学者オラウス・ルドベックが、「スウェーデンこそアトランティス島だ」と主張する三〇〇〇ページもの大作を出版した。が、同僚《どうりょう》の科学者たちには、インチキだと一蹴《いっしゅう》された。

ルドベックの説は、カトリーナ・ラファエルの「アトランティス島が沈《しず》んだのは、島の非常に高度な知識が悪用され、乱用されたからだ」という説と同じくらい、信じがたい。ラファエルはさらに、「アトランティス島が沈《しず》む前に、堕落《だらく》していない賢者《けんじゃ》たちが島の高度な知識を水晶《すいしょう》に封印《ふういん》した」とも主張した。

「水晶《すいしょう》は、古代の知恵《ちえ》やアメリカ先住民の魂《たましい》につながる、癒《い》やしの力や瞑想《めいそう》の力を秘めている」と一部の者は考え、この説を支持する者たちは「ぜったいそうにちがいない」と主張した。「チベット、エジプト、中南米にかつて存在した高度な文明がすべて、水晶《すいしょう》のようにとがったピラミッドを作ったのは、そのせいとしか思えない」というのだ。

だが水晶《すいしょう》が詐欺《さぎ》のかっこうの道具になることは、ニューエイジ運動に情熱を注いだニューエイジャーでさえ認めている。

特別という触《ふ》れ込《こ》みの水晶《すいしょう》は広く売られていて、なかには安いガラス製のものもある。水晶《すいしょう》を使った水晶療法《すいしょうりょうほう》も金で買える。二〇二一年には「自閉症者《じへいしょうしゃ》が右脳と左脳のバランスをとるのに役立つ水晶《すいしょう》四個セット」が、ネット通販《つうはん》で二八ドル九四セントで売られていた。他にも「依存症《いぞんしょう》を克服《こくふく》できる水晶《すいしょう》のビーズ・ブレスレット」は二五ドル四六セント、「初心者向け水晶《すいしょう》キット」は三九ドル九五セントで販売《はんばい》されていた。

反進化論のバトラー法

ダーウィンの進化論は世界中の科学者や教養のある人々から受け入れられ、高く評価された。

しかし反ダーウィン主義は、今も生き残っている。反ダーウィン主義は主にダーウィンの主張への無理解と、「ダーウィンは聖書を攻撃《こうげき》し、人間はサルだと言っている」という誤解に基づいている。

二〇世紀初頭のアメリカでは、公立学校で進化論を教えるのを禁じる数多くの法律が成立した。テネシー州でも一九二五年に反進化論法が成立し、キリスト教活動家で農夫でもあった州議会議員ジョン・W・バトラーの名にちなんで「バトラー法」と呼ばれるようになった。

このバトラー法には、科学を否定する二つの重要な動機が見てとれる。

一つめは、「進化論がどういうものかは、ぜんぜん知らない。ただ、学校からもどった子どもたちが聖書を否定しているのを聞いただけ」と、バトラーが認めていることが示している。科学を否定する人々はえてして、否定している科学がどういうものか、理解していない。

もう一つは、バトラー法に署名したテネシー州知事の態度からわかる。州知事は反ダーウィン主義にはいっさい関心がなく、本気で法律を施行《しこう》する気も学校のカリキュラムに口をはさむ気もなかった。それでも署名したのは、ひとえに地元の政治家や有権者たちの支持が欲しいからだった。

これは、科学を否定する政治家によくある例だ。

バトラー法は、アメリカ自由人権協会が「違法《いほう》だ」と裁判を起こしたことで有名になった。バトラー法を擁護《ようご》する側は、大統領候補に三回指名されたことのあるウィリアム・ジェニングス・ブライアンが、バトラー法を糾弾《きゅうだん》する側は、アメリカでもっとも有名な法廷《ほうてい》弁護士のクラレンス・ダロウが、それぞれつとめた。

アメリカ自由人権協会は反バトラー法の立場で証言してくれる生物学の教師を見つけられなかったが、ジョン・スコープスという数学と理科の教師が証言台に立つと名乗り出た。

だが実際の裁判では「スコープスが進化論を教えたかどうか」のみに審理《しんり》が限定され――スコープス本人は「進化論を教えたかどうか思い出せない」と非公式の場で告白しているが――、スコープスは有罪となり、一〇〇ドルの罰金《ばっきん》が科せられた。その後の控訴審《こうそしん》では「過大な罰金《ばっきん》を科せられた」との理由で、一転して無罪となっている。

このスコープス裁判の後も多くの州が、公立学校で進化論を教えるのを禁じる法律を制定しようとしたが、失敗した。やがて一九六七年、ようやくバトラー法が廃止《はいし》され、翌年には最高裁も「教育を制限する法律は憲法に反する」と裁定した。

しかしアメリカの一部の州では、今でも学校に対し、ダーウィンの進化論と同じ比重で、旧約聖書の創造説（創世記に書かれた天地創造が現実に起きたとする説）も教えるように勧《すす》めている。

創造説と地球平面説

最近の世論調査によると、アメリカ人の一八パーセントから四〇パーセントは創造説を支持し、四五パーセントは進化論を信じているが、そもそも進化とは何かを知らない人も大勢いることがわかった。いっぽうアメリカ以外の国の大半では、過半数の国民が進化論を受け入れている。

宗教の観点から見ると、キリスト教の聖書とイスラム教のコーランは、「地球は平らだ」と言っているように思える。

地球平面説は簡単に誤りを立証できるので、地球平面説の信者の大多数は文字通りの解釈《かいしゃく》ではなく、拡大解釈《かいしゃく》をするようになった。しかしここ数十年では、サウジアラビアのイスラム教の権威《けんい》、アブドゥル・アジズ・イバン・バズ（一九一二〜一九九九）が同国の支配一族の権力強化を狙《ねら》い、「地球は平面である」とするファトワー（イスラム法に基づいて法学者が出す見解）を出した。ファトワーでは「地球は平面でないと主張する者は、神を否定しているので処罰《しょばつ》する」と定めている。

世界屈指《くっし》の理論物理学者スティーブン・ホーキング博士（一九四二〜二〇一八）は「科学と宗教は、同じ疑問に答えようとしている」と述べた。

いっぽうでホーキング博士は、「宗教のほうを重んじる人々は必ずいる」とも言っている――「その人たちは科学を信じていないか、理解していないかどちらかで、宗教のほうが安心するからだ」

神は存在するか

二〇〇八年、シンクタンクのピュー研究所は、アメリカの成人の六〇パーセントは「神は信徒が交流できる人間の姿をしていると信じている」という調査結果を発表した。

いっぽう現役の科学者の圧倒的《あっとうてき》多数は、コペルニクスやガリレオ、ニュートンやダーウィンとは異なり、人間を教え導く神がいるとは信じていない。科学者として正直に答えるならば、宗教を信じていない。科学者にとって真実とは、仮説を立て、検証してたどりつくものだ。だが神の存在を検証する方法がない以上、科学者は宗教を肯定《こうてい》も否定もしようがない。

僕《ぼく》は、進化生物学者の権威《けんい》である故エドワード・オズボーン・ウィルソン（一九二九〜二〇二一）に、「神は存在すると思うか」とたずねたことがある。するとウィルソンからは、じつに科学者らしい完璧《かんぺき》な答えが返ってきた――「私には、知るすべがない」

現代では多くの科学者が、「宇宙は超《ちょう》高温・超《ちょう》高圧な状態から爆発的《ばくはつてき》に膨張《ぼうちょう》して始まった」という説に賛成している。いわゆる「ビッグバン」だが、この表現は誤解を招きやすい。宇宙はただ爆《ばく》発《はっ》したのではなく、いまだに膨張《ぼうちょう》しつづけているからだ。神の意志ではなく、この膨張《ぼうちょう》こそが、宇宙を形作っていると、多くの物理学者は信じている。

だとしても、なぜ超《ちょう》高温・超《ちょう》高圧の状態が起きたのか、という謎《なぞ》の説明はつかない。だからこそ、神が宇宙を創《つく》ったのだと信じる人は今もいる。

「自然の法則は自力で働くもので、神に支配されるものではない」と科学者は言うかもしれない。だが、「そもそも自然の法則はどのようにして生まれたか」という疑問は、残ったままだ。

イディッシュ作家のI・B・シンガー（一九〇四〜一九九一）が作品の中で登場人物に言わせたように、「古代人が狂信的《きょうしんてき》に信仰《しんこう》したように、現代人は狂信的《きょうしんてき》に信仰《しんこう》を否定する」傾向《けいこう》がある。

だが、神の存在を誤りだと立証することはできない。いっぽうで宗教家たちも、科学的に立証された説をことごとく否定することはできない。

こうして、かつてガリレオを異端者《いたんしゃ》として糾弾《きゅうだん》したカトリック教会も、三〇〇年以上たった一九九二年、ガリレオは正しかったと認め、ガリレオの破門を解いた。

さらに一九九六年、ローマ教皇は、有神的進化論――進化を遂《と》げている宇宙や生物は神が創《つく》った、とする説――を認めるという声明を出した。

いっぽうで、保守的な福音派のキリスト教徒は「聖書は文字通りに解釈《かいしゃく》すべきだ」と主張しつづけ、この声明を拒絶《きょぜつ》している。

気候変動はでっちあげ？

「気候変動はでっちあげだ」と断言する政治家を、いったい誰《だれ》が信じるのか？

当然ながら、炭素を盛大に排出《はいしゅつ》している炭鉱会社や石油企業《きぎょう》の関係者は、そういう政治家を支持するだろう。

しかし氷河が溶《と》け、天候が壊滅的《かいめつてき》に変化し、海洋食物連鎖《れんさ》が崩壊《ほうかい》している現状を見れば、まっとうな人なら「気候変動はでっちあげ」説は嘘《うそ》だとわかるはずだ。

現在では海面が上昇《じょうしょう》したせいで、世界各地の島や海岸線が消えつつある。他にもいろいろな形で、気候変動ははっきりと確かめられる。

ではなぜ「気候変動はでっちあげ」説がまかりとおるのか？　それは、アメリカ人の大多数は「気候変動はでっちあげ」だと嘘《うそ》をつく政治家に対し、反論するだけの科学的素養がないからだ。

科学と数学のしっかりとした基礎《きそ》知識は、物事を分析《ぶんせき》し、検証し、嘘《うそ》を見破るかっこうの道具となる。しかし、その基礎《きそ》知識を身につけているアメリカ人は多くない。

これからもわかるように、嘘《うそ》つきのターゲットは科学者ではない。科学の基礎《きそ》知識がない人々だ。

実際、科学はきちんと理解するより、頭ごなしに否定するほうが、はるかに簡単だ。

科学リテラシー（科学的知識を使って結論を導《みちび》き出す能力《のうりょく》）

科学リテラシーの定義は人によって意見がわかれるだろうが、アメリカ人の圧倒的《あっとうてき》大多数（なんと九五パーセント）は「科学に無知」であることが、数々の調査で明らかになっている。

一九八〇年、大統領選に立候補したロナルド・レーガン（一九一一〜二〇〇四）が教育省の廃止《はいし》を唱え、連邦《れんぽう》政府が教育に関与《かんよ》することを否定する策を打ちだしたころから、アメリカ政府は科学や科学教育を軽視し続けてきた。レーガンは一九六七年のカリフォルニア州知事選挙運動期間中にも、「なぜ知的好奇心《こうきしん》に助成金を出さなければならないのか?」と発言している。

一九九五年、議会で多数を占《し》めた共和党は、「経費がかかりすぎる」「反共和党」という理由で、技術評価局を閉鎖《へいさ》した。ちなみに、科学的な学術団体を「反共和党」と位置づける姿勢は、現代の共和党にも通じる一面を物語っていると言えよう。技術評価局は、国家政策に関係のある科学・技術の発展を連邦《れんぽう》議会に知らせて助言する、科学者たちの団体だ。

技術評価局には、りっぱな存在意義があった。大半の有権者と同じく、大半の議員も科学リテラシーを持ちあわせていなかったからこそ、技術評価局は必要不可欠な存在だった。

オルタナティブ・ファクト

各種調査によると、アメリカ人の成人の六三パーセントは「恐竜《きょうりゅう》は人類が登場する前に絶滅《ぜつめつ》した」ことを知らなかった。

大多数のアメリカ人は抗生物質《こうせいぶっしつ》を処方されたら服用するのに、アメリカ人の成人の七五パーセントは「抗生物質《こうせいぶっしつ》は細菌《さいきん》を退治する」ことを知らなかった。

アメリカ人の五七パーセントは「電子は原子よりも小さい」ことを知らず、約半数のアメリカ人は「コペルニクスの地動説を知らず、いまだに太陽は地球のまわりを回っている」と思っている。

嘘《うそ》の影響《えいきょう》をもっとも受けやすいのは、そういう人々だ。この手の嘘《うそ》を、保守派の政治工作員は「オルタナティブ・ファクト（もう一つの事実）」と呼んでいる。

たとえば、カルト的な人気を得たいと思う政治家がいたとしよう。その政治家は、カルト集団のメンバーだけが受け入れる事実――実際の事実とはちがう、もう一つの事実――を作りあげ、反論する者は放っておけばいい。

嘘《うそ》をつくのは、嘘《うそ》に反論するより手間がかからない。だからこそ、事実を確認《かくにん》するファクトチェッカーは、つねに奮闘《ふんとう》している。

ジョージ・W・ブッシュ政権（二〇〇一〜二〇〇九）内の匿名《とくめい》の情報提供者は、「事実を慎重《しんちょう》に調査すれば、おのずと解決策が浮《う》かびあがってくる、と信じる人々」をあざ笑った。その情報提供者は、二〇〇四年、ジャーナリストのロン・サスキンドにこう語っている――「今日の世界に、もはやそんなものは通用しない。今や我々は絶対的な支配者だ。我々は行動を起こすことで、我々の事実を作りだせる。君たちは、我々の事実を調査するだろうね。きっと慎重《しんちょう》に。でもその間に、我々はまた行動を起こし、別の事実を作りだす。それを君たちはまたしても調査する。こうして物事は解決していくんだよ。歴史を作り上げるのは我々だ……君たちは全員、後追いで、我々の事実を調査するだけだろうね」

もう一つの事実を作り出し、それをもう一つの真実として広める、という手法は、トランプが大統領に就任した二〇一七年に確立された。しかもトランプ大統領のスタッフは、もはや匿名《とくめい》ではなく、堂々とそう公言した。たとえば、ホワイトハウスの報道官だったショーン・スパイサーは、二〇一七年の大統領就任式の規模について、トランプがついた見え透《す》いた嘘《うそ》――実際よりもはるかに大勢が参加した、と言い張る嘘《うそ》――にならって、すぐに露見《ろけん》する嘘《うそ》をついた。そのスパイサーを、大統領顧問《こもん》のケリーアン・コンウェイはこう擁護《ようご》した――「スパイサーはオルタナティブ・ファクトを言っただけ。それがいいと思う人々のために、もう一つの事実を説明しただけだ」

一発で嘘《うそ》だとわかることを聞いたら、その嘘《うそ》は自分に向けられたものではない、と理解してほしい。

COLUMN
コラム

ワクチンにまつわる偽《にせ》情報

「真実が半ズボンをはきおわる前に、嘘《うそ》はすでに世界を半周している」

真実にまつわる右記の引用には、おもしろい話がある。この言葉を語った人物は、マーク・トウェイン（作家）、ウィンストン・チャーチル（元英国首相）、コーデル・ハル（ローズベルト政権時の国務長官）など諸説あり、真実がはくものも半ズボンだったり、パンツだったり、靴《くつ》だったりするのだ。

言葉の語り手の候補は、たぶん他にもいるだろう。実に的確な内容の場合、語り手の候補が増えだすと、きりがない。

ともあれ、この引用の真意は「巧《たく》みな嘘《うそ》はけっして消えず、真実を持ちだしても消しようがない」ということだ。

けっして消えない嘘《うそ》の例として、ワクチンにまつわる嘘《うそ》を取りあげてみよう。

子どもへのワクチン接種と自閉症《じへいしょう》には、関連性がない。そのことは、CDC（米疾病《しっぺい》予防管理センター）など、信頼《しんらい》できる機関の多数の研究によって判明している。独立非営利団体の全米医学アカデミーも一〇〇〇本以上の研究論文を分析《ぶんせき》し、二〇一一年に同じ結論に達した。

しかし数十年の研究でそう証明されても、たとえワクチンと自閉症《じへいしょう》の関係をしめす医学研究がいっさいなくても、反ワクチン派の人々はいまだにこの作り話を信じている。

一つのアンプルから複数回分のワクチンをとる場合、チメロサールという保存剤《ほぞんざい》が使われる。この保存剤《ほぞんざい》には水銀が含《ふく》まれていて、毒性は低いものの、CDCとAAP（米国小児科学会）は子どもの水銀摂取量《せっしゅりょう》を減らす運動の一環《いっかん》として、チメロサールの使用をやめるよう、製薬会社に勧告《かんこく》した。

反ワクチン派はこの事実を取りあげ、チメロサールは自閉症《じへいしょう》を広める恐《おそ》れがあるので除去された、と結論づけた。

しかし、これは真実ではない。チメロサールと自閉症《じへいしょう》が無関係なことは複数の研究で判明しているし、ワクチンからチメロサールを取り除いても、自閉症《じへいしょう》の人数は減っていない。それでもこの作り話は、いまなお、しぶとく生き残っている。

子どもが接種《せっしゅ》するワクチン――はしか、おたふくかぜ、風疹《ふうしん》、インフルエンザ――の組み合わせが自閉症《じへいしょう》の原因とする説もある。

しかしワクチンではほんの少量の病原菌《きん》を接種させるだけだし、人間の免疫《めんえき》システムは数千種類のワクチンに耐《た》えうることが、研究によって判明している。

こういった根拠《こんきょ》のある確かな研究論文は、権威《けんい》ある科学雑誌に掲載《けいさい》されてきた。権威《けんい》ある科学雑誌では、掲載《けいさい》する前に、投稿《とうこう》された論文をそのジャンルの専門家に妥当《だとう》かどうかチェックしてもらい、妥当《だとう》と判断されなければ掲載《けいさい》しない。

しかし世の中には、専門家による事前チェックをしない、誰《だれ》でも論文を載《の》せられる雑誌も存在する。ワクチンと自閉症《じへいしょう》は関連があるという論文が載《の》っているのは、そういう雑誌だ。

この手の論文は、掲載《けいさい》後に精査されて撤回《てっかい》されることもあれば、WHO（国連の世界保健機関）から信ぴょう性に欠けると評価されることもある。

カナダの眼科学教授クリストファー・ショーの論文はまさに後者の例で、ショーは反ワクチン団体から資金提供を受けていたことが判明し、その論文は信ぴょう性に欠けると評価された。

しかしこの手の論文は、信ぴょう性に欠けると評価されるころには、すでに主要なマスコミに何度も取りあげられ、「世界を半周している」嘘《うそ》と化している。

ワクチンと自閉症《じへいしょう》が関連づけられるようになったきっかけは、イギリスの元医師アンドリュー・ウェイクフィールド（一九五六〜）が『ランセット』誌に掲載《けいさい》した論文だと思われる。『ランセット』誌は事前にきちんと内容をチェックする、信頼性《しんらいせい》が高いとされる医学雑誌だ。ところが『タイムズ』紙が、論文のデータが誤っていると報道。『ブリティッシュ・メディカル・ジャーナル』誌も、「ウェイクフィールドが望み通りの結果を得るために証拠《しょうこ》を捏造《ねつぞう》した」と指摘《してき》した。

そもそもこの論文は症例《しょうれい》報告があまりに少ないことから、虚偽《きょぎ》ではないかと疑うべきだった。ウェイクフィールドは、わずか一二件の症例《しょうれい》しか報告していなかったのだ。『ブリティッシュ・メディカル・ジャーナル』誌は、「この論文は、単に著者が無能だったというレベルの話ではない」と結論づけた。つまり、「明らかに意図をもって嘘《うそ》をついた」ということだ。

その後、ウェイクフィールドが、ワクチン製造業者を訴《うった》えていた団体の弁護士から四〇万ポンド以上もの大金を受け取って、嘘《うそ》の論文を書いたことが発覚した。ウェイクフィールドは医師免許《めんきょ》をはく奪《だつ》され、『ランセット』誌は論文が掲載《けいさい》されてから一二年後の二〇一〇年、ウェイクフィールドの論文を撤回《てっかい》した。

ワクチンと自閉症《じへいしょう》が関係あるという説は、実はワクチンの歴史と同じくらい、歴史のある古い陰謀論《いんぼうろん》だ。それでも「ワクチンによって引き起こされる自閉症《じへいしょう》」を、保守的な反ワクチン勢力は「政府と医学会の犯罪」と見なし、改革派の反ワクチン勢力は「巨大《きょだい》製薬企《き》業《ぎょう》の企《たくら》み」だと疑っている。

ちなみに反ユダヤ主義の出版物として有名な『シオン賢者《けんじゃ》の議定書』は、予防接種をユダヤ人の陰謀《いんぼう》として警告している。

「ワクチンが自閉症《じへいしょう》の原因」とする研究はすべてデマで信ぴょう性に欠けるとして、これまで何度も否定されてきたのに、有名人のなかには、いまでもかたく信じている者がいる。たとえば、俳優のロバート・デ・ニーロ。彼《かれ》には自閉症《じへいしょう》の息子《むすこ》がいる。俳優でコメディアンのジム・キャリー。コメディアンでテレビ司会者のビル・マーもそうだ。ただしビル・マーは、「ワクチンはよくわからないので反対する」という立場で、「ワクチンと自閉症《じへいしょう》に関係がないなんて、どうしてわかる?」と言っている。

だが、その答えは数々の徹底的《てっていてき》な研究によってすでに出ている。

ビル・マーは「人体の機能は、まだわからないことが多い。新しい薬もいろいろあるけど、そういった薬とワクチンは、どんなふうになじむんだろう?」とも言っているが、人体の機能はすでに多くが解明されている。だからこそ病気を防ぐためのワクチンが開発されたのだし、マー自身、ワクチンに効果があることは認めている。

テレビ界の有名人であるマーは、医者を「白衣の人」と揶揄《やゆ》することで、たぶん反科学派の大衆をとりこもうとしているのだろう。

悪意のある嘘《うそ》を平然とつくドナルド・トランプは、二〇一五年の大統領候補討論会で、

「混合ワクチンを最近接種して、高熱を発し、自閉症《じへいしょう》になった二歳《さい》の子どもを個人的に知っている」と言った。だがその子がどこの誰《だれ》かは、けっして明らかにしなかった。

「子どもを危険から守れ」というスローガンは、陰謀論《いんぼうろん》の信者を増やす方法として、つねに効果がある。しかしワクチンの場合、子どもを危険にさらしているのは、反ワクチン派のほうだ。

はしかや百日咳《ひゃくにちぜき》といった病気は二〇世紀に克服《こくふく》されたはずなのに、現在は復活しつつある――無敵の嘘《うそ》つきと、きわめつきの変人と、命にかかわる陰謀論《いんぼうろん》のせいで。

4

女性にまつわる嘘《うそ》

嘘《うそ》で塗《ぬ》り固められた魔女《まじょ》狩《が》りの歴史

呪術《じゅじゅつ》を使って害を及《およ》ぼす下劣《げれつ》な人間が主に女性だというのは、
理不尽《りふじん》でもなんでもない。

――――ニコラ・レミ（1595年の著作より。魔女《まじょ》裁判で大勢の「魔女《まじょ》」を死刑《しけい》に処した、フランスの治安判事）

魔《ま》女《じょ》とは？

魔《ま》女《じょ》は呪術《じゅじゅつ》を使って人々に害を及《およ》ぼす、とされているが、それは女性に向けられた嘘《うそ》だ。女性だけに向けられた誹謗《ひぼう》中傷ではない、と反論する歴史家もおり、実際、世界数カ国――アイスランド、フィンランド、エストニアとロシア――では、男性も魔術師《まじゅつし》として迫害《はくがい》された。

しかし記録によると、魔術使《まじゅつつか》いとして迫害《はくがい》された被害者《ひがいしゃ》の七五パーセントから八五パーセントが女性であり、世界の大半の地域では、圧倒的《あっとうてき》に女性が魔女《まじょ》として処刑《しょけい》されている。

「告発者の多くも女性だった」とも言われているが、それは本当だ。男性の告発者と同じく女性の告発者も、「××が悪魔《あくま》の集会に参加しているのを見た」という「証言」をでっちあげた。昔の恨《うら》みを晴らすためにわざと嘘《うそ》の告発をした例もあるが、それよりも、先に自分が告発され、処刑《しょけい》されるのをまぬがれたい一心で、他人に不利な証言をしたケースのほうが多い。

魔《ま》女《じょ》だと告発された者は、拷問《ごうもん》によって告白を強《し》いられることがよくあった。フランスのニコラ・レミ判事のように、女性への敵意を公言する判事や検事も多かった。

魔女《まじょ》の歴史

中世に魔術《まじゅつ》を信じていたのは、教会や貴族ではなく、小作人だった。

そうした中、後に神聖ローマ帝国《ていこく》の皇帝《こうてい》として絶大な権力を誇《ほこ》ることになるシャルルマーニュは、七八七年、魔女《まじょ》として告発された者の処刑《しょけい》を禁じ、違反者《いはんしゃ》は死刑《しけい》に処すとした。一〇世紀にはカトリック教会も、魔女《まじょ》など存在しないと説教するよう、聖職者たちに命じている。

こうして魔女《まじょ》への憎悪《ぞうお》はいったん下火になったが、一五世紀にまたも復活し、女性は、「悪魔《あくま》の集会に参加した」「空を飛んだ」「社会を混乱させようと企《たくら》んでいる」などの理由で告発されるようになった。

そしてフランスとスイスにまたがる西部アルプス地方で魔女《まじょ》裁判が始まり、ヨーロッパ全土に広がって、ついに北米にも飛び火していく。

大衆がこぞって魔女《まじょ》を恐《おそ》れる風潮が一七世紀になって廃《すた》れるまで、一〇万人もの犠牲者《ぎせいしゃ》が——大多数は女性だ——悪魔《あくま》とつきあったとして断罪され、たいていは火あぶりの刑《けい》に処され、非業《ひごう》の死を遂《と》げた。

告発者は誰《だれ》？

魔女《まじょ》という作り話は、「悪魔《あくま》の存在を信じる気持ち」と「女性は男性より劣《おと》っているという信念」が重なることで、社会に根づいた。「女性は男性よりも知能が劣《おと》るので、悪魔《あくま》にだまされやすい」と見なされ、「女性は感情におぼれやすいので、悪魔《あくま》に誘惑《ゆうわく》されやすい」とも考えられた。「悪魔《あくま》が女性を利用するのは、女性は官能的な快楽を好むと知っているからだ」と、フランスのニコラ・レミ判事も公言している。

告発者が男性の場合、「嫉妬《しっと》」や「いらだち」から女性を告発するケースもあったので、女性は男性の求愛をはねつける際、慎重《しんちょう》にならなければならなかった。

告発者が女性の場合は、「ねたみ」から行動に出るケースもあった。「悪魔崇拝儀式《あくますうはいぎしき》をするのを見た」「黒魔術《くろまじゅつ》を使っていた」などの告発は、明らかに悪意が感じられる嘘《うそ》だが、「計算しつくした、まことしやかな嘘《うそ》」ならば、標的を火あぶりの刑《けい》にできるかもしれない。夫や息子《むすこ》が著名人だったおかげで救われた女性もなかにはいたが、大多数の女性は、いったん告発されたら万事休《ばんじきゅう》すだった。「悪魔《あくま》とは関係ないことを証明しろ」と言われても、そんなことはまず無理だ。

魔女《まじょ》だと告発された女性の中には、体を縛《しば》られ、冷たい水に投げこまれた者もいた。そのまま溺《でき》

死《し》すれば無罪。しかし浮《う》かび上がったら魔女《まじょ》と確定され、火あぶりの刑《けい》に処された。

魔女《まじょ》裁判

一五三〇年代、デンマークでは数百名の女性が魔女《まじょ》裁判で有罪となり、火あぶりの刑《けい》に処された。その後、ヨーロッパの魔女《まじょ》裁判は、一連の宗教戦争と同時期の一五六〇年から一六三〇年にかけてピークを迎《むか》えた。

一五八七年、ドイツのトリーアという町では、三六八名が処刑《しょけい》された。その大半が女性だった。一五九〇年のスコットランドでは、七〇名が魔女《まじょ》裁判で有罪になり、火あぶりの刑《けい》に処された。この魔女《まじょ》裁判が開かれたのは、スコットランドの王とデンマークから花嫁《はなよめ》として迎《むか》えたアン王女を乗せた船が嵐《あらし》に遭《あ》い、それが魔女《まじょ》の仕業《しわざ》とされたからだった。

このように魔女《まじょ》は、悪天候やパンデミック（疫病《えきびょう》の大流行）、作物の不作の原因として、いけにえにされることがよくあった。その場合、たいていはごく限られた場所と限られた理由で、小作人に告発された。たとえば、我が家の木が実らなかったのは、隣《となり》の家の魔女《まじょ》が口笛をふいて魔術《まじゅつ》をかけたから――といった嘘《うそ》の告発だ。

一七世紀、カトリックがプロテスタントから主導権を奪《うば》いかえしたドイツでは、大量殺人が行われた。ドイツのバンベルクでは、約三〇〇人が魔女《まじょ》として処刑《しょけい》された。ドイツのヴュルツベルクでは、一人の司教が在任していた八年の間に、約九〇〇人の男女と子どもが火あぶりの刑《けい》に処された。こんなに大量の死者が出たのは、「悪魔《あくま》の歌を歌った」「悪魔崇拝儀式《あくますうはいぎしき》をした」「悪魔《あくま》と性的に交わった」などの理由で、貴族や官僚《かんりょう》、聖職者や浮浪者《ふろうしゃ》が告発され、あっさりと処刑《しょけい》されたからだった。

処罰《しょばつ》の対象が女性の場合は、性的な屈辱《くつじょく》を与《あた》えることがよくあった。告発された女性は全裸《ぜんら》にさせられ、髪《かみ》をすべて剃《そ》られたうえ、全身をくまなくチェックされ、針であちこち刺《さ》されることもあった。そして、針で刺《さ》しても血が出ない箇所《かしょ》があれば、魔女《まじょ》の証拠《しょうこ》とされた。

バスク人女性が魔女《まじょ》と見なされた理由《わけ》

フランスとスペインの国境にまたがるピレネー山脈周辺に住むバスク人の間では、一七世紀の初頭に「女性は肌《はだ》に軟膏《なんこう》をすりこみ、魔女《まじょ》の秘密の会議へと空を飛んでいく」という噂《うわさ》が広まった。

場所や時代を問わず、よくあるように、ここでも噂《うわさ》は女性に限定された。「魔女《まじょ》たちは悪魔《あくま》との乱交パーティーに参加する」「雄《おす》ヤギと集団で性的関係を持つために野原に飛ぶ」といった噂《うわさ》が流れ、魔女《まじょ》の疑いがある女性を尋問《じんもん》する委員会では、「魔女《まじょ》の集会へは空を飛んで行かなければならないのか？」「集会に行く他の方法はあるのか？」といった質問が大真面目《おおまじめ》にぶつけられた。

しかし「告発された女性たちは、陰謀《いんぼう》をたくらむ魔女《まじょ》である」という大前提に疑問が投げかけられることはなく、いっさい検証されなかった。

では、なぜバスク人の女性は魔女《まじょ》と見なされやすかったのか？　理由の一つは、「女性はリンゴをたくさん食べ、アップルサイダーを飲むから」というものだ。リンゴもアップルサイダーも、山脈周辺に住むバスク人にとっては欠かせない。

しかし重要なのは、女性とリンゴが関連づけられた点だ。その理由は、旧約聖書の創世記にある。創世記では、イブが悪魔《あくま》の化身にそそのかされて禁断の果実——リンゴ——を食べ、それをアダムにも勧《すす》めて食べさせたことになっている。だから「リンゴは、女性が男性を誘惑《ゆうわく》するための武器」と見なされた。

これは女性差別にあたるのではないか？

結局、数百名のバスク人女性が逮捕《たいほ》され、一六〇九年にはフランス当局が介入《かいにゅう》し、一部の政府関係者は「バスク人の大多数の女性は魔女《まじょ》だ」と主張した。

このヒステリックな魔女狩《まじょが》りはわずか数年で終わったが、約六〇〇人ものバスク人女性が火あぶりの刑《けい》に処されて、命を落とした。

アメリカに飛び火した魔女狩《まじょが》り

ヨーロッパのヒステリックな魔女狩《まじょが》りが、一六九二年になってアメリカのマサチューセッツ湾《わん》植民地に飛び火したのは、奇妙《きみょう》な気がする。

なぜなら、そのころ、ヨーロッパの魔女狩《まじょが》りはすでに衰退《すいたい》していて、「二世代くらい前の人たちが迷信にまどわされて行った、不幸な大量殺人」という過去の歴史になっていたからだ。

一七世紀末のマサチューセッツ湾《わん》植民地は、苦境に立たされていた。

まず、土地をめぐって白人入植者と先住民がはげしく衝突《しょうとつ》した戦争の戦禍《せんか》から立ち直っていなかった。この戦争は、土地を寄こせという白人入植者たちの横暴に対し、先住民族のワンパノアグが決起したもので、ワンパノアグの人々は同盟を結んでいた別の先住民族とともに白人の町を襲撃《しゅうげき》し、大勢の白人入植者を殺害した。暴力沙汰《ざた》はほぼ一六七五年で終わり、結果的にイギリス人による植民地化が進んだが、白人入植者に対する先住民の強い反感は一六九二年にも残っていて、白人たちは怯《おび》えていた。

そこへ天然痘《てんねんとう》の大流行という不幸も重なって、マサチューセッツ湾《わん》植民地では貧乏《びんぼう》なセイラム村（現在のダンバース）と、比較的裕福《ひかくてきゆうふく》なセイラム町（現在のセイラム）の間に、深刻な対立が生じるようになった。

さらにこの時期、イギリス側はマサチューセッツ湾《わん》植民地とプリマス植民地の統合を進めたのだが、両植民地には、マサチューセッツ湾《わん》植民地を築きあげたピューリタン（清教徒、イギリス国教会に反抗《はんこう》したプロテスタントの一派）以外も住んでいた。当時、ピューリタンは力を失いつつあり、「信《しん》仰《こう》の自由を求めて、せっかくアメリカに渡《わた》ってきたのに、その自由が侵《おか》されるとは……」と不満を抱《いだ》くようになっていた。

セイラム魔女《まじょ》裁判

そんな不穏《ふおん》なマサチューセッツ湾《わん》植民地のセイラム村で、九歳《さい》のエリザベス・パリス（サミュエル・パリス牧師の娘《むすめ》）と一一歳《さい》のアビゲイル・ウィリアムズ（パリス牧師の姪《めい》）が突然《とつぜん》暴れだすという事件が発生した。

現代の科学者は、ふたりが穀物、とくにライ麦に含《ふく》まれる、毒性の物質を作り出す麦角菌《ばっかくきん》に感染したのではないかと考えているが、てんかんやライム病（マダニに咬《か》まれて、頭痛、発熱などを発症《はっしょう》する病気）の可能性も排除《はいじょ》していない。

しかし当時、セイラム村のウィリアム・グリッグス医師は、ふたりの症状《しょうじょう》を「悪魔憑《あくまつ》き」と診断《しんだん》した。

痙攣《けいれん》したふたりの少女は、自分たちに妖術《ようじゅつ》をかけた魔女《まじょ》を名指しし、村の偉《えら》い人々を満足させた。

少女たちが魔女《まじょ》に選んだのは、村の中で一番立場が弱く、反撃《はんげき》しそうにない三人の女性だった。

その三人とは、パリス牧師がカリブ海のバルバドスから買った奴隷《どれい》のティテュバ、極貧《ごくひん》の浮浪者《ふろうしゃ》のサラ・グッドと、貧困にあえぐ高齢《こうれい》のサラ・オズボーンだった。

三人のなかで奴隷《どれい》のティテュバだけが自白し、自分と同じ悪魔《あくま》の手先として、他の大勢の女性の名前を挙げた。だがこれはパリス牧師が暴力で強制した自白にすぎず、ティテュバは後に撤回《てっかい》したが、名指しされた女性の一部は絞首刑《こうしゅけい》に処された。パリス牧師はティテュバが自白を撤回《てっかい》したことに激怒《げきど》し、ティテュバを売り払《はら》った。

告発した側にも、告発された側にもパニックが広がり、自白者の数もふくれあがった。告発された側には、サラ・グッドの四歳《さい》になる娘《むすめ》もいた。

貧しいセイラム村はもともと、裕福《ゆうふく》なセイラム町に反感を覚えていた。そんなセイラム村にとって魔女《まじょ》裁判は、裕福《ゆうふく》なセイラム町に復讐《ふくしゅう》する絶好のチャンスとなり、セイラム町の著名な女性たちも告発された。

魔女《まじょ》裁判の集団パニック

集団パニックはマサチューセッツ全体に広がり、五月にはマサチューセッツ総督《そうとく》が裁判所を設置し、二〇〇名が告発され、その夏に二〇名が処刑《しょけい》されることとなった。うち六名は男性で、男性たちは協力を拒《こば》み、「自分を告発した者は嘘《うそ》をついている」とまで主張した。

そのひとり、妻ともども告発された上流階級のジャイルズ・コーリーは、一枚の板の下にうつぶせに寝《ね》かされ、その上に石をどんどん積み上げる、という拷問《ごうもん》を受けた。この石責めは告白を引きだすための拷問《ごうもん》だったが、コーリーは頑《がん》として告白せず、とうとう数日後に圧死した。コーリーの妻も絞首刑《こうしゅけい》で亡《な》くなっている。

他にも魔女《まじょ》裁判では、借金の返済をめぐるいざこざが原因の告発が一件あった。また絞首刑《こうしゅけい》を言い渡《わた》されたアンドーバー在住の女性、マーサ・キャリアの本当の罪は、「アンドーバーに天然痘《てんねんとう》を持ち込《こ》んだ家族の一員」ということだった。

告発された女性のうち、七名は収監《しゅうかん》中に死亡《しぼう》した。

やがて一連の魔女《まじょ》裁判はかなりの不評を買うようになり、とうとう裁判所は閉鎖《へいさ》された。さらに一六九七年には、マサチューセッツの植民地議会が魔女《まじょ》裁判の被害者《ひがいしゃ》をしのんで、一日断食《だんじき》し、祈《いの》りを捧《ささ》げるように命じた。

のちに魔《ま》女《じょ》裁判は違法《いほう》と裁定され、一七一一年、被害者《ひがいしゃ》たちの相続人に賠償金《ばいしょうきん》が支払《しはら》われた。

セイラム魔《ま》女《じょ》裁判は歴史上の汚点《おてん》とされ、関係者の評判に傷がついた。

代表作『緋文字《ひもじ》』で知られるナサニエル・ホーソーン（一八〇四〜一八六四）は、先祖のジョン・ホーソーンがセイラム魔《ま》女《じょ》裁判の主任裁判官のひとりだったことを恥《は》じて、「ホーソーン」という名字に「w」を一文字加え、Hathorne から Hawthorne と綴《つづ》りを変えている。

現在のセイラム

しかし現在のセイラムは、魔《ま》女《じょ》裁判という歴史を観光の目玉として利用している。ライブショーつきの地下牢《ろう》、魔《ま》女《じょ》村ツアー、魔《ま》女《じょ》博物館があり、ろう人形館では魔《ま》女《じょ》集会が展示されている。バスク地方の村も同様で、魔《ま》女《じょ》裁判という暗黒の歴史を観光産業の呼び水にし、おみやげまで用意している。

セイラムとバスク地方の観光振興策《しんこうさく》は、まるで「魔《ま》女《じょ》は実際に存在した」と言っているようで、嘘《うそ》を打ち消す難しさを如実《にょじつ》に物語っている。

5 嘘《うそ》は雪玉のごとく

移民とユダヤ人への嘘《うそ》と偏《へん》見《けん》

「嘘《うそ》」と「信念」に違《ちが》いはあるのか?
「嘘《うそ》」と「信念」はちがうと世界中が信じているが、本当にそうなのか?
反ユダヤ主義者は「信念」に基づいて「嘘《うそ》」をついているが、
だからといって道徳にかなっているとは言えまい。
――――フリードリヒ・ニーチェ(ドイツの哲学者《てつがくしゃ》　1844～1900)

嘘《うそ》は雪玉のようなもの。転がせば転がすほど、大きくなる。
――――マルティン・ルター(ドイツの神学者　1483～1546)

移民への偏見《へんけん》

偏見《へんけん》は、憎《にく》しみに基づく嘘《うそ》だ。偏見《へんけん》を抱《いだ》くようになった原因は簡単にはわからないが、偏見《へんけん》は――とくに、特定の集団に対する偏見《へんけん》は――誰《だれ》もがつねに抱《いだ》いている。

偏見《へんけん》のなかには、目的が透《す》けて見えるものもある。

たとえば、もし黒人の労働者を不当に酷使《こくし》したり、黒人の国々から富を奪《うば》ったりしたければ、「黒人には権利や富を持つほどの価値はない」と主張すればいい。先住民から大陸を盗《ぬす》む行為《こうい》を正当化したければ、「先住民には価値がない」と訴《うった》えればいい。

「移民は、移民先の国民から、仕事や出世のチャンスを奪《うば》う」という作り話は、何度もしつこく蒸《む》し返されている。これは、移民が始まったころから続く、明らかに嘘《うそ》とわかる捏造《ねつぞう》だ。

しかしトランプ政権が「移民が低賃金で喜んで働くので、アメリカ国民は仕事のチャンスを奪《うば》われ、賃金も下げられている」と主張し、またしてもこの作り話を蒸《む》し返したときは、大勢の研究者が行動を起こし、この主張は真っ赤な嘘《うそ》であることを調査で十二分に立証した。

そのひとり、ブルッキングス研究所（ワシントンDCを拠点《きょてん》とするシンクタンク）のシニアフェロー、バンダ・フェルバブ＝ブラウンは、二〇一七年の論文『ザ・ウォール（壁《かべ》）』の中で、「移民労働者がアメリカ人労働者の賃金に与《あた》える影響《えいきょう》は小さい。不法滞在《たいざい》の移民は、アメリカ人労働者がやろうとしない仕事を引き受けていることが多いからだ」と結論づけている。

他の調査でも、移民は高い割合で事業を始めるので、作りだす仕事のほうが奪《うば》う仕事より多いことがわかっている。

ユダヤ人への偏見《へんけん》

ユダヤ人やロマ民族やイスラム教徒に対する偏見《へんけん》を正当化するとしたら、「キリスト教徒が大多数を占《し》める国において彼《かれ》らは異質の存在」なので「自分とはちがう人は信用できない」という理由しかない。

反ユダヤ主義——ユダヤ人に対する偏見《へんけん》——は、人類の歴史においてもっともしつこい不合理な憎《にく》しみと言えるだろう。

反ユダヤ主義の実例は、数えあげればきりがない。場所や時代を問わず、偏見《へんけん》には反ユダヤ主義がついてまわる。アメリカでも、人種差別主義者は反ユダヤ主義者でもある。

憎悪《ぞうお》する者がいるところでは、どこであろうと、ユダヤ人が標的となる。歴史上、今のように偏《へん》見《けん》の気運が高まるときは、反ユダヤ主義の波も高まる。反ユダヤ主義は、偏見《へんけん》の最たる例だ。

反ユダヤ主義者は、ユダヤ人を「ひそかに世界征服《せいふく》をもくろむ狡猾《こうかつ》な民族」と見なし、「秘密のユダ」という陰謀論《いんぼうろん》を唱えている。

反ユダヤ主義の歴史は中世以前にさかのぼるが、陰謀論《いんぼうろん》「秘密のユダ」は中世に誕生したもので、この陰謀論《いんぼうろん》によると、ユダヤ人はすでに世界を征服《せいふく》し、ひそかに世界を牛耳っていることになっている。

陰謀論《いんぼうろん》「秘密のユダ」が広まったきっかけは、ヨーロッパのユダヤ人が社会に同化するようになったことだった。当初は外見がちがうという理由で憎《にく》まれていたが、同化して外見に差がなくなってくると、ユダヤ人はさらに大きな脅威《きょうい》となった。もしユダヤ人が非ユダヤ社会に溶《と》けこんでしまったら、陰謀《いんぼう》が目立たなくなってしまう。その結果、ユダヤ人の外見がヨーロッパ人に似れば似るほど、ユダヤ人への疑惑《ぎわく》は強まった。

こうしてユダヤ人にまつわる数々の嘘《うそ》は、一九世紀後半、悪意にまみれて世に広まり、今日まで続いている。

しかしユダヤ人が昔も今も憎《にく》しみの標的にされているのは、実はユダヤ人の数が多くなく、——ヒステリックな反ユダヤ感情とは対照的に——権力もあまり持っていないからと言っていい。

反啓蒙《けいもう》運動から反ユダヤ運動へ

ヨーロッパの場合、反ユダヤ主義は反啓蒙《けいもう》主義の一部だった。ユダヤ人はフランス革命を経て、初めて完全な市民権を与《あた》えられ、ヨーロッパ人に同化できるようになったのだが、反ユダヤ主義者はこれが大きなまちがいだったと考えている。

アメリカは独立革命によって国家が結束したが、フランス政府はフランス革命を経ても強固にはならず、一九世紀のフランスは君主制主義者と共和制主義者が――言い換《か》えると、「貴族とカトリック教会による旧体制の支持派」と「新しい平等主義の共和制支持派」が――激しく対立した。そして君主制主義者が勢力を増すにつれて、反啓蒙《けいもう》運動は反ユダヤ運動へと発展し、もてはやされるようになる。

こうして「すべての原因はユダヤ人にある」と訴《うった》えた政治家が大衆に支持され、「秘密のユダ」の嘘《うそ》が巨大《きょだい》政治勢力として意識されるようになったのだった。

啓蒙《けいもう》運動やフランス革命で生活が向上しなかったフランス市民は、無力感を味わい、自分たちの権力をだれが奪《うば》ったのかと考えるようになった。しかし実際には、市民が権力を持ったことなど一度もなかった。

イギリスの大《おお》嘘《うそ》つき

宗教の違《ちが》いは、嘘《うそ》つきにとってつねにかっこうの活躍《かつやく》の場となる。なかでもユダヤ人ほど、宗教的な迫害《はくがい》の標的にされた民族はいない。

だが過去には、カトリック教徒が標的とされた時期もあった。これに関しては、イギリス史上最大の嘘《うそ》つきとして、タイタス・オーツ（一六四八～一七〇五）が挙げられるだろう。

イギリスで反カトリック感情がくすぶっていた一六七八年、タイタス・オーツは国を揺《ゆ》るがす嘘《うそ》を流した。それまでにも学位取得を偽《いつわ》って聖職につくなど、嘘《うそ》に嘘《うそ》を重ねてきたのだが、今回の嘘《うそ》は最大のものだった。「イギリスのカトリック教会が国王チャールズ二世（在位一六六〇～一六八五）を暗殺し、謀反《むほん》を起こそうとしている」という、架空《かくう》の内容の文書をしたためたのだ。

「ローマ教皇はカトリックのイエズス会の修道士を利用して、イギリスを掌握《しょうあく》しようと画策している。すでに軍資金と武器を用意し、計画では国王チャールズ二世をロンドンの宿屋で暗殺することになっている」と、オーツは主張した。その計画によると、国王は、王《おう》妃《ひ》の医師による毒殺か、銀の銃弾《じゅうだん》による銃殺《じゅうさつ》か、もしくはイエズス会の修道士による約三〇センチの短剣《たんけん》を使っての刺殺《しさつ》か、いずれかの方法で殺害されるという。

オーツはこの陰謀《いんぼう》の存在を国王チャールズ二世に訴《うった》えたが、国王は信じなかった。しかし多くの嘘《うそ》と同じくこの嘘《うそ》も、何の根拠《こんきょ》もないまま、世間に広まった。その結果、イギリス全土がパニックにおちいり、無実のカトリック教徒たちが処刑《しょけい》された。

その後、チャールズ二世の後継者《こうけいしゃ》、ジェームズ二世（在位一六八五〜一六八八）がオーツを裁判にかけ、偽証罪《ぎしょうざい》で終身刑《けい》に処したうえ、「死ぬまで一年に五日間、ロンドンの街路で鞭《むち》を打つべし」と宣告した。オーツは、「二度にわたって恐《おそ》るべき偽証罪《ぎしょうざい》を犯《おか》した男」と書かれた帽子《ぼうし》をかぶらされ、首枷《くびかせ》のついた台にさらされ、通行人から卵を投げつけられた。そのあとも数日間、イギリス各地でさらし者にされて、裸《はだか》にされ、鞭打《むちう》たれながら行進した。

ちなみにオーツ裁判の裁判長、ジェフリー判事は、オーツが捏造《ねつぞう》した証拠《しょうこ》を基《もと》に、無実の人々を有罪にした張本人だったが、オーツの嘘《うそ》の露見《ろけん》後は一転して、オーツに過酷《かこく》きわまる罰《ばつ》を与《あた》えた。ジェフリー判事がここまで厳しい判決を下したのは、嘘《うそ》をつく行為《こうい》に対して死刑《しけい》を宣告できない苛立《いらだ》ちからだ、と解釈《かいしゃく》する歴史家もいる。

その後オーツは、ウィリアム三世と妻メアリー二世が一六八九年に共同統治で王位に就《つ》いたときに赦免《しゃめん》され、無名の人として世を去った。

スケープゴートとなったユダヤ人

一九世紀半ばのフランスでは帝政《ていせい》が復活し、ナポレオン三世（在位一八五二～一八七一）による第二帝政《ていせい》が成立した。だが普仏《ふふつ》戦争（一八七〇～一八七一）で大敗し、フランス軍はドイツ諸邦《しょほう》に屈辱《くつじょく》的《てき》なまでに圧倒《あっとう》され、一八七一年に降伏《こうふく》し、ナポレオン三世は退位した。

その後のフランス臨時政府は、多額の賠償金《ばいしょうきん》にくわえ、フランス北東部のアルザス＝ロレーヌを譲渡《じょうと》せざるをえなくなった。

世界最強の軍事力を誇《ほこ》るはずのフランス政府軍が、なぜドイツに敗れ、領土を奪《うば》われなければならなかったのか？　民衆は強い反発を覚え、その結果、一八七一年、革命化したパリ民衆によるパリ＝コミューン（自治政府）が誕生した。

だがパリ＝コミューンはわずか二カ月で臨時政府軍に制圧され、その後は王党派、共和派など、さまざまな党派の対立が続いたが、一八七五年までに共和派が勢いを取りもどし、第三共和政が始まった。

こうした歴史の流れの中で、またしても権力を奪《うば》われた保守派の反啓蒙《けいもう》主義者たちは、自分たちの敗因をなすりつけるスケープゴートを探し、ユダヤ人に目をつけた。

ユダヤ人は以前からひそかに、フランスに対して陰謀《いんぼう》を巡《めぐ》らしていたにちがいない。ユダヤ人は裏で大衆を扇動《せんどう》してパリ＝コミューンを樹立させ、普仏《ふふつ》戦争でもドイツ諸邦《しょほう》にひそかに加勢し、さらにフランス経済を破壊《はかい》したのだ――。

この嘘《うそ》は、フランス敗北のもっとも可能性が高い理由として、フランスの保守派の間で生き続けた。

ドレフュス事件

一八九四年、当時三五歳《さい》のフランス陸軍参謀《さんぼう》本部の大尉《たいい》だったユダヤ人のアルフレド・ドレフュス（一八五九〜一九三五）が、ドイツに情報を漏《も》らしたスパイ容疑で逮捕《たいほ》されるという事件が起こった。いわゆるドレフュス事件だ。

捏造《ねつぞう》された証拠《しょうこ》に基づくこの事件は、結果的に、その後半世紀にわたってフランスの歴史を形づくることとなった。

ドレフュス事件は、良質なミステリー小説よりも驚《おどろ》きの展開を見せることになる。

ドレフュスが有罪となった証拠《しょうこ》は、一通の手紙だった。ドレフュス自身が書いたとされるその手紙はドイツの大使館付き武官宛《あ》てで、軍事機密を漏洩《ろうえい》する内容だった。これは捏造《ねつぞう》だったにもかかわらず、ドレフュスは終身禁固刑《けい》に処された。

反ユダヤ主義の保守派は「敵と共謀《きょうぼう》していたユダヤ人が、ようやく、ようやく捕《つか》まった。これで誰《だれ》もが真実だとわかっていたことが立証された」として、この判決を全面的に受け入れた。

有罪となったドレフュスは、フランスでもっとも悪名高き流刑地《るけいち》――フランス領ギアナ沖の悪魔《あくま》島――へ島流しとなった。

ところが一八九六年、新たに防諜《ぼうちょう》部門の責任者に就《つ》いたピカール中佐は、ドレフュスが無罪だと確信し、真の情報漏洩者《ろうえいしゃ》はヴァルザン＝エステルアジ少佐だとつきとめた。裁判で証拠《しょうこ》とされた手紙はドレフュスの筆跡《ひっせき》とは一致《いっち》せず、明らかにヴァルザン＝エステルアジの筆跡《ひっせき》だったのだ。

しかしピカール中佐は軍上層部から「ユダヤ人というものは、長年、他人の筆跡《ひっせき》をまねる練習を重ねてきたのだ」と言われたあげく、チュニジアの危険な任務に飛ばされた。

いっぽう、真犯人のヴァルザン＝エステルアジは非公開の軍法会議にかけられたが、ピカール中佐がドレフュス家の弁護士に宛《あ》てて送った大量の証拠《しょうこ》があったにもかかわらず、無罪となった。

ドレフュス派と反ドレフュス派の対立

ドレフュスの判決をめぐり、世間では「共和派」と「反共和派」がそれぞれ「ドレフュス冤罪《えんざい》派《は》」と「ドレフュス有罪派」に分かれて全面的に対立するようになった。

そして、フランスの有名な作家のひとり、エミール・ゾラ（一八四〇～一九〇二）は一八九八年、『オーロール』紙にフランス大統領に宛《あ》てた公開状を載《の》せた。「我、弾劾《だんがい》す！」と題された公開状の中で、ゾラはドレフュスは無罪だとくわしく説明し、嘘《うそ》をついた将校たちの名を挙げた。

直後にゾラは名誉棄損罪《めいよきそんざい》で訴《うった》えられ、懲役《ちょうえき》一年と三〇〇〇フランの罰金《ばっきん》を科せられたが、当のドレフュスは一年後の一八九九年、大統領からの特赦《とくしゃ》で釈放《しゃくほう》された。

ちなみにこの後ゾラは、数年間にわたり、殺害の脅迫《きょうはく》を何度も受けた。一九〇二年に自宅で窒息《ちっそく》死《し》したときには、反ドレフュス派が煙突《えんとつ》をわざと塞《ふさ》ぎ、一酸化炭素中毒で殺害したのではないか、と疑われた。

ドレフュス事件は、世界中の反ユダヤ主義者だけでなく、世界中のユダヤ人も結束させた。ウクライナ生まれで、イディッシュ語でユダヤ教徒の生活を描《えが》き、ミュージカル『屋根の上のバイオリン弾《ひ》き』の原作者としても知られる作家ショーレム・アレイヘム（一八五九～一九一六）は、東ヨーロッパの架空《かくう》のユダヤ人コミュニティを舞台《ぶたい》にした作品で、ドレフュス事件に触《ふ》れている――「パリは熱しすぎたやかんの水のように沸《わ》いている、という噂《うわさ》を聞いた。あらゆる新聞が事件を取りあげ、将校たちはつぎつぎと自殺し、フランス人は帽子《ぼうし》を宙に投げながら、心乱れて通りを走りまわっている、と」。架空《かくう》のユダヤ人コミュニティの住人は、世界中のユダヤ人と同じように、ドレフュスは冤罪《えんざい》だと信じていた――「村の人々は全員、ドレフュスに心を寄せ、ドレフュスを仲間だと思った。村人にとってドレフュスは、新たな村人となった」

現実世界のユダヤ人コミュニティも、同じ思いを抱《いだ》いたにちがいない。

ハンガリーのブダペスト（当時はオーストリア帝国《ていこく》の一部）生まれのユダヤ人で、ウィーンの『新自由新聞』のフランス特派員となったテオドール・ヘルツル（一八六〇〜一九〇四）も、ドレフュス事件を取りあげたひとりだ。当初ヘルツルは「ユダヤ人はヨーロッパ社会に同化できる」と考えていたが、ドレフュスに対する反ユダヤ主義者の迫害《はくがい》や、「ユダヤ人を殺せ！」と路上で叫《さけ》ぶフランス人たちについて報道するうち、「ユダヤ人は、自らの国を作るしかない」と考えるようになった。こうしてヘルツルは、「ユダヤ人の手によるユダヤ人の国家建設」を目指すシオニズム運動を起こすようになった。

ドレフュスは一九〇六年にようやく無罪判決を受けたが、反ユダヤ組織は「ドレフュスは有罪」および「ユダヤ人による大がかりな陰謀《いんぼう》」という主張を曲げず、ドレフュスの無罪を確信するドレフュス派と、有罪を確信する反ドレフュス派の対立は、フランスの政治に影響《えいきょう》を与《あた》えつづけた。

皮肉なことに「ユダヤ人がドイツに軍事機密を漏洩《ろうえい》した」という告発で始まったドレフュス事件は、「反ユダヤ主義の反ドレフュス派がドイツ側につく」事態へとつながっていく。

アルフレド・ドレフュスの独房《どくぼう》

数年前、僕《ぼく》はドレフュスの独房《どくぼう》を訪れたことがある。そこは、はっきり言って、簡単に行ける場所ではなかった。独房《どくぼう》があるのは、わずか数分で横断できてしまうくらい、小さい孤島《ことう》だ。

ドレフュスは、島にひとりきりで置き去りにされた。当然、警備員など必要なく、食料を時々届けるだけでよかった。

僕《ぼく》が訪れた当日、島の周囲の海はひどく荒《あ》れていた。岩場の岸はごつごつしていて、ふつうのボートではとても接岸できない。そこで憲兵がエンジン付きゴムボートで連れて行ってくれることになった。

憲兵は感じの良い親切な男で、物好きな作家の手伝いを喜んで引きうけてくれたように見えた。僕《ぼく》が上陸したあと、憲兵が「一時間後に戻《もど》る」と言ったので、僕《ぼく》は「ドレフュスも、同じことを言われてたりして」とジョークを飛ばした。

すると憲兵はエンジンの回転数を上げながらほほえみ、「では、ごきげんよう。ドレフュス二号くん」と言って去っていった。その瞬間《しゅんかん》、僕《ぼく》はハッとした。もし憲兵が戻《もど》らなかったら、僕《ぼく》はまさにドレフュスのように、この孤島《ことう》から出られなくなる——。

フランス社会には、いまだに反ドレフュス・反ユダヤの風潮が残っている。ひょっとしたらあの憲兵も、その風潮に染まったひとりかもしれない。ドレフュスに敬意を表し、はるばるやってきたユダヤ系アメリカ人作家の僕《ぼく》のことを、おもしろく思っていないとしたら?

僕《ぼく》にとって島での一時間は、人生で一番長く感じる一時間となった。島に建物は、かつてドレフュスが鎖《くさり》でつながれた、オンボロの掘《ほ》っ立て小屋しかない。その小屋も屋根はすでになく、窓の鉄格子は錆《さ》びている。かろうじて残っているのは、ベッドの木枠《きわく》だけだ。

裕福《ゆうふく》な家庭出身のブルジョアなのに、自分ではどうしようもない嘘《うそ》のせいで、熱帯のように暑い孤島《ことう》に置き去りにされたドレフュスは、どれほどの絶望感を味わったことだろう。

島はヤシの木が密生する森と化していた。ヤシの木の種であるココナッツは、地面に落ちて放置されるとヤシの木に育つので、密林となったのだろう。島には他に行く場所もない。

僕《ぼく》は何度も腕《うで》時計で時間を確かめた。水彩《すいさい》絵の具を持ってきていたので、ひまつぶしに小屋を描《か》くことにし、時間をかけて描《か》いた。描《か》き終えたときはきっと、憲兵が戻《もど》っているか、あるいは僕《ぼく》がパニックを起こしかけるか、どちらかのはず——。

気を張りつめて待っていると、憲兵は約束の時間に三分遅《おく》れて愛想よく現れ、僕《ぼく》をボートに乗せてくれた。

嘘《うそ》は人間よりも長生きする

第二次世界大戦中の一九四〇年、フランスはドイツ軍にパリを含《ふく》む国土の三分の二を占領《せんりょう》され、第三共和政は崩壊《ほうかい》。新たに首相となったアンリ＝フィリップ・ペタンは、中部の都市ヴィシーに首都を移し、フランスの南東部を支配した。

ペタンは第一次世界大戦のとき、フランス軍が築いた要塞《ようさい》をドイツ軍の猛攻《もうこう》から守り抜《ぬ》いたフランスの英雄《えいゆう》で、反ドレフュス派は一九四〇年も一致《いっち》してペタンを支持した。

ドイツからフランス南東部の支配を任されたペタンの政府は、休戦協定に基づいてドイツへの協力を強《し》いられた。そこでペタンは（ドイツにならって）ユダヤ人を迫害《はくがい》し、ユダヤ人の財産と権利を取りあげ、ユダヤ人を投獄《とうごく》し、外国籍《せき》のユダヤ人をナチスの殺人収容所に送りこんだ。

ペタンはナチ党の政策を取り入れた、とよく言われる。しかし実際は、「親ドイツ」というより、むしろ「反ドレフュス派」だった。

ドレフュス本人はすでに亡《な》くなっている（一九三五年に死去）のに反ドレフュス派が残ったことからもわかるように、嘘《うそ》は人間よりも長生きするものだ。

第二次世界大戦後、ペタンは反逆罪で有罪となった。フランス北部リール市の大手新聞『ノールの声』は、ペタンの裁判を「ドレフュス派と反ドレフュス派の戦い」と報じ、「この政治的な対立は裁判では解決できない」「フランスはドレフュス事件後と同じく、今なお分断されたままだ」と書いた。

「ユダヤ人はフランスを破壊《はかい》すべく、陰謀《いんぼう》を企《くわだ》てている」という嘘《うそ》は生き続けた。宗教改革のリーダー、マルティン・ルターは嘘《うそ》を雪玉にたとえ、転がせば転がすほど大きくなると言ったが、この嘘《うそ》はその典型例と言える。

反ユダヤ主義＋反啓蒙《けいもう》主義＝『シオン賢者《けんじゃ》の議定書』

一九〇三年、ロシアで、反ユダヤ主義の『シオン賢者《けんじゃ》の議定書』の抄訳《しょうやく》版（一部を抜《ぬ》きだして翻《ほん》訳《やく》したもの）がサンクトペテルブルクの新聞に掲載《けいさい》された。明らかに嘘《うそ》だとわかる、かなり雑な内容なので、注目されずに消えて当然のはずだった。なのに、『シオン賢者《けんじゃ》の議定書』は一世紀以上、生きながらえている。

『シオン賢者《けんじゃ》の議定書』は「全ユダヤ人を支配する秘密組織の会議から盗《ぬす》まれた議事録」という体裁をとっている。だが実際には、そんな会議は存在しなかった。ユダヤ人を支配する秘密組織など、公《おおやけ》にも秘密にも存在しない。

ではいったい誰《だれ》が、架空《かくう》の会議の議事録なるものを捏造《ねつぞう》したのか。答えはいまだに不明だが、書かれた時期はおそらく、「ユダヤ人による陰謀論《いんぼうろん》」がヨーロッパ全土で流行した、ドレフュス事件のさなかだろう。

『シオン賢者《けんじゃ》の議定書』の一部は、フランスの政治風刺家《ふうしか》モーリス・ジョリーが一八六四年にナポレオン三世を風刺《ふうし》した『マキャベリとモンテスキューの地獄《じごく》での対話』からの盗作《とうさく》と思われる――皮肉なことに、ジョリーの著作は『シオン賢者《けんじゃ》の議定書』とは正反対で、「啓蒙《けいもう》された共和制」を擁護《ようご》しているが。

『シオン賢者《けんじゃ》の議定書』は、ユダヤ人が実際には権力も影響力《えいきょうりょく》もないのに、世界を征服《せいふく》していることを伝えようとする内容だった。「全世界の権力の中枢機関《ちゅうすう》――政府や政治家、軍部や教会――は社会をうまく御《ぎょ》せないでいるが、社会に害悪がはびこるのはそのせいではない。なぜなら、世界の中枢《ちゅうすう》機関はどうしようもないくらい、狡猾《こうかつ》なユダヤ人たちに出し抜《ぬ》かれているからだ」などと主張している。

『シオン賢者《けんじゃ》の議定書』は、科学、平等主義、報道の自由を否定する典型的な反啓蒙《けいもう》主義に、「すべてユダヤ人が悪い」というひねりを加えたものだ。

ロシアと『シオン賢者《けんじゃ》の議定書』

『シオン賢者《けんじゃ》の議定書』が初めて政治的に利用されたのは、一九〇五年。ロシア帝国《ていこく》に対し、自由主義者や労働者や農民が蜂起《ほうき》し、ロシア各地で暴動が二年間続いたときだ。このロシア第一革命で、ロシア軍は一万五〇〇〇人の革命家を殺害し、三〇〇〇人を超《こ》える兵士が戦死・負傷する事態を招いた。

ロシア皇帝《こうてい》ニコライ二世（在位一八九四～一九一七）は主導権こそ取り戻《もど》したものの、民衆の蜂起《ほうき》は広範囲《こうはんい》で勢いがあり、権力者たちをひどく悩《なや》ませた――なぜ、こんな暴動が起きたのか？　そうだ、これはユダヤ人による陰謀《いんぼう》にちがいない。『シオン賢者《けんじゃ》の議定書』がその証拠《しょうこ》だ！

ロシア帝国《ていこく》はすでに、日露《にちろ》戦争（一九〇四～一九〇五）の敗戦についてもユダヤ人に責任をなすりつけていた。この敗戦は、アジアの国家に初めて負けた屈辱的《くつじょくてき》な戦いでもあった。

『シオン賢者《けんじゃ》の議定書』は内容にまとまりがなく、文章も下手だったのに、一九二〇年代から三〇年代にかけて国際的なベストセラーとなり、一〇〇〇種類もの類似本が出版された。

これからもわかるように、嘘《うそ》はもっともらしくなくても、巧《たく》みな言葉を使わなくてもかまわない。ただ、多くの人々が望む虚偽《きょぎ》をでっちあげれば、それでいい。

COLUMN
コラム

タイタニック号にまつわる陰謀論《いんぼうろん》

豪華《ごうか》客船のタイタニック号は一九一二年四月一四日の深夜、北大西洋上で氷山に衝突《しょうとつ》して、数時間後に沈没《ちんぼつ》し、一五〇〇名以上が亡《な》くなった。悲惨《ひさん》な海難事故ではあるが、不審《ふしん》な点はない。

だが事実がそろっていても、巧妙《こうみょう》な陰謀論《いんぼうろん》の勢いは止まらない。

タイタニック号にまつわる陰謀論《いんぼうろん》の一つに、「あれは海難事故ではなく、計画的な保険金詐欺《さぎ》だ」という説がある。「タイタニック号のオーナー会社が保険金をせしめるために、すでに損傷していた姉妹船のオリンピック号を、タイタニック号と偽《いつわ》って出航させて沈没《ちんぼつ》させた」という説だ。

もしそうだとしたら、本物のタイタニック号はどこに行ったのか?

生存者たちの証言はどうなる?

一九八五年に海底で発見されたタイタニック号の残骸《ざんがい》は?

疑問が次々と出てくるが、陰謀説《いんぼうせつ》はそんなことなど気にしない。

タイタニック号にまつわる陰謀論《いんぼうろん》は、まだいろいろある。

たとえば、アメリカのモルガン財閥《ざいばつ》の創始者J・P・モルガン首謀者説《しゅぼうしゃせつ》。「J・P・モルガンが、タイタニック号に乗船していたライバルの大富豪《だいふごう》たち——ジェイコブ・アスター、イジドー・ストラウス、ベンジャミン・グッゲンハイム——を抹殺《まっさつ》するために船を沈《しず》めた」という説だ。

また、ロスチャイルド首謀者説《しゅぼうしゃせつ》もある。ロスチャイルド家はユダヤ人で、この説が流れたとき、ユダヤ人による陰謀説《いんぼうせつ》は流行の最先端《さいせんたん》だった。

このロスチャイルド首謀者説《しゅぼうしゃせつ》は、いまでも生きている。SNSを使って陰謀論《いんぼうろん》を拡散する現代の陰謀論《いんぼうろん》集団、Qアノンが「ロスチャイルド家がタイタニック号を沈《しず》めた」という陰謀論《いんぼうろん》を復活させたからだ。

ユダヤ人のロスチャイルド家が標的にしたという三名のうち、実はグッゲンハイムとストラウスも同じユダヤ人なのだが、陰謀論《いんぼうろん》はそんなことなど気にしない。

アメリカと『シオン賢者《けんじゃ》の議定書』

アメリカでも一九二〇年から一九二七年にかけて、自動車会社フォードの設立者ヘンリー・フォード（一八六三～一九四七）が『シオン賢者《けんじゃ》の議定書』を英語に翻訳《ほんやく》し、『ディアボーン・インディペンデント』紙（フォードが一九〇一年にミシガン州で創設した新聞）に毎週掲載《けいさい》した。

ちなみにミシガン州にも、『シオン賢者《けんじゃ》の議定書』をユダヤ人による陰謀《いんぼう》の証拠《しょうこ》だと主張した人物がいた。カトリック教会のチャールズ・カフリン司祭（一八九一～一九七九）だ。

カフリンは電話をかけてきたリスナーとのラジオトーク番組で反ユダヤを唱えた。このトーク番組は一九三〇年代のアメリカで大人気を博した。カフリンは、ラジオという新しいメディアを使えば誰《だれ》にも邪魔《じゃま》されずに嘘《うそ》を広められることを知っていたという点で、ラジオ界のパイオニアだった。

ヘンリー・フォードに話をもどそう。フォードは『シオン賢者《けんじゃ》の議定書』の翻訳《ほんやく》にくわえ、「ユダヤ人が銀行業や労働組合、ギャンブルやジャズなど、さまざまな分野を利用して、アメリカの社会と文化の品位を落としている」と訴《うった》える記事を連載《れんさい》した。この連載《れんさい》は本にまとめられ、アメリカで約五〇万部売れた。さらに世界一六の言語に翻訳《ほんやく》され、アドルフ・ヒトラー（一八八九～一九四五）もドイツ語版を読み、自分の主張に頻繁《ひんぱん》に引用した。

ところがフォードは訴訟《そしょう》を起こされると、手のひらを返したように態度を変え、嘘《うそ》を広めたことを謝罪し、一九二七年に新聞社をたたんだ。

フォードは自身を「デトロイトを代表する一級市民」だと思っており、ユダヤ教の有名な宗教指導者に自動車をプレゼントしようとしたが拒絶《きょぜつ》され、当惑《とうわく》したらしい。

当時、デトロイト在住のユダヤ人の間で、こんなジョークが流行《はや》った――ある占《うらな》い師《し》がフォードに「あなたは、ユダヤ教の祭日に死ぬ」と予言した。「どの祭日です?」とたずねたフォードに、占《うらな》い師《し》は答えた。「ミスター・フォード、あなたが死ねば、その日がユダヤ教の祭日になるのですよ」

『シオン賢者《けんじゃ》の議定書』はどれだけ非難されても、しぶとく拡散し、いまだに中東など世界各地で出版されている。最近でも、南米、ヨーロッパ（クロアチア）、アジア（パキスタンとマレーシア）で出版されたし、インターネットでならいつでも閲覧《えつらん》できる。

ドイツと『シオン賢者《けんじゃ》の議定書』

ドイツでも、嘘《うそ》の上に嘘《うそ》を重ねた時代があった。

第一次世界大戦下の一九一六年、ドイツ軍はフランス軍が築いた要塞《ようさい》に猛攻《もうこう》を仕掛《しか》けたが、フランスの軍人ペタンに敗れた（と言われているが、実際はドイツ軍、フランス軍ともに多大なる死傷者を出したので、引き分けに近い)。

そのあたりから、戦況《せんきょう》は少しずつドイツに不利になっていった。だがドイツ皇帝《こうてい》ヴィルヘルム二世(在位一八八八～一九一八)は、この事実をドイツ国民には知らせないほうがいいと判断し、ドイツ国民はひきつづきドイツ軍勝利の報告に満足していた。

それだけに、ドイツが一九一八年に降伏《こうふく》し、屈辱的《くつじょくてき》な条約を受け入れ、一部の領土を割譲《かつじょう》し、フランスをはじめとした連合国に賠償金《ばいしょうきん》を支払《しはら》うことになったと知って、国民は驚愕《きょうがく》した。この巨額《きょがく》の賠償金《ばいしょうきん》のせいで、ドイツ経済は壊滅的《かいめつてき》な打撃《だげき》を受けることになる。

当然、ドイツ国民は、「ドイツは戦争に勝っていたはずなのに、なぜこんな事態になったのか？」と首をひねり、「誰《だれ》かに裏切られたせいにちがいない」と思うようになった。では、誰《だれ》に？　そうだ、ユダヤ人だ！　とドイツ国民は考えた。

ユダヤ人は『シオン賢者《けんじゃ》の議定書』のなかで、「我々の目的をかなえるには、戦争ができるだけ領土獲得《かくとく》につながらないことが肝要《かんよう》だ」と言っているではないか！　ユダヤ人はドイツが勝っている間に、ドイツが敗北するように仕向けたのだ！

第一次世界大戦と「ユダヤ人による陰謀論《いんぼうろん》」

第一次世界大戦では連合国側（イギリス、フランスなど）も同盟国側（ドイツ、オーストリアなど）も壊滅的《かいめつてき》な打撃《だげき》を受け、国が荒廃《こうはい》した。

そんななか、「ユダヤ人が、諸国を打ちのめして屈服《くっぷく》させるために戦争を仕掛《しか》けた」という陰謀《いんぼう》論《ろん》が広まった。

このユダヤ人による陰謀論《いんぼうろん》を唱えたのは、敗戦国のドイツだけではない。

一九一八年、ドイツが降伏《こうふく》する前に、イギリスの保守派の中には「イギリスを支配する一族がユダヤ人と結託《けったく》し、イギリスをドイツに譲《ゆず》り渡《わた》そうとする陰謀《いんぼう》を暴《あば》いた」と主張する者があらわれた。

戦勝後も、フランスの反ドレフュス派は「二〇〇〇万人以上もの死者を出した、この暴力的で破《は》壊的《かいてき》な戦争はすべて、ユダヤ人の陰謀《いんぼう》だった」と主張し続けた。

さらに一九三〇年代には、『夜の果てへの旅』で知られるフランスの作家、ルイ＝フェルディナン・セリーヌ（一八九四～一九六一）が、「(伊・独・仏3国形成のきっかけになったヴェルダン条約が結ばれた）八四三年以降のヨーロッパの戦争はすべて、ユダヤ人がひそかに引き起こしたものだ」と断言した。

ヨーロッパだけでなくアメリカでも、自動車王ヘンリー・フォードが、自分が創設した新聞の中で、ユダヤ人がいかにして第一次世界大戦を仕組んだかを説明している。

ヨーロッパ人は数世紀にわたって、勝手に武力衝突《しょうとつ》を繰《く》り返し、勝手に自滅《じめつ》してきたのに、すべて「ユダヤ人のせい」にした。これはアドルフ・ヒトラーにとって実に好都合な陰謀論《いんぼうろん》で、ヒトラーはそれを最大限に利用した。

いつもの容疑者を集めろ

マイケル・カーティス監督《かんとく》の映画『カサブランカ』（一九四二年製作）に、有名なセリフがある。何か問題が生じたときに、ルノー署長が言うセリフ――「いつもの容疑者を集めろ」だ。

現代の「いつもの容疑者」は、ユダヤ人や黒人や移民といった、国民の大多数ではないゆえに弾《はじ》かれやすい人々を指す。

何か問題が起きたら、現代でも「いつもの容疑者」が集められる。

COLUMN
コラム

嘘《うそ》から出た悲惨《ひさん》なまこと

第一次世界大戦（一九一四～一九一八）の西部戦線（ベルギーからフランスにかけた戦闘《せんとう》地帯）では、ほぼ連日、大量の死者が出た。

戦闘《せんとう》は泥沼化《どろぬまか》し、戦う目的がよくわからなくなってきたので、イギリス政府は兵士や国民の士気が下がるのを恐《おそ》れ、敵のドイツ人を「冷酷《れいこく》無比の野蛮人《やばんじん》」と信じさせることにした。そのための嘘《うそ》なら、どんな嘘《うそ》でも良かった。そのことを、イギリスの参戦を熱烈《ねつれつ》に支持した小説家のラドヤード・キップリング（一八六五～一九三六）はこう表現している――「今の世界には、人間かドイツ人か、二種類しか存在しない」

敵を野蛮人《やばんじん》と表現するのは、よくある手だ。たとえば一五八八年、スペインの無敵艦隊《かんたい》による侵略《しんりゃく》に備え、イギリスでは「もしスペイン軍に撃破《げきは》されたら、野蛮《やばん》なスペイン人はイギリス人を拷問《ごうもん》するために、さまざまな拷問《ごうもん》道具を持って上陸する」という嘘《うそ》が広まった。

開戦当初の一九一四年八月、ドイツ軍は、近隣国《きんりんこく》から中立を保証されていたベルギーに侵攻《しんこう》した。それに対し、ベルギー軍が各地で抵抗《ていこう》した結果、ベルギーとフランス北部で約六五〇〇名の一般《いっぱん》市民が命を落とした。

フランス当局はその戦禍《せんか》から逃《のが》れてきた難民と面談し、ドイツ兵による数々の残虐行為《ざんぎゃくこうい》の噂《うわさ》を広めた。

だが、その多くは見え透《す》いた嘘《うそ》だった。

たとえばロンドンの『タイムズ』紙の特派員は、こう報道している——「記者が直接会ったわけではないが、ある難民がカトリック団体の関係者に語った話によると、その難民は母親のスカートにしがみついていた赤んぼうの両腕《りょううで》をドイツ兵が切り落とすのを目撃《もくげき》したそうだ」

この報道はやけにあいまいな表現が目立つが、これは嘘《うそ》の特徴《とくちょう》だ。情報源の身元は？　情報源が話した相手の身元は？　ドイツ兵の極悪《ごくあく》非道なふるまいは、いつ、どこで起きたのか？

だがフランス当局は、両手のない赤んぼうの写真を捏造《ねつぞう》した。

そしてドイツ兵の蛮行《ばんこう》を報じる『タイムズ』紙の記事は、ドイツ兵たちが赤んぼうの手を食べているイラストとともに掲載《けいさい》された。

戦後、この件は複数回調査されたが、事実だと示す証拠《しょうこ》は何も見つからなかった。

戦争が激化した一九一五年、ベルギーにおけるドイツの残虐行為《ざんぎゃくこうい》を調査したイギリスの委員会が、報告書を公表した。

その報告書はドイツ兵による数多くの残虐行為《ざんぎゃくこうい》に触《ふ》れており、「非道の極《きわ》みと言える行《こう》為《い》が女性と子どもに加えられた」「子どもの手の切断、女性への性的暴行や殺害は日常茶飯事だった」などと主張しつつも、裏付けとなる証拠《しょうこ》はほとんどなかった――「我々は、多数の大虐殺《だいぎゃくさつ》がまちがいなく行われたことをつきとめた。それらの虐殺《ぎゃくさつ》は手足の切断をともなうことが多く、幼い子どものいる家族が皆殺《みなごろ》しになることも珍《めずら》しくはなかった」

しかし報告書では、実際に虐殺《ぎゃくさつ》された家族や子どもの名前も、虐殺《ぎゃくさつ》が行われた場所も特定されていなかった。

調査委員会の委員長の名前をとってブライス・レポートと呼ばれるようになったこの報告書は、戦後、世間から信ぴょう性を疑われるようになったのだが、そのときも「まちがいなく行われた」はずの虐殺《ぎゃくさつ》の証拠《しょうこ》はいっさい見つからなかった。

第一次世界大戦にまつわる、もっとも広く受け入れられた嘘《うそ》の一つは、一九一七年四月、『タイムズ』紙の報道から始まった――「アメリカの領事のひとりは、二月にドイツを離《はな》れた際、スイスで『ドイツ人は死体からダイナマイトの原料となる物質を抽出《ちゅうしゅつ》している』と述べた」

これはすぐに嘘《うそ》とわかる、典型的な嘘《うそ》だ。アメリカの領事のひとりとは、何者か？　死体からの抽出《ちゅうしゅつ》は、ドイツのどこで行われた？　領事が発言したのは、スイスのどこ？　具体的な証拠《しょうこ》は？

それでも「ドイツ人は武器弾薬《だんやく》を作るために戦死者を煮詰《につ》めている」という話は、ドイツ人の残虐《ざんぎゃく》さを物語る噂《うわさ》として世間に広まり、ドイツ人は「もはや人間じゃない」とまで罵倒《ばとう》された。

イギリスは一九一七年まで、こういったドイツ人にまつわる嘘《うそ》を大量にばらまいた。ドイツ人による死体工場の噂《うわさ》は、一九二五年に嘘《うそ》だと暴《あば》かれ、イギリスの武官が捏造《ねつぞう》を認めるまで消えなかった。

だが第二次世界大戦では、ドイツ兵はまちがいなく女性と子どもを虐待《ぎゃくたい》し、無数の市民を殺害し、死体からランプの傘《かさ》と石鹸《せっけん》を作り、おぞましい人体実験をし、他にも数々の残《ざん》虐行為《ぎゃくこうい》に及《およ》んだ。

しかしブライス・レポートのように信ぴょう性を疑われるのを恐《おそ》れ、ドイツ兵の蛮行《ばんこう》に関する報告書はなかなか作成されなかった。

6 ソビエトの算数「2+2=5」

ロシアの大きな嘘《うそ》の歴史

真の自由とは、2+2=4と言える自由だ。

――――ジョージ・オーウェル(『一九八四年』1949年刊より)

インチキの算数

イギリスの作家、ジョージ・オーウェル（一九〇三〜一九五〇）の古典的なディストピア小説『一九八四年』（一九四九年刊）では、独裁政権が国民に「2＋2＝5」と言え、と強制し続ける。やがて人々はすっかり慣れて、「2＋2＝5」は真実も同然となる。

だが「単純な計算を嘘《うそ》の道具にする」というアイデアが登場したのは、オーウェルの小説が初めてではない。

ロシアの小説家フョードル・ドストエフスキー（一八二一〜一八八一）は『地下室の手記』（一八六四年刊）の中で、単純な計算を例にして、嘘《うそ》の誘惑《ゆうわく》に触《ふ》れている――「2×2＝4というのは、すばらしいことだ。だが賞賛を目指すのなら、2×2＝5も、とっておきの方法となるだろう」

ロシアの「2＋2＝5」のスローガン

経済政策の度重なる失敗を成功だと主張し、嘘《うそ》をつき通した人物としては、ソ連の政治指導者ヨシフ・スターリン（一八七九〜一九五三）が挙げられる。

一九二八年から始まった経済政策――第一次五カ年計画――は、一九三〇年には大失敗していたが、計画開始から二年しかたっていないのに成功したと主張。さらに一九三二年には、計画開始から四年しかたっていないのに、五カ年計画の目的は達成されたと主張した。

スターリンが大衆に叩《たた》きこんだスローガンは、まさに「2＋2＝5」だった。

インチキの算数を嘘《うそ》の比喩《ひゆ》として使うのは、昔からよくある手法と言っていい。

たとえば一八五四年一〇月一六日、エイブラハム・リンカーン（一八〇九～一八六五）はイリノイ州ピオリアで、ある法案をめぐり、自分と対立しているスティーブン・ダグラス上院議員についてこう語った――「ある人物が2＋2＝4ではないと堂々と主張し、しつこく何度も繰《く》り返せば、いくら議論しても、その人物を止めることはできない」

嘘《うそ》は繰《く》り返せば真実となる

ソビエト連邦《れんぽう》を樹立したウラジーミル・レーニン（一八七〇～一九二四）は「嘘《うそ》は繰《く》り返せば真実となる」と述べた、とよく言われる。しかし、レーニンがその通りに発言したという記録はない。もしかしたら、一言も言っていないのかもしれない。

それでも長年繰《く》り返されるうちに、レーニンのもっとも有名な言葉として世間に広く受け入れられるようになり、皮肉にも「嘘《うそ》は繰《く》り返せば真実となる」ことを証明した。**嘘《うそ》ばかり繰《く》り返されると、人々は感覚が麻痺《まひ》してきて、真実を探すのをやめてしまう。**

ちなみに「嘘《うそ》は繰《く》り返せば真実となる」という言葉は、ナチ党の宣伝大臣ヨーゼフ・ゲッベルス（一八九七〜一九四五）のものだ、とする説もある。たしかにゲッベルスはその言葉を実践《じっせん》したが、そのように発言したという記録は、やはりない。

ロシアの嘘《うそ》の歴史

どの国にも嘘《うそ》の歴史はつきものだが、なかでもロシアの嘘《うそ》の歴史は層が厚い。歴代の皇帝《こうてい》はそれぞれ陰謀論《いんぼうろん》をふりかざし、かなり目立つ嘘《うそ》つきだった。

ソ連となってからも指導者たちは嘘《うそ》をつきつづけ、一九九一年にソ連が崩壊《ほうかい》しても、嘘《うそ》の伝統は引き継《つ》がれた。

なかでも現在のウラジーミル・プーチン大統領（一九五二〜）は、ＫＧＢ（国家保安委員会）の元諜《ちょう》報員《ほういん》として嘘《うそ》をつく専門的な訓練を受けており、数々の嘘《うそ》と悪事とその否定ぶりで際立《きわだ》っている。

スターリン

しかしロシア人の嘘《うそ》つきとしては、やはりヨシフ・スターリンが抜《ぬ》きんでているだろう。

スターリンは一九二四年までに独裁体制を固め、一九五三年に亡《な》くなるまで、強権的手法でソ連を支配した。スターリンの統治下では、すさまじい数の国民が命を落としている。

スターリンは自分の過《あやま》ちや犯罪を政敵になすりつけるのに長《た》けていて、自分は完璧《かんぺき》なふりをして、政敵たちを次々と陥《おとしい》れ、往々にして命を奪《うば》っておきながら、その行為《こうい》を否定した。

嘘《うそ》をつく政府の常とう手段の一つは、歴史を書き換《か》えること。実際に起きたことをなかったことにし、起きなかったことを起きたことにすることだ。

スターリンは、まさにその通り、意図的に歴史を書き換《か》えた。

スターリンは権力基盤《きばん》を固めつつ、一九二八年には共産党の公式な歴史を書き換《か》え、新バージョンの歴史を公表した。この新バージョンは、スターリンの死後も公式な歴史として残っている。

新バージョンの歴史では、スターリンは実際よりもはるかに重要な役割を果たしたことになっており、スターリンに嫌《きら》われた党の指導者たちは、実際にはどれだけ活躍《かつやく》していても、この歴史上では抹殺《まっさつ》された。

消されたトロツキー

抹殺《まっさつ》された一例をあげると、新バージョンの歴史では、レフ・トロツキー（一八七九〜一九四〇）の名前はいっさい出てこない。

トロツキーはレーニンの右腕《みぎうで》で、ソビエト連邦《れんぽう》樹立で中心的な役割を果たした革命家のひとりだ。国内の反革命軍から革命を防衛する赤軍の創設者として知られており、ソ連の権力の象徴《しょうちょう》となったトロツキーは、レーニンの後継者《こうけいしゃ》となって当然だった。

しかしトロツキーはユダヤ人だったせいもあり、スターリンに出しぬかれ、権力の座を奪《うば》われた。さらにスターリンによって国外に追放され、ソ連の歴史からも除名され、トロツキーの写真は次々と消された。

トロツキーはメキシコに亡命し、スターリンに批判的な記事を書きつづけたが、一九四〇年、スターリンの刺客《しかく》によって暗殺された。

ソ連国外からスターリン体制を非難する活動家たちはトロツキー主義者と名乗り続けたが、今日でもロシアやロシアの影響下《えいきょうか》にある国々では、トロツキーの名はほとんど知られていない。

ちなみにキューバでもトロツキーは無名だが、トロツキーを暗殺したラモン・メルカデル

（一九一四〜一九七八）は、キューバで静かに人生をまっとうした。

スターリンの最大の嘘《うそ》

スターリンの最大の嘘《うそ》は、五カ年計画と呼ばれた農業集団化の失敗を隠《いん》ぺいしたことだ。五カ年計画の目玉の一つは、民間の農地を廃《はい》し、国家が管理する農業集団化を推《お》し進めることだった。

しかし計画は失敗し、ウクライナ（当時はソ連の構成共和国の一つ）では、一九三二年から三三年にかけて大量の餓死者《がししゃ》が出る大飢饉《だいききん》となった。

だがスターリンには、大飢饉《だいききん》を認めるわけにはいかない事情があった。その昔、一八九一年から翌年にかけて、ロシアのボルガ川流域で大飢饉《だいききん》が発生したとき、スターリンの前任者のレーニンは「これぞロシアの帝政《ていせい》が無能な証拠《しょうこ》だ」と声高《こわだか》に主張し、脚光《きゃっこう》を浴びた――と、共産主義者の間では語り継《つ》がれている。

それだけにスターリンは、レーニンが無能と断じた帝政《ていせい》ロシアと同じまちがいを犯《おか》したと見なされるわけにはいかなかったのだった。

スターリンの画策

ウクライナ人がホロドモールと呼んでいる一九三二年から三三年にかけての大飢饉《だいききん》に関しては、信頼《しんらい》できる目撃者《もくげきしゃ》が多数いるので、まちがいなく真実だ。

この大飢饉《だいききん》の原因は集団農場政策の失敗だけでなく、各家庭から食料を押収《おうしゅう》するといった、スターリンの過酷《かこく》な政策の結果でもあった。

当時、ウクライナの現状を確認《かくにん》するために、フランスの著名な政治家エドワール・エリオ(一八七二〜一九五七)が、視察団を率いて現地に赴《おもむ》くことになった。するとスターリンは、視察団が到着《とうちゃく》する前日の夜中の二時に、小作人たちに通りを掃除《そうじ》させ、家を飾《かざ》らせた。必死に食料を求める住民が長い列を作らないよう、食料配給センターは事前にすべて閉鎖《へいさ》され、各店の窓辺にはこれみよがしに食料が積まれたが、地元住人は買うのはおろか、窓に近づくことも禁じられた。さらにホームレスの子どもや物乞《ものご》いなどは、通りから排除《はいじょ》された。エリオの視察団が泊《と》まるホテルは家具が完璧《かんぺき》にそろえられ、ホテルの従業員はパリッとした新しい制服を着せられた。

スターリンのこの悪巧《わるだく》みは成功した。

しかしその後も飢饉《ききん》の噂《うわさ》は西側に流れ続け、ついにソ連も飢饉《ききん》と栄養失調が見られる地域が「多少はある」と認めざるをえなくなったが、大したことではないように見せかけようと画策した。その結果、『ニューヨーク・タイムズ』紙のモスクワ支局長をつとめ、スターリンに会ったことがあり、ソ連に関する報道でピュリッツァー賞を受賞したウォルター・デュランティ（一八八四〜一九五七）は、「（ソ連には）飢饉《ききん》も飢餓《きが》もないし、起こりそうもない」と報道した。

これに対し、マルコム・マゲリッジ（一九〇三〜一九九〇）やジョセフ・アルソップ（一九一〇〜一九八九）といったジャーナリストたちは「嘘《うそ》だ」と主張し、ウクライナの惨状《さんじょう》を次々と明らかにした。マゲリッジはのちに、デュランティを「五〇年にわたるジャーナリスト人生で出会った、最大の嘘《うそ》つきジャーナリストだ」とまで断定している。

だが、「膨大《ぼうだい》な人数の餓死者《がししゃ》が出た」という信頼《しんらい》に足る報道があったのに、スターリンのさまざまな画策が功を奏し、信頼《しんらい》に足る報道への支持は広がらなかった。

このように、都合の悪い現実を隠《かく》すために、そうではないように見せかけ、世間を混乱させるのは、巧《たく》みな嘘《うそ》つきならではの画策だ。

スターリンは、他の犯罪を隠《かく》すときも同じように画策した。

たとえば、一九三六年から三八年にかけての「見せしめ裁判」。スターリンは罪をでっちあげて裁判を起こし、裁判を不正操作して政敵を次々と葬《ほうむ》ったのだが、スターリンの画策はまたしても功を奏し、デュランティはこの裁判のことも擁護《ようご》した。

ちなみに一九九〇年、ピュリッツァー賞選定委員会は、すでに亡《な》くなっていたデュランティの賞を取り消すことを検討した。だがデュランティの報道には疑わしい点が多々あるが、ソ連の人々の生活を取りあげた記事は価値があるとして、結局、不問に付した。

ドイツでの応用

スターリンがウクライナへの視察団をごまかした画策を、後にドイツ軍も赤十字社による視察のときに使っている。

一九四四年六月、赤十字社はテレージエンシュタット強制収容所を視察することになった。この収容所は、絶滅《ぜつめつ》収容所へ送りこむユダヤ人の中継《ちゅうけい》基地となっていた。

視察に備え、収容所の庭には花が植えられ、建物はペンキを塗《ぬ》りかえられ、さらに飾《かざ》られて、赤十字社の視察団のためにいろいろなイベントが催《もよお》された。

だが視察団が去ったあと、収容所は大虐殺《だいぎゃくさつ》という仕事を再開した。

テレージエンシュタット強制収容所は一日に二〇〇体を火葬《かそう》できる遺体焼却炉《しょうきゃくろ》を備えており、第二次世界大戦が終わるまでに、実に三万三〇〇〇人ものユダヤ人がこの収容所で命を落とした。だがユダヤ人大虐殺《だいぎゃくさつ》を止めようとする国際的な運動は起こらず、そのせいでさらに九万人ものユダヤ人が、この収容所から絶滅《ぜつめつ》収容所へと送りこまれた。

ポチョムキン村

こうした「荒廃《こうはい》した地域を公共イベントや要人の視察のために飾《かざ》りたてる」という画策は、他にも世界各地で行われている。意図的に「張りぼての町」を作った例は歴史にごまんとあるので、「ポチョムキン村」という共通の名称《めいしょう》までついているほどだ。

画策を仕組んだのは、スターリン主義者やナチ党だけではない。

たとえばアメリカでは、スポーツイベントのためにスラム街を紙の工作や照明で飾《かざ》りたてた都市の例がある。一九九二年に、ニューヨーク市長のエド・コッチ（在任一九七八〜一九八九）が、廃墟《はいきょ》の窓にステッカーやベネチアンブラインド（板すだれ）を使い、鉢植《はちう》えの植物を置いて、ブロンクス区を飾《かざ》りたてた。

中国はチベットで、無人の村々にヤクを飼う遊牧民を強引《ごういん》に住まわせ、チベット開拓《かいたく》のモデル村として外国人に披露《ひろう》した。

アメリカのエネルギー大手だったエンロン社は、実際には金融《きんゆう》活動など行っていないのに、視察に来たウォールストリートのアナリストたちをだますため、テキサス州ヒューストンの本社六階に偽《にせ》のトレーディングフロアを作った。エンロン社の手の込《こ》んだ詐欺行為《さぎこうい》は、二〇〇一年に露見《ろけん》している。

ちなみに、意図的に飾《かざ》りつけられた「ポチョムキン村」という名称《めいしょう》には、由来となった逸話《いつわ》がある。

一八世紀のロシア皇帝《こうてい》エカチェリーナ二世（在位一七六二～一七九六）の愛人だった政治家のグリゴリー・ポチョムキン（一七三九～一七九一）は、エカチェリーナ二世が一七八三年にクリミアを船で旅行した際、海辺を実際よりも豊かに見せるため、偽《にせ》の裕福《ゆうふく》な村を作った。その「裕福《ゆうふく》な村」では偽《にせ》の建物を並べただけでなく、一頭の家畜《かちく》を移動させて群れているふりをさせたとか、皇帝《こうてい》の船の移動に合わせ、村から村へ家畜《かちく》の小さな群れを移動させたとか言われている。

だが、この逸話《いつわ》は嘘《うそ》だ。後でわかったのだが、これはザクセン公国の外交官とフィンランドの外交官の作り話だった。

一七八三年、オスマン帝国《ていこく》はロシアにクリミア半島を併合《へいごう》されたばかりだった。そこでザクセン公国とフィンランドの外交官たちは、オスマン帝国《ていこく》の人たちに「ロシア帝国《ていこく》は実は弱体化している。クリミア奪還《だっかん》は可能だ」と信じさせるために、逸話《いつわ》をでっちあげたのだった。

結局、ポチョムキン村は存在しなかったのだが、世間に広まった嘘《うそ》と同じく、この嘘《うそ》もずっと生き残った。

COLUMN
コラム

都合のよい歴史

国家や民族を計画的に破壊《はかい》する「ジェノサイド（集団殺戮《さつりく》）」。

この単語はギリシャ語の「人種」とラテン語の「殺害」を組み合わせた造語で、ポーランド系ユダヤ人の法学者ラファエル・レムキン（一九〇〇～一九五九）が著書『占領下《せんりょうか》のヨーロッパにおける枢軸国《すうじくこく》の統治』（一九四四年刊）の中で作った。

レムキンはジェノサイドを「ある集団に属する人々を破滅《はめつ》させる協調戦略。その集団の基本的な存在の要《かなめ》を破壊《はかい》する戦略とともに、その集団全員を抹殺《まっさつ》することによって成し遂《と》げられる一連の行為《こうい》」と定義づけている。

アメリカ政府による最近の調査では、一九五六年から二〇一六年にかけて、四三件のジェノサイドにより、約五〇〇〇万人が殺害されたとされている。

レムキンの著作は「ヨーロッパでユダヤ人やポーランド人などの民族を無差別に殺害したナチ党の政策」をテーマとしているが、彼《かれ》がジェノサイドという現象に初めて関心を持ったのは、「第一次世界大戦中から大戦後にかけて、オスマン帝国《ていこく》がアナトリア半島のアルメニア人を大虐殺《だいぎゃくさつ》した」ことを、学生時代に学んだときだった。

イスラム教国家のオスマン帝国《ていこく》において、アルメニア人はキリスト教を信奉《しんぽう》し、数々の迫害《はくがい》を受けつつも、それなりに栄えてきた。しかし国に待遇《たいぐう》改善を求めた結果、一八九四年から九六年にかけて、数十万人ものアルメニア人がオスマン帝国軍《ていこくぐん》に殺害された。

それから約二〇年後の第一次世界大戦中、オスマン帝国《ていこく》は「アルメニア人は、敵の連合国にオスマン帝国《ていこく》を倒《たお》させることで、独立を果たそうとしている」という考えにとりつかれた。

その結果、一九一五年四月二四日、オスマン帝国《ていこく》によるアルメニア人のジェノサイドが始まった。まず、アルメニア人を代表する数百名の知識人を処刑《しょけい》。さらに一般《いっぱん》のアルメニア人を裸《はだか》にし、メソポタミアの砂漠《さばく》を死ぬまで行進させた。さらに複数の暗殺部隊が縦横無尽《むじん》に動きまわり、アルメニア人を溺死《できし》させたり、はりつけにしたり、生きたまま火あぶりに処したりした。

こうしてオスマン帝国《ていこく》に約二〇〇万人いたアルメニア人は、一九二二年までに約三八万八〇〇〇人にまで激減した。

第一次世界大戦後にオスマン帝国《ていこく》は崩壊《ほうかい》。その後に成立したトルコ共和国はさまざまな変化を遂《と》げたが、アルメニア人へのジェノサイドについては、今なお一貫《いっかん》して嘘《うそ》をつきとおしている。「アルメニア人に対するジェノサイドなど存在せず、殺されたアルメニア人

郵便はがき

料金受取人払郵便

牛込局承認

3055

差出有効期間
令和7年1月9日
切手はいりません

162-8790

東京都新宿区
早稲田鶴巻町551-4

あすなろ書房
愛読者係　行

■ご愛読いただきありがとうございます。■

小社のホームページをぜひ、ご覧ください。新刊案内や、
話題書のことなど、楽しい情報が満載です。
本のご購入もできます➡http://www.asunaroshobo.co.jp
(上記アドレスを入力しなくても「あすなろ書房」で検索すれば、すぐに表示されます。)

■今後の本づくりのためのアンケートにご協力をお願いします。

お客様の個人情報は、今後の本づくりの参考にさせて頂く以外には使用いたしません。下記にご記入の上(裏面もございます)切手を貼らずにご投函ください。

フリガナ お名前	男・女	年齢　　　歳
ご住所　〒		お子様・お孫様の年　　　歳
e-mail アドレス		
●ご職業　1主婦　2会社員　3公務員・団体職員　4教師　5幼稚園教員・保育士　6小学生　7中学生　8学生　9医師　10無職　11その他(　　　)		

※引き続き、裏面もご記入ください。

●この本の書名（　　　　　　　　　　　　　　　　　　　　　　　）
●この本を何でお知りになりましたか？
1 書店で見て　2 新聞広告（　　　　　　　　　　　　　　新聞）
3 雑誌広告（誌名　　　　　　　　　　　　　　　　　　　　）
4 新聞・雑誌での紹介（紙・誌名　　　　　　　　　　　　　）
5 知人の紹介　6 小社ホームページ　7 小社以外のホームページ
8 図書館で見て　9 本に入っていたカタログ　10 プレゼントされて
11 その他（　　　　　　　　　　　　　　　　　　　　　　　）
●本書のご購入を決めた理由は何でしたか（複数回答可）
1 書名にひかれた　2 表紙デザインにひかれた　3 オビの言葉にひかれた
4 ポップ（書店店頭設置のカード）の言葉にひかれた
5 まえがき・あとがきを読んで
6 広告を見て（広告の種類〈誌名など〉　　　　　　　　　　）
7 書評を読んで　8 知人のすすめ
9 その他（　　　　　　　　　　　　　　　　　　　　　　　）
●子どもの本でこういう本がほしいというものはありますか？
（　　　　　　　　　　　　　　　　　　　　　　　）
●子どもの本をどの位のペースで購入されますか？
1 一年間に10冊以上　2 一年間に5〜9冊
3 一年間に1〜4冊　4 その他（　　　　　）

●この本のご意見・ご感想をお聞かせください。

※ご協力ありがとうございました。ご感想を小社のPRに使用させていただいてもよろしいでしょうか　（1 YES　2 NO　3 匿名ならYES）
※小社の新刊案内などのお知らせをE-mailで送信させていただいてもよろしいでしょうか　（1 YES　2 NO）

は――実際には一般人《いっぱんじん》だったのに――敵の戦闘員《せんとういん》だった」との主張を曲げていない。

ジェノサイドを否定するのは、珍《めずら》しいことではない。

アメリカの歴史では、つい最近まで、アメリカ先住民を大量虐殺《ぎゃくさつ》した過去の政策が語られることはなかった。

日本は、一九三〇年代に日本軍が（一九三七年の南京大虐殺《ナンキンだいぎゃくさつ》など）アジアで残虐《ざんぎゃく》な行為《こうい》をしたことを否定し、「西洋の植民地主義からアジアを解放しようとした」と述べている。

ベルギーは天然《てんねん》ゴムの生産を増やすため、コンゴの先住民を酷使《こくし》し、一八八五年から一九〇八年にかけてコンゴの人口の約半分を虐殺《ぎゃくさつ》した。後にベルギー政府の委員会が実態を明らかにしたが、当初はその事実を否定し続けた。

歴史を都合よく改ざんするのは、独裁政権の常とう手段だ。

たとえば中国では、一九八九年六月四日、すさまじい人数の学生や市民が民主化を求めて天安門に集結したが、中国の人民解放軍に武力で制圧された、いわゆる天安門事件が発生した。

だが中国国内では、いまだに天安門事件を論じるのは禁じられている。

天安門事件から満二〇年の二〇〇九年六月、民主化運動の再燃を恐《おそ》れた中国政府は、ジャーナリストに対し天安門広場への入場を禁じたうえ、ソーシャルメディアや外国のニュースサイトをブロックし、メディア統制を強化した。

中国政府は禁止用語を設定し、インターネットを検閲《けんえつ》している。トロント大学と香港《ホンコン》大学による二〇一九年の調査によると、「天安門（事件）」に関連している可能性がある」として、三二〇〇以上の単語が検閲《けんえつ》に引っかかり、投稿《とうこう》ごと削除《さくじょ》された。

中国人はインターネットでさまざまな陰謀論《いんぼうろん》を知ることができるが、天安門事件については、これから先もいっさい知ることはないだろう。

かつてブラジルには、強権的な軍事独裁政権が存在した。だがブラジルのジャイール・ボルソナーロ元大統領（在任二〇一九〜二〇二二）は過去を否定し、またしても独裁政権を樹立しようとした。

極右の元軍人であるボルソナーロ大統領は「軍事政権下では平和で、治安もよく、雇用《こよう》も守られ、今よりもずっと進んだ国だった」とかつての軍事政権時代を賛美し、二〇一九年には一九六四年の軍事クーデター勃発日《ぼっぱつび》を記念しようとした。

この一九六四年の軍事クーデターは、ブラジルにとっては血塗《ちぬ》られた過去だ。大量のブラジル人が投獄《とうごく》されて拷問《ごうもん》され、「事故」と称《しょう》して多数の人が殺害され、ブラジル史上もっとも残忍《ざんにん》な軍事独裁政権の樹立につながった。

しかしボルソナーロ大統領はこの歴史を否定し、「軍事政権は民主主義を導いた」と主張した。

独裁政権と民主主義を混同し、「民主主義はうまくいかない」と言いつつ「民主主義を擁護《ようご》する」などと、矛盾《むじゅん》することをしれっと主張するのは、独裁者が好んで使う手法と言える。ジョージ・オーウェルが『一九八四年』の中で書いているように、「ありえないはずの民主主義を、党が守っていると信じる」わけだ。

ボルソナーロ大統領は「ブラジル人は民主主義がなんたるかを知らない」と言い、過去について嘘《うそ》をつくことで、自己流の偏《かたよ》った民主主義を広めようとした。

トルコ政府も「一九一五年のオスマン帝国《ていこく》によるアルメニア人のジェノサイド」に関して自己流の説を主張し、これを外交の最優先課題とすることで、異論を封《ふう》じようとした。トルコと友好関係を保ちたければ、トルコの嘘《うそ》を受け入れろ、と迫《せま》ったのだ。

中東への玄関口《げんかんぐち》となるイスラム国家として、トルコは重要国と見なされていたため、しばらくは嘘《うそ》をつき続けることに成功した。

しかし約一世紀たつと、その障壁《しょうへき》は崩《くず》れはじめた。

まず一九八五年、国連がトルコ（オスマン帝国《ていこく》）によるジェノサイドを認定し、二〇一五年にはローマ教皇のフランシスコも認定した。一六カ国の若者（一六歳《さい》から二九歳《さい》まで）を対象にした二〇一五年の調査では、七七パーセントが「トルコ（オスマン帝国《ていこく》）のジェノサイドは真実だ」と回答した。が、トルコの若者のうち、同じ回答をしたのは、わずか三三パーセントだった。現在では三〇以上の国が、トルコによるアルメニア人のジェノサイドを認定している。

ただし、大半の国がそう認めるようになったのは、二一世紀に入ってからだった。『ニューヨーク・タイムズ』紙が「オスマン帝国《ていこく》によるアルメニア人のジェノサイド」というフレーズを最初に使ったのは、二〇〇四年だった。

二〇一九年にはアメリカの下院がオスマン帝国《ていこく》によるアルメニア人のジェノサイドがあったと認め、上院も全会一致《いっち》でその意見を支持した。

だが当時大統領だったトランプは、支持を拒《こば》んだ。嘘《うそ》つきはやはり嘘《うそ》が好き、ということだろうか。

その後、二〇二一年、バイデン大統領（在任二〇二一〜）が正式に、トルコ（オスマン帝《てい》国《こく》）によるアルメニア人虐殺《ぎゃくさつ》をジェノサイドと認めると、トルコ政府は「トルコとアメリカの関係にとって大いなる不幸である」と表明した。

このように真実は、時として――めったにないことだが――国際的に注目を集めることがある。

たとえそうなるまでに、一世紀かかるとしても。

ウクライナ侵攻《しんこう》

二一世紀の今、ソ連から独立を果たしたウクライナは、またしてもロシアの独裁者の大きな嘘《うそ》の犠牲《ぎせい》になっている。

二〇一四年、クリミア半島を一方的に併合《へいごう》したロシアのプーチン大統領は、二〇二二年二月にウクライナへ侵攻《しんこう》し、嘘《うそ》八百を並べたてて侵攻《しんこう》を正当化した。

スターリンが第二次世界大戦でナチスドイツに勝利したのは、ロシア史上、燦然《さんぜん》と輝《かがや》く、ゆいいつにして最大の栄誉《えいよ》だ。スターリンは大量殺人者なのに、この勝利のおかげで、一部のロシア人からは大いに尊敬されている。スターリン配下の司令官たちが無能だったせいで、無数のソ連兵士が無駄死《むだじ》にしたことは、ほとんど論じられていない。

その約八〇年後、プーチン大統領はこのスターリン神話にあやかって「ウクライナはナチ党に支配されているので攻撃《こうげき》する」などと真っ赤な嘘《うそ》の主張をし、「我が国はまたしてもナチズムと戦っている」とロシア国民に語りかけた。

しかしウクライナは、国民の選挙で選ばれたゼレンスキー大統領（在任二〇一九〜）が率いる民主主義国家だ。しかもゼレンスキー大統領はユダヤ人であり、その祖父は第二次大戦時に赤軍に徴兵《ちょうへい》されてドイツと戦っている。

にもかかわらず、プーチン大統領の主張は、ソーシャルメディアで盛大に繰《く》り返しシェアされた。だが三月初め、ウクライナ侵攻《しんこう》が当初の予定よりも長引き、多数の死者が出るようになると、プーチン大統領は主張を押《お》し通す自信を失った。

するとプーチン大統領は、今度はソーシャルメディアを次々と遮断《しゃだん》し、自分の主張に異論を唱える者を片っ端《ぱし》から脅《おど》すようになった。

さらにプーチン支配下のロシア議会は、「フェイクニュース（嘘《うそ》のニュース）を流したジャーナリストは最長で一五年の懲役刑《ちょうえきけい》に処す」という法令を定めた。ここでいうフェイクニュースとは、「侵攻《しんこう》」や「侵略戦争《しんりゃくせんそう》」という言葉を使った報道のことを指す。

しかし実際、ロシアがウクライナに対してやっていることは「侵攻《しんこう》」であり、「侵略戦争《しんりゃくせんそう》」に他ならない。

7

「アメリカが語る真実」の真相

アメリカ政府の大きすぎる嘘《うそ》

戦争の最初の犠牲者《ぎせいしゃ》は真実である。

――――ハイラム・ジョンソン

（カリフォルニア州選出の上院議員。1917年、アメリカの第一次世界大戦参戦に反対して語った言葉）

日本への原爆《げんばく》投下

一九四五年八月六日、アメリカのB－29爆撃機《ばくげきき》が広島に原子爆弾《ばくだん》を落とした。三日後の八月九日には、長崎にも原子爆弾《ばくだん》を落とした。今のところ、戦争で核兵器《かく》が使われたのは、後にも先にもこのときだけだ。当然ながらアメリカ政府は、この件には触《ふ》れたがらなかった。

当時アメリカは機密保持を押《お》し通し、核《かく》兵器を開発している事実をけっして認めず、最初から嘘《うそ》をつき続けた。一九四五年七月一六日に核《かく》実験を行ったときは、ニューメキシコ州の砂漠《さばく》地帯で発生した大爆発《だいばくはつ》――砂が溶《と》けてガラスに変わるくらい威力《いりょく》のある爆発《ばくはつ》だ――を「僻地《へきち》の弾薬《だんやく》集積所の事故で、害はない」と釈明《しゃくめい》。マスコミも大衆も、政府の嘘《うそ》をすんなりと信じた。

広島に原爆《げんばく》が落とされたときでさえ、アメリカ政府はあいまいな表現で、実態をごまかそうとした。その日、ハリー・トルーマン大統領（在任一九四五～一九五三）は、このように述べている――「それ（原子爆弾《ばくだん》）は、宇宙に存在する基本的な力を利用したものである。大量のエネルギー源となっている力が、極東に戦争をもたらした者たちに対して、放たれたのである」

「二度の原爆《げんばく》投下は、日本が真珠湾攻撃《しんじゅわんこうげき》で戦争をしかけたことに対する合理的な報復」というのが、通説として今も語られている。

しかし真珠湾《しんじゅわん》には米軍基地があり、日本軍は通常兵器（非核《ひかく》兵器）で攻撃《こうげき》した。いっぽう二度の原《げん》爆《ばく》は広島と長崎の民間人に対して投下されたものであり、戦争犯罪の国際的な定義を満たしている。

アメリカは「日本の軍人を標的にした」と主張したが、投下先として日本の軍事活動拠点《きょてん》を優先したわけではない。原爆《げんばく》投下の立案者たちは、劇的に演出したかっただけだ。

広島には軍事基地が一カ所あり、原爆《げんばく》で三〇万人以上が命を落とした。長崎は広島以上に軍事的重要性が低かったのに、原爆《げんばく》で約一九万人以上が亡《な》くなっている。

さらに、三度目の原爆《げんばく》投下が検討されたとき、「トルーマン大統領は、これ以上子どもたちを殺したくないと思っている」と、ヘンリー・ウォレス商務長官は述べた。

原爆《げんばく》投下の立案者たちは、民間人が犠牲《ぎせい》になることを理解していなかった。

原爆《げんばく》投下について、もう一つの通説は、「日本軍を降伏《こうふく》させ、日本に壊滅的《かいめつてき》な打撃《だげき》を与《あた》えることになる本土への上陸を避《さ》けるために遂行《すいこう》された」というものだ。

しかし原爆《げんばく》投下の時点で、すでに日本軍に勝ち目はなかった。一九四五年八月九日の未明――長崎に原爆《げんばく》が投下される数時間前――日本が支配していた満州にソ連軍が侵攻《しんこう》。日本軍はソ連軍とも戦わねばならず、東條英機《とうじょうひでき》と日本軍には敗戦がひたひたと迫《せま》っていた。

日本軍はすでに燃料供給ルートを破壊《はかい》され、もはや身動きがとれなくなっていた。降伏《こうふく》の条件で揉《も》めていたのは事実だが、日本軍は負けを受け入れるつもりだった。しかも一九四五年二月のヤルタ会談（イギリス、ソ連、アメリカによる連合国首脳会談）の時点で、ソ連の満州侵攻《しんこう》はすでに決まっていた。にもかかわらず、アメリカ軍に「二発目の原爆《げんばく》を投下せよ」との命令が下った。広島に続き、長崎への原爆《げんばく》投下が、日本軍の降伏《こうふく》を決めたわけではなかった。

マッカーサーの検閲《けんえつ》VSジャーナリスト

日本の降伏《こうふく》後、日本は連合国軍に占領《せんりょう》され、アメリカのダグラス・マッカーサー陸軍元帥《げんすい》（一八八〇～一九六四）が支配した。マッカーサーは西側のマスコミを厳しく取りしまり、日本に派遣《はけん》された特派員に西日本への立ち入りを禁じ、広島や長崎の原爆被害《げんばくひがい》をいっさい報道させなかった。特派員が日本を離《はな》れるときは、本や写真のフィルムや手紙類まで検閲《けんえつ》させたうえ、検閲《けんえつ》そのものについての報道も厳重に禁止した。

それでも原爆《げんばく》投下から約一カ月後の九月三日、西側の特派員が初めて広島にたどりついた。その特派員、ロンドンの『デイリー・エクスプレス』紙のウィルフレッド・バーチェット記者（一九一二〜一九八三）は、検閲《けんえつ》をうまく逃《のが》れ、モールス符号《ふごう》を使うことで、なんとか記事をロンドンに送ることができた。その記事は、被爆者《ひばくしゃ》たちが死の病に侵《おか》され、苦しみながら死んでいく現実を世に知らしめた初の報道だった――「史上初の原爆《げんばく》投下は広島を破壊《はかい》し、世界に衝撃《しょうげき》を与《あた》えた。それから三〇日後の広島では、いまなお人々が原因不明のおぞましい病で死にかけている。社会を激変させた戦争を生きのびた人々が、原爆《げんばく》伝染病としか表現しようのない不可解な原因で、いまも死に直面している」バーチェットは、まさにアメリカ政府が隠蔽《いんぺい》をはかった現実を暴《あば》いたのだった。

アメリカ政府の徹底的《てっていてき》な否定

それに対するアメリカ政府の反応は素早《すばや》かった。アメリカ政府は「原爆症《げんばくしょう》などというものはない」と断言し、「バーチェットは日本のプロパガンダ（主義や思想の宣伝）に毒された」と非難した。原爆《げんばく》を開発製造したマンハッタン計画の現場、ニューメキシコ州では、計画を指揮したレズリー・R・グローブス（一八九六〜一九七〇）が「放射能に関する報道は、非常にばかげている」と力説した。

アメリカ陸軍が、こんな嘘《うそ》をつくだろうか？　ジャーナリストたちはもっともな疑念を抱《いだ》くようになり、その結果、一部のジャーナリストたちがニューメキシコの開発現場に招かれた。

ジャーナリストたちは、放射能に汚染《おせん》された土が靴《くつ》につかないよう、靴《くつ》を特殊《とくしゅ》なカバーで覆《おお》わなければならなかった。しかも視察中は放射能測定器を持った男たちがついてまわり、記念品の持ち出しはいっさいやめろと警告された。

ジャーナリストたちは、生きた心地《ここち》がしなかった。

原爆《げんばく》の影響《えいきょう》を研究した日本の科学者たちは、研究成果をアメリカ側へ強制的に提出させられた。アメリカは診療《しんりょう》記録と死体解剖《かいぼう》の標本を没収《ぼっしゅう》し、血液サンプルと生検の結果をアメリカへ送らせた。マンハッタン計画の指揮官グローブスは相変わらず放射能被害《ひがい》を否定しつづけ、『ニューヨーク・タイムズ』紙に対し、たとえ被曝《ひばく》による死者がいるとしても「その数はかなり少ない」と言い、アメリカ上院に対しても「(被曝《ひばく》による死は)とても楽な死に方だ」などと報告した。

だが被爆者《ひばくしゃ》たちは原爆症《げんばくしょう》に苦しみ、死者の数も増えつづけた。診療《しんりょう》記録はその後二五年間、アメリカ政府に押収《おうしゅう》されたままだったが、被爆者《ひばくしゃ》たちの苦しみは記録され続けた。

第二次世界大戦後、トルーマン大統領は原爆《げんばく》を開発した物理学者のJ・ロバート・オッペンハイマー(一九〇四~一九六七)と会っている。そのとき、オッペンハイマーはトルーマン大統領に「(開発に関《かか》わった)科学者たちは手を血で汚《よご》し、罪を犯《おか》した」と告白した。すると会談後、腹を立てたトルーマンは、「二度とオッペンハイマーには会いたくない」と言った。

シッティング・ブルの語るアメリカ

先住民に対するアメリカの常とう手段は、先住民と強引《ごういん》に契約《けいやく》を結び、狩人《かりうど》の先住民を農民に変えさせることだ。

そして後に、その契約《けいやく》が領土拡張を狙《ねら》う白人にとって都合が悪くなったり、建物や採掘《さいくつ》のために土地そのものを欲しくなったりしたら、契約《けいやく》はあっさり白紙に戻《もど》す。

要するに、先住民に対する契約締結《けいやくていけつ》は、嘘《うそ》でしかなかった。それは、最高裁判所が認めた契約《けいやく》であっても変わらない。

サウスダコタ州のブラックヒルズ一帯を先住民族スーに与《あた》えると約束した一八六八年のララミー砦《とりで》条約は、その典型と言えよう。

ブラックヒルズで金鉱が見つかると、アメリカ政府はあっさり条約を白紙に戻《もど》し、条約で先住権を認めたはずの地域からスーの人々を強引《ごういん》に追いだそうとした。

そこでスーのふたりの戦士、シッティング・ブルとクレイジー・ホースが他の種族をまとめてアメリカ軍と戦い、カスター将軍率いる第七騎兵隊《きへいたい》を全滅《ぜんめつ》させた。

ちなみにカスター将軍の死後、将軍の未亡人は、傲慢《ごうまん》で無謀《むぼう》だった夫の印象を良くするため、嘘《うそ》や中途半端《ちゅうとはんぱ》な真実を広めることに人生を費《つい》やしている。

アメリカ軍はカスター将軍の騎兵隊《きへいたい》を失っても、兵士や弾薬《だんやく》をいくらでも補填《ほてん》でき、先住民の伝統的な生活に欠かせないバッファローを大量殺戮《さつりく》して、その聖地と生活を破壊《はかい》しつくした。

結局、シッティング・ブルは、仲間を連れてカナダへ亡命した。

シッティング・ブルはカナダ政府に対し、一連のいきさつについて、こう結論づけた
――「アメリカ人と話しあっても意味がない。やつらは全員、嘘《うそ》つきだ。やつらの言うことは、何も信じられない」

アメリカ政府の嘘《うそ》

感情と表情の関係について先駆的《せんくてき》な研究をしたことで知られる、アメリカの心理学者ポール・エクマン（一九三四～）は、一九六二年、アメリカのケネディ大統領（在任一九六一～一九六三）とソ連の外務大臣アンドレイ・グロムイコ（一九〇九～一九八九）との緊迫《きんぱく》した交渉《こうしょう》を観察し、「両者とも生まれつきの嘘《うそ》つきで、嘘《うそ》をでっちあげる独創性と賢《かしこ》さを兼《か》ね備えている。両者とも口が達者で、ほれぼれするほど説得力のある嘘《うそ》をつける」と、結論づけた。

一九六九年七月二〇日、アメリカのアポロ11号が月面着陸を果たすころには、「アメリカ政府は時として嘘《うそ》をつく」のは常識となっていた。一九五〇年代から六〇年代にかけて、原子爆弾《ばくだん》による広島と長崎の惨状《さんじょう》が世界に知れ渡《わた》り、アメリカ政府が放射能中毒について嘘《うそ》をつき続けたことが明らかになったからだ。

一九六〇年にはNASA（米航空宇宙局）も、アメリカのU-2偵察機《ていさつき》がソ連上空で撃墜《げきつい》されたとき、本当はスパイ活動をしていたのに、アイゼンハワー大統領（在任一九五三～一九六一）に配慮《はいりょ》して、「ソ連上空で気象研究をしていただけだ」と嘘《うそ》をついている。

トンキン湾《わん》事件とベトナム戦争

アメリカがベトナム戦争に本格的に参戦することになったのも、ある大きな嘘《うそ》がきっかけだった。当時、ベトナムは南北に分断されており、ソ連は北ベトナムの共産党政権を、アメリカは南ベトナムを支援《しえん》。南ベトナムの海軍はアメリカの指示で、北ベトナム沿岸のレーダー基地や橋などを戦略的に攻撃《こうげき》していた。

一九六四年七月三〇日から三一日にかけての夜、南ベトナム（アメリカ側）の哨戒艇《しょうかいてい》が、トンキン湾《わん》内の北ベトナム軍（ソ連側）の基地を攻撃《こうげき》して帰還《きかん》。入れ違《ちが》いに、アメリカ海軍の駆逐艦《くちくかん》マドックスが、哨戒《しょうかい》活動のためにトンキン湾《わん》へ侵入《しんにゅう》した。

すると八月二日、北ベトナムの魚雷艇《ぎょらいてい》が、マドックスを数日前に基地を攻撃《こうげき》した南ベトナムの哨《しょう》戒艇《かいてい》とまちがえて接近した。マドックスは威嚇射撃《いかくしゃげき》をしたが、哨戒艇《しょうかいてい》はかまわず攻撃《こうげき》。そこでマドックスは近くにいた航空母艦《ぼかん》の支援《しえん》を要請《ようせい》し、北ベトナムの魚雷艇《ぎょらいてい》に大打撃《だいだげき》を与《あた》えることに成功した。

二日後の八月四日からは、マドックスに加え、駆逐艦《くちくかん》のターナー・ジョイも哨戒《しょうかい》活動に加わった。すると四日の晩、ターナー・ジョイは北ベトナム軍から攻撃《こうげき》を受けたと主張した。

しかしアメリカの偵察機《ていさつき》はその攻撃《こうげき》を確認《かくにん》できず、マドックスの艦長《かんちょう》も「北ベトナム軍による魚雷攻撃《ぎょらいこうげき》は疑わしい。レーダーが天候の影響《えいきょう》を受け、それを水測員たちが誤認し、勇み足で次々と襲撃《しゅうげき》の報告を上げた可能性があり……さらなる措置《そち》を取る前に、徹底的《てっていてき》に調べたほうが良いと思われる」と報告している。

実際、──八月二日の交戦は事実だが──八月四日の北ベトナム軍によるターナー・ジョイへの攻撃《こうげき》はなかった。

にもかかわらず、アメリカのリンドン・ジョンソン大統領（在任一九六三〜一九六九）は混乱に乗じて「アメリカ軍が襲撃《しゅうげき》された」と断定し、この嘘《うそ》を、一九六五年からベトナム戦争に本格的に参戦する口実に使ったのだった。

ペンタゴン・ペーパーズ

ベトナム戦争が泥沼化《どろぬまか》していた一九七一年、ベトナム戦争に関する最高機密文書、通称《つうしょう》「ペンタゴン・ペーパーズ」が盗《ぬす》まれ、『ニューヨーク・タイムズ』紙に公開されて、「ジョンソン政権は八月四日の襲撃《しゅうげき》がなかったことを知っていた」「戦争の口実となった八月四日の雷撃《らいげき》は捏造《ねつぞう》だった」ことが暴露《ばくろ》された。さらに「ペンタゴン・ペーパーズ」によって、ケネディ大統領、ジョンソン大統領、ニクソン大統領もベトナムでの活動について嘘《うそ》をついていたことも暴露《ばくろ》された。

当時、これは一大スキャンダルとなった。

だが「たいていの戦争は嘘《うそ》の上に成り立っている」ことを知っている戦争史家にとっては、驚《おどろ》きでもなんでもなかった。

米西戦争（アメリカ＝スペイン戦争、一八九八）も、ベトナム戦争（一九五五〜一九七五）も、イラク戦争（二〇〇三〜二〇一一）も、すべて嘘《うそ》から始まった。なかでも一時期ヨーロッパの大半を征服《せいふく》したナポレオンは、見事なまでに嘘《うそ》をつき続けた。

戦争の嘘《うそ》と「フェイクニュース」の誕生

アメリカの南北戦争（一八六一〜一八六五）の従軍記者はほとんど事実を伝えず、まともな報告も上げなかった。

南軍を支援《しえん》しているなら南軍、北軍を支援《しえん》しているなら北軍に都合のいい宣伝マンでしかなく、敵方の動きを残虐《ざんぎゃく》なホラー話にでっちあげた。「南部の女性たちは北軍兵の目玉をつなげてネックレスにしている」という作り話もあれば、架空《かくう》の戦闘《せんとう》も数多く伝えられた。

味方の犠牲者《ぎせいしゃ》の数は実際より少なく、敵軍の将校たちは生きているのに死んだと報告された。

一八九八年、キューバのハバナ沖に停泊《ていはく》していたアメリカの軍艦《ぐんかん》メイン号がとつぜん爆発《ばくはつ》し、二六〇名のアメリカ人乗組員が死亡《しぼう》する、という事件が発生した。この爆発《ばくはつ》の原因は、いまだに特定されていない。スペイン政府が主張するように、単なる事故だったのかもしれない。一九七六年のアメリカ海軍の調査では、石炭の自然発火説が有力となっている。

だが何の証拠《しょうこ》もないのに「(キューバを支配していた)スペインがメイン号を沈没《ちんぼつ》させた」という新聞のセンセーショナルな報道合戦が世論を動かし、民衆は「メイン号を忘れるな」と大合唱するようになった。こうしてアメリカは、スペインと開戦するかっこうの口実を得た。

ウィリアム・ランドルフ・ハースト(一八六三〜一九五一)が発行する『ニューヨーク・ジャーナル』紙に駆《か》り立てられ、どの新聞もこの米西戦争についてさかんに嘘《うそ》を流すようになり、こうして「フェイクニュース(嘘《うそ》のニュース)」というフレーズが誕生した。

『セントポール・グローブ』紙は、紙面一面に「戦争のフェイクニュースは掲載《けいさい》せず」というモットーを載《の》せたほどである。

アメリカは「キューバをスペインから独立させる」という口実で、スペインと開戦した。しかし四カ月で勝利をおさめると、態度を一変させ、「スペインに代わる領主になりたかっただけ」という本音をあらわにした。

このアメリカの嘘《うそ》のせいで、アメリカとキューバは現在も対立している。

月をめぐる米ソの競争と月面着陸をめぐる陰謀論《いんぼうろん》

人類が月を目指したころ、アメリカとソ連は月面探査をめぐって激しく競《きそ》いあった。

ソ連は一九五九年、人類初の探査機の月面到達《とうたつ》に成功した。その後も無人探査機を月面に着陸させるなど、さまざまな功績をあげ、宇宙開発競争でアメリカをリードしていた。

すると一九六〇年代初頭、アメリカのケネディ大統領はあることを思いついた――アメリカがソ連を追い抜《ぬ》くには、有人宇宙船を月面に着陸させたうえで、宇宙飛行士たちを無事に帰還《きかん》させるしかない！

そう考えたのは、アメリカがソ連より軽量の宇宙船を開発していたからだった。

その結果、一九六九年七月二〇日、アポロ11号は着陸船イーグル号を月面に着陸させ、二名の宇宙飛行士――ニール・アームストロングとバズ・オルドリン――が降りたち、月面を歩いた。ふたりは二時間半滞在《たいざい》し、旗を立てたあとに離《はな》れた。

この出来事は静止画像とともにスロースキャン（低速走査）・テレビジョンで録画され、全世界の約五億三〇〇〇万人が視聴《しちょう》した。

その後もアメリカのＮＡＳＡは一九六九年から一九七二年にかけて、六回の有人月面着陸に成功し、一二名の宇宙飛行士が月面に降りたった。

人類初の月面着陸は大成功ともてはやされた。にもかかわらず、「人類初の月面着陸は嘘《うそ》だ」「そんな事実はなかった」という声が一部で上がるようになった。「月面着陸はフェイク」説がとくに流行したのは一九七〇年代だが、現在でも残っている。

陰謀論者《いんぼうろんしゃ》の主張によると、NASAの目的は、宇宙戦争でソ連に勝ったと主張することらしい。

だがおもしろいことに、もともと陰謀論《いんぼうろん》好きで、今回の陰謀論《いんぼうろん》では被害者《ひがいしゃ》のはずのロシア人は、この陰謀論《いんぼうろん》を一度も支持しなかった。月面着陸を証明する科学的証拠《しょうこ》がそろいすぎているせいもあるが、当時、ソ連の宇宙科学は秀《ひい》でていた。

そこでソ連はアメリカ人の陰謀論《いんぼうろん》には乗らず、「そもそも宇宙開発競争というのは作り話、ソ連は最初から競争などしていない」という独自の嘘《うそ》を展開した。

後にソ連の宇宙センターを訪問したアメリカの宇宙飛行士たちは、このソ連の嘘《うそ》に反論している。

ニクソン大統領とカーター大統領

一九七二年に起きたウォーターゲート事件（七二年の大統領選挙運動期間中、共和党の選対関係者らがワシントンDCにあるウォーターゲートビルの民主党本部に盗聴器《とうちょうき》をしかけようとした事件）では、ニクソン政権の不正や嘘《うそ》が次々と暴《あば》かれた。

一九七四年、大統領選に出馬したジミー・カーターは、アメリカ政府による嘘《うそ》を公然と非難し、自分は嘘《うそ》をつかないと約束した。カーターは回顧録《かいころく》の中で、こう書いている——「国民がずっと聞かされてきた数々の嘘《うそ》を、私は深く憂慮《ゆうりょ》した。アメリカはベトナム、カンボジア、チリや他の国々に介入《かいにゅう》し、政治政策や軍事方針を決めてきたし、CIA（米中央情報局）は殺人などの犯罪計画に関《かん》与《よ》していた。だが政府はそういった数々の恥《は》ずべき行動を隠蔽《いんぺい》し、嘘《うそ》でごまかした」

カーターは約束を守ろうと努力した。大統領時代のカーター（在任一九七七〜八一）は、まったく嘘《うそ》をつかなかったことはたぶんないだろうが、ほとんど嘘《うそ》をついていない。

レーガン政権の嘘《うそ》：イラン・コントラ事件

しかしアメリカは、カーター政権によって嘘《うそ》の歴史に終止符《ふ》を打ったわけではなかった。

一九八六年、カーター政権の後のレーガン政権（一九八一〜一九八九）が、三重の嘘《うそ》をついていたことが発覚したのだ（いわゆるイラン・コントラ事件）。

当時、アメリカは表向きには、テロ支援《しえん》国家のイランに対し、武器輸出も公式な交渉《こうしょう》も禁じていた。しかしレーガン政権は、「一　レバノンでシーア派テロリスト集団に捕《つか》まったアメリカ人の解放を条件に、イランと裏取引」をし、「二 シーア派テロリストの後ろ盾《だて》だったイランに武器を売った」。さらに「三 武器売却《ばいきゃく》で得た代金を、今度は議会で禁じられていたニカラグアの反政府右派ゲリラ、コントラへの援助《えんじょ》に流用した」。

レーガンは「コントラ」を「建国の父」になぞらえたが、実際の「コントラ」は、独裁政権の復興をもくろみ、コカインの密売で資金を稼《かせ》ぐ、反政府ゲリラにすぎなかった。

当初、レーガンは事実を全面否定したが、すぐに「イランへの武器供与《きょうよ》に承認を与《あた》えた」ことは認めた。そして、イラン・コントラ事件で重要な役割を果たした海兵隊のオリバー・ノース中佐（一九四三～）は、これらの非合法な取引で起訴《きそ》された。ノース中佐は「本件は機密扱《あつか》いの秘密工作」であり、そのような工作は「本質的に嘘《うそ》をともなうものだ」と述べている。

「国家安全保障上の利益」のために「嘘《うそ》」は許されるのか。これは、つねに議論の的となっている。もし「政府は秘密を守る必要があり、その権利もある」と認めるならば、それは「政府は時として嘘《うそ》をつく」と認めることになる。

犯罪をおおい隠《かく》す嘘《うそ》

チェコスロバキア生まれの作家ミラン・クンデラ（一九二九～）が書いたように、「世間に身を置き、世間の目を意識したら、嘘《うそ》をついて生きることになる」そして、嘘《うそ》をついてもかまわないと開きなおったら、嘘《うそ》はあらゆる過失だけでなく、犯罪までおおい隠《かく》す手段となりうる。

たとえば、原爆《げんばく》。原爆《げんばく》を開発している最中は嘘《うそ》をつく必要があったとしても、原爆《げんばく》を投下した後まで嘘《うそ》をつく必要はあるのか？

イラン・コントラ事件もそうだ。この事件では「国家安全保障のため」という都合のいい口実で活動が隠蔽《いんぺい》され、ノース中佐は「政府上層部の承認をとりつけていた」「レーガン大統領の命令だと思っていた」と発言した。だが一連の活動は明らかに非合法であり、嘘《うそ》をついてまで守るべき真の国家機密情報は一つもない。

ちなみにノース中佐は起訴《きそ》されたが、「自分はアメリカの利益のために行動した」と主張して英雄《えいゆう》となった。さらに一審《しん》では有罪だったが、上訴審《じょうそしん》で逆転無罪となり、その後、保守派のテレビ番組の司会者となった。この展開を、『ワシントン・ポスト』紙のベン・ブラッドリー編集主幹（一九二一～二〇一四）は芝居《しばい》にたとえ、「役者が良ければ、ひどい台本でも何とかなる」と述べている。

イラン・コントラ事件では全部で一四名が告訴《こくそ》されたが、レーガン自身は告訴《こくそ》をまぬがれた。結局、有罪判決を受けた者のうち、懲役《ちょうえき》を食らったのは、ひとりだけ——一連のスキャンダルで得た収益を過少申告したビジネスマンだけだった。

ブッシュ政権の嘘《うそ》：イラク戦争

二〇〇三年、ジョージ・W・ブッシュ大統領（在任二〇〇一～二〇〇九）は、イラク政府が「大量破壊《はかい》兵器（核《かく》兵器や化学兵器）を保持している」と主張し、それを阻止《そし》するという名目でイラクに侵攻《しんこう》した。

この主張は、典型的な嘘《うそ》。典型的なデタラメだ。「イラクは大量破壊《はかい》兵器を保持している」という話には、何の根拠《こんきょ》もない。イラクの武器について、ゆいいつ現地で確認《かくにん》にあたった査察団は、「大量破壊《はかい》兵器の存在は確認《かくにん》できなかった」と主張している。

それでもブッシュ政権は、すべての事実にあらがって、イラク侵攻《しんこう》に踏《ふ》み切った。

この嘘《うそ》は、政府高官たちのキャリアを深く傷つけた。そのひとり、元陸軍大将のコリン・パウエル国務長官（一九三七～二〇二一）は職務を忠実に遂行《すいこう》し、いっさい証拠《しょうこ》がなかったにもかかわらず、国連でブッシュ大統領の望み通りの主張を展開した――「（イラクの独裁者）サダム・フセインが細菌《さいきん》兵器を保持し、その量を急速に拡大できる状態なのは、疑う余地がない」

だが、それは嘘《うそ》だった。イラク侵攻《しんこう》後、イラクに関する情報は「完全なまちがいだった」とする政府報告書がある。

後にパウエルも、国連でのスピーチは、自分のキャリアにおける汚点《おてん》だと言い切った。パウエルは回顧録《かいころく》『リーダーを目指す人の心得』（二〇一二年刊）の中で、こう書いている――「私は、あのとき問題に気づかなかった自分自身に、一番腹を立てている。直感が働かなかったのだ」

パウエルの言う通り、指導者にとって「嘘《うそ》を嗅《か》ぎつける直感」は欠かせない。

生前パウエルは、「この件は、自分の死亡《しぼう》記事で大きく取りあげられるだろう」と予見していた。実際、二〇二一年に亡《な》くなったときは、その通りになり、イラク戦争での汚点《おてん》によって、パウエルのキャリアは台無しになってしまった。

パウエルは初の黒人アメリカ大統領候補と目されたほどの人物だったのに、政界を引退したのだった。

イギリスのブレア首相の嘘《うそ》

イギリスにもスキャンダルで失脚《しっきゃく》した政治家がいる。カリスマ性があった若き労働党党首、トニー・ブレア元首相（在任一九九七～二〇〇七）だ。

ブレア人気のおかげで、当時、衰《おとろ》えつつあった労働党は復活を遂《と》げた。しかしブレア首相の人気は、二〇〇二年、「イラク政府が大量破壊《はかい》兵器を保持しており、阻止《そし》せねばならない」と宣言したときに終わった。

ブレア首相は「イラクは化学および細菌《さいきん》兵器を保持し、サダム・フセインは大量破壊《はかい》兵器を製造しつづけており、その兵器を四五分以内に使用する可能性があると、イギリスの諜報《ちょうほう》機関が判断した」と国民に述べ、二〇〇三年、イギリスもイラク戦争に参戦すると決めた。

だが二〇〇四年、ブレア首相の主張の根拠《こんきょ》となった報告書を調査した結果、その情報は「信ぴょう性に欠ける」と判断され、「ブレア首相は、不確かな証拠《しょうこ》を必要以上に誇張《こちょう》した」と結論づけられた。

ブレアは判断を早まったことは認めたが、嘘《うそ》はついていないと主張した。しかし多数の政治家が——保守党の党首マイケル・ハワード（一九四一〜）はもちろん、身内である労働党の政治家たちも——「ブレアは報告書の情報を、実際よりも確実であるかのように伝えることで、故意に嘘《うそ》をついた」と断じた。保守党は労働党に対しブレアの党からの除名を求め、なかには政界からの追放を主張する者もいた。

二〇〇九年にはイギリスのイラク戦争参戦の経緯《けいい》を検証する「イラク調査委員会」が設置され、ジョン・チルコット委員長による二〇一六年の報告書は、「ブレアは国民を誤った方向に導き、諜《ちょう》報《ほう》機関の報告書の内容を正確に伝えなかった」と結論づけた。

そもそも諜報《ちょうほう》機関は、ブレアが述べたような主張はしていなかった。

こうしてブレア首相と労働党の人気は急速に衰《おとろ》え、二〇〇七年、ブレアは辞職した。

ブレアがこのスキャンダルから復活することはなかった。

ブッシュの勝利なき勝利宣言

「イラクの大量破壊《はかい》兵器保持」という嘘《うそ》は、すぐにばれる嘘《うそ》だった。もしイラクを占領《せんりょう》できたら、存在しない兵器をでっちあげるしかないことを、ブッシュはわかっていたにちがいない。

それでもブッシュの嘘《うそ》はブッシュの望み通りの成果をあげ、ブッシュはイラク侵攻《しんこう》を果たしたうえ、戦時の大統領はたいてい「国民からの熱烈《ねつれつ》な支持」というボーナスをもらえるので、人気も急《きゅう》上昇《じょうしょう》した。

イラクのサダム・フセイン政権（一九七九〜二〇〇三）が倒《たお》れた直後、アメリカ軍はフセインが所有していたすべての施設《しせつ》を調べたが、化学兵器や細菌《さいきん》兵器を製造していた痕跡《こんせき》はいっさい見つからなかった。大量破壊《はかい》兵器がなかったことについて、イギリスのブレア首相は「何が何だかわからない」と述べたが、ブッシュ政権の関係者で驚《おどろ》いた者はほとんどいなかったにちがいない。

このように、一口に嘘《うそ》と言っても、過去の歴史を書き換《か》える嘘《うそ》もあれば、目前のゴールのためにつく嘘《うそ》もある。

イラクでの正規軍同士の戦闘《せんとう》は、二〇〇三年に終了《しゅうりょう》した。大量破壊《はかい》兵器が見つからなかったにもかかわらず、ブッシュはアメリカの戦争勝利をアピールしようとし、二〇〇三年五月、空母の甲板《かんぱん》で勝利宣言をした。

しかしこれで戦争終結とはならず、イラク国内の治安が悪化し、アメリカ軍はその後もイラクで戦闘《せんとう》を続けた。

結局八年後、オバマ大統領がアメリカ軍を完全に撤収《てっしゅう》させるまで、イラク戦争は終わらなかった。

米国防総省によると、ブッシュが勝利宣言をした後も、イラクでは四三〇〇人を超《こ》えるアメリカ兵が命を落としている。

死傷者数の嘘《うそ》

イラク政府当局者によると、イラクでは約八万五〇〇〇人が死亡《しぼう》し、その多くが民間人だった。

アメリカ政府は死者数をもっと少なく算定していたが、二〇一〇年にウェブサイトのウィキリークス（機密情報を匿名《とくめい》でリーク＝暴露《ばくろ》する告発サイト）がリークした書類によって、アメリカが故意に嘘《うそ》をついたことが暴露《ばくろ》された。アメリカ軍による大量の現地報告書には、イラク人の死者約一〇万九〇〇〇人のうち、六万六〇八一人が民間人だったと書いてあったのだ。

この暴露《ばくろ》が元となり、イラク・ボディー・カウントというＮＧＯ（民間非政府組織）が結成された。この団体は「イラク戦争で死亡《しぼう》したイラクの非戦闘員《ひせんとういん》と民間人の数を、報道から算出する」活動を展開しているが、実際の人数が明らかになることは、おそらくないだろう。

しかしブッシュ政権が過小評価しようとしたのは、たぶんまちがいない。ブッシュは長期にわたる隠蔽《いんぺい》工作の一環《いっかん》として、死傷者数もごまかしたのだった。

近代の戦争では、民間人が危険にさらされる。第二次世界大戦を皮切りに、ほぼすべての戦争で、戦闘員《せんとういん》よりも民間人のほうが多く犠牲《ぎせい》になっている。

しかし嘘《うそ》をついても、高い代償《だいしょう》を支払《しはら》わされるとはかぎらない。

ブッシュ大統領は大嘘《おおうそ》がばれたにもかかわらず、二〇〇四年の大統領選では大接戦の末に再選を果たした。

大統領は、嘘《うそ》をついてもおとがめなし

ドナルド・トランプが次々と嘘《うそ》を重ね、二〇一七年に大統領に就任するころには、「大統領は嘘《うそ》をついても、おとがめなし」となったようだ。

偽証罪《ぎしょうざい》で弾劾《だんがい》された大統領としては、ビル・クリントン（在任一九九三～二〇〇一）が挙げられる。だが、クリントンは戦争を引きおこしたり、死者を出したりしたわけではなく、ホワイトハウスの元研修生との不倫疑惑《ふりんぎわく》で嘘《うそ》の証言をして弾劾《だんがい》された。もちろん宣誓《せんせい》供述で偽証《ぎしょう》するという重大な罪

を犯《おか》したのだから、クリントンの嘘《うそ》が弾劾《だんがい》に値するのはまちがいない。

だがビル・クリントンは、下院で訴追《そつい》されたものの、上院の弾劾《だんがい》裁判では有罪評決をまぬがれた。有罪にならなかったのは、ビル・クリントンがホワイトハウスの実習生との不倫《ふりん》についてついた嘘《うそ》が「政府を脅《おびや》かし、罷免《ひめん》を正当化するレベルの重大な犯罪」と考えた議員がほとんどいなかったからだった。

月面着陸にまつわる陰謀論《いんぼうろん》

では、アメリカ政府の言うことは何も信じられないのか？　たとえば、宇宙飛行士の月面着陸は嘘《うそ》だったのか？

他のスキャンダルでは、嘘《うそ》だと暴露《ばくろ》する証人が現れた。しかし月面着陸に関しては、月面着陸に関《かか》わった約四〇万人の技術者、科学者、エンジニア、工作機械オペレーター、宇宙飛行士の誰《だれ》ひとりとして、「月面着陸は捏造《ねつぞう》」説を支持していない。

嘘《うそ》を暴《あば》くには証言者が欠かせないが、その証言者が存在しないのだ。

数多くの陰謀論《いんぼうろん》と同じく、「月面着陸は嘘《うそ》」という陰謀論《いんぼうろん》も、科学を無視している。

月面着陸を否定する陰謀論者《いんぼうろんしゃ》は、「録画テープと写真が嘘《うそ》っぽい」と主張する。確かに、どちらも嘘《うそ》っぽく見える。月面での撮影《さつえい》は人類初なので比較《ひかく》しようがないが、映像が粗《あら》っぽく、期待したほどの品質ではない。

さらに陰謀論者《いんぼうろんしゃ》は、写真の中でアメリカ国旗が風ではためいているのを、捏造《ねつぞう》の最大の証拠《しょうこ》だと主張する。ほら見ろ、月面で風は吹《ふ》いてないぞ、というわけだ。

しかし月面の旗は、はためいているわけではない。テレビの視聴者《しちょうしゃ》によく見えるように、旗は水平にのびた棒から吊《つ》るされていたのだが、この棒を完全に伸《の》ばすことができず、旗に波模様ができただけだ。

「じゃあ、なぜ空に星がないのか？」と、陰謀論者《いんぼうろんしゃ》は問いかける。実際には、星はある。ただ月は昼だったから、カメラに映らなかっただけだ。

「光源が太陽だけなら、陰《かげ》にかくれた物体は見えないはず。なのに月面写真では写っている。それは、ハリウッドの照明技術を使ったからだ」と、陰謀論者《いんぼうろんしゃ》は主張する。

だが光源が太陽だけじゃなかったら？　それなら、陰《かげ》にかくれた物体が見えてもおかしくない。実は月では砂が反射する光もあるので、地球の光とは具合がちがうのだ。

もしハリウッドの照明なら、地球の光と同じように照らすだろう。実際、スタンリー・キューブリック監督《かんとく》の『２００１年宇宙の旅』（一九六八年製作）で描《えが》かれた宇宙空間は、地球人の我々には、よりリアルに見えた。

キューブリックはこの映画で、特撮《とくさつ》のために科学者や芸術家の力を借りた。ならばキューブリックは月面着陸の捏造《ねつぞう》にもきっと関《かか》わっているはず、と決めつけた人たちもいる。

だが月面着陸のテープや写真は、映画ほどリアルには見えないからこそ、本物なのだ。

現実の生活は映画の中の生活より当然リアルなのに、我々はそれに気づけないこともある。映画こそリアルだと思ってしまう人は少なくない。

科学が証明する月面着陸

全六回の有人月面着陸が現実だということは、数多くの科学が証明している。

たとえばレーザー光線と望遠鏡さえあれば、三台のリトロリフレクター――どの方向から来た光でも、元の方向に返す特殊《とくしゅ》な反射鏡――にレーザー光線を反射させ、地球と月の正確な距離《きょり》が測定できる。このリトロリフレクターは、アポロ11号と14号と15号がそれぞれ設置したものだ。まあ、ほとんどの人には――もちろん僕《ぼく》も――ちんぷんかんぷんだろうが、月面着陸が真実かどうか悩《なや》んでいるなら、勉強してやってみればいい。

二〇〇九年、ＮＡＳＡの月周回無人衛星は、アポロ宇宙船の着陸地点の高解像度写真を送信するようになった。その写真を見れば、月面に着陸したすべてのアポロ宇宙船の痕跡《こんせき》を――史上初の有人月面着陸に成功したアポロ11号の着陸地点も、宇宙飛行士たちの足跡《あしあと》も――確かめることができる。

だが、これだけ証拠《しょうこ》がそろっているにもかかわらず、世論調査によると、アメリカ人の六パーセントはいまだに「月面着陸は捏造《ねつぞう》」だと信じている。

ちなみに人類初の月面歩行をした宇宙飛行士のバズ・オルドリンは「アポロ11号の宇宙飛行は嘘《うそ》だ」と言った相手を殴《なぐ》ったことがある――と言われているが、この話も嘘《うそ》かもしれない。

嘘《うそ》だとしめす大量の証拠《しょうこ》があっても、すべての人を納得《なっとく》させることはできない。なかには、嘘《うそ》だと主張することで満足している人もいる。

8

強《きょう》烈《れつ》な嘘《うそ》つきたちと媒《ばい》体《たい》

変わりゆく媒体《ばいたい》と、変容する嘘《うそ》

あらゆる愚《おろ》か者に共通するのは、
自分は公民権と果実を奪《うば》おうとする謎《なぞ》の陰謀《いんぼう》の
犠牲《ぎせい》になっている、という信念だ。
――――H・L・メンケン（アメリカのジャーナリスト 1880～1956）

オーウェルが描《えが》いた将来

イギリスの作家ジョージ・オーウェル（一九〇三〜一九五〇）がディストピア小説『一九八四年』で描《えが》いた全体主義の将来像は、不気味なほど的中している。

一九八四年には多くの人が、オーウェルの悪夢が実現すると待ち構えていた。しかし一九八四年は、とくに激変と言えるほどの出来事は起きずに通りすぎた。「（一九八四年には）保守派の俳優ロナルド・レーガンが、あろうことか大統領になっていた（在任一九八一〜一九八九）」とよく指摘《してき》されるが、大統領を二期務めたレーガンはいろいろやらかしたものの、オーウェルが予言したほどの悪夢は引き起こさなかった。

だがオーウェルの予言には、もっと時間が必要だったようだ。今世紀は、まさに『一九八四年』の世界に刻々と近づいているように思える。

オーウェルの『一九八四年』では、世界は三つの超《ちょう》大国に分かれ、たがいに牽制《けんせい》しあっている。その三つの超《ちょう》大国とは、「オセアニア（英語圏《けん》）」と「ユーラシア（ヨーロッパ大陸とロシア）」と「イースタシア（中国を中心とした地域）」。それぞれが残り二つを抑制《よくせい》しようと動くことで、三つのバランスがとれている。『一九八四年』が描《えが》く世界は、出版された一九四九年当時には突飛《とっぴ》すぎると思われたが、現在の世界にぴったり当てはまっている。

オーウェルの描《えが》く世界では、部屋でも集会所でもオフィスでも、あらゆる場所に少なくとも一台は「政府が完全に支配するテレスクリーン」が設置されている。この架空《かくう》のスクリーンは、今では「監視《かんし》カメラ」という形で存在している。中国のような数少ない例外をのぞけば、監視《かんし》カメラは完全に政府の支配下にあるわけではなく、全体主義の道具とは言えないが、自由のための道具とも言い切れない。

新しいアイデアにつけこむ嘘《うそ》つきたち

「政府はインターネットに何らかの規制をかけるべき」という声が高まるにつれて、やっかいな問題が生じた。「政府はどこまで規制すればいいのか?」という問題だ。

そもそもインターネットは、「アイデアを自由に出しあい、誰《だれ》の意見であっても無視されず、意見のやりとりを誰《だれ》も支配しない」のが基本概念《がいねん》だったはず。

となると、この基本概念《がいねん》は、現代の最大の嘘《うそ》ということになる。といっても、インターネットが人々を嘘《うそ》つきに変えるわけではない。インターネットのような「人間のコミュニケーションの新しいアイデア」が登場するたびに、嘘《うそ》つきがそれにつけこんできただけだ。

たとえばアルファベットと文字の発明は、プラトンも認めたように、嘘《うそ》つきに途方《とほう》もないチャンスを与《あた》えた。さらに印刷機が発明されたことで、嘘《うそ》はより速く、より広く、伝わるようになった。

新たな嘘《うそ》の媒体《ばいたい》：料理本

印刷物といえば、なんと料理本が宣伝活動に使われたこともある。

一七世紀のイギリスでは、国王チャールズ一世（在位一六二五〜一六四九）を処刑《しょけい》し、イングランド共和国を樹立したオリバー・クロムウェル（一五九九〜一六五八）と、国王を支持する王党派が、激しく対立した。クロムウェルが一六五八年に病気で亡《な》くなると、王党派はチャールズ二世を国王に迎《むか》えて君主制を復活させたが、政治的対立はなおも続き、クロムウェルは墓を暴《あば》かれ、その遺体は数回「処刑《しょけい》」された。だがどれ一つクロムウェルの遺体ではなかった可能性もあり、クロムウェルの首は二〇世紀になるまで、各地で保管されていた。

そのさなか、クロムウェルの死後の一六六五年に、『死した強奪者《ごうだつしゃ》の妻、エリザベスの宮廷《きゅうてい》とキッチン』という料理本が出版された。「強奪者《ごうだつしゃ》」とはオリバー・クロムウェルを指しており、歴史家たちによると、料理のレシピはまちがいなくクロムウェル家のものだった。

しかし料理本の作者は、クロムウェルの妻エリザベスではない。エリザベスは政治の表舞台《おもてぶたい》に出ることを避《さ》け、何一つ書き残さなかった。

しかも料理本なのに、中身は「亡《な》き夫に対する強烈《きょうれつ》な非難」ばかりだ。

この料理本は公然たるクロムウェル非難でしかなく、新たな嘘《うそ》の媒体《ばいたい》として利用されたのだった。

新たな嘘《うそ》の媒体《ばいたい》：新聞とラジオ

新聞が登場したのも、このころだ。三世紀以上あとに登場したインターネットと同じく、新聞は真実にも嘘《うそ》にも途方《とほう》もないチャンスを与《あた》えた。

大判の紙に印刷して公開されたアメリカ独立宣言のように、折られていない一枚の紙に記事が掲《けい》載《さい》された形式の新聞や、小冊子のパンフレットも、この時期に登場した。

インターネットがなかった時代、嘘《うそ》を広める途方《とほう》もないチャンスとなった媒体《ばいたい》としては、ラジオも挙げられる。ラジオという言葉が世間に広まったのは、ラジオが絶頂期を迎《むか》えた二〇世紀になってからだが、ラジオは一九世紀を通して実験的に使われた。

嘘《うそ》つきにとってラジオは、まさに夢のような道具だった。

「印刷物によるプロパガンダ（主義や思想の宣伝）の激増」と「ラジオの発展」の間のどこかで、大きな嘘《うそ》の性質が変わった。

嘘《うそ》の変容

かつての大きな嘘《うそ》は、真実よりも支持を集める目的で流された嘘《うそ》の声明だった。しかし権力を求める人々は、嘘《うそ》によって現実を変え、真実とはちがうもう一つの事実——いわゆる「オルタナティブ・ファクト」——を作りだせることに気づきはじめた。

二〇世紀のドイツの哲学者《てつがくしゃ》ハンナ・アーレント（一九〇六〜一九七五）は、インターネット時代が到来《とうらい》する前に、こう書いている——「昔の人は真実を犠牲《ぎせい》にすることで、論争に一時的に勝てればそれで満足した。しかし現代人は現実を犠牲《ぎせい》にすることで、より長く続く勝利を求めている」

巧《たく》みな嘘《うそ》つきになるのに、論理を巧妙《こうみょう》にすりかえる技術はもはや必要ない。代わりに必要なのは、大胆《だいたん》さだ。ジョージ・オーウェルの言葉を借りれば、ダブルスピーク（二重表現）を紡《つむ》ぐ能力。すなわち、矛盾《むじゅん》するAとBという思想を両方とも熱心に擁護《ようご》し、その矛盾《むじゅん》をうまくごまかす能力だ。

ソ連やナチ党などの独裁政権や、アメリカの保守的な政治家の支持者たちや、反啓蒙《けいもう》主義の急先鋒《きゅうせんぽう》の人たちにとって、民主主義はダブルスピークのかっこうのターゲットとなった。民主主義は不正でペテンだが、同時に自分は民主主義の擁護者《ようごしゃ》だと、矛盾《むじゅん》することを主張したのだ。

その最終的な目的は、大混乱を引きおこし、民衆に真実と嘘《うそ》を見分ける努力をあきらめさせるこ

とである。

二〇一六年、ガルリ・カスパロフ（元チェス世界チャンピオンで、現在はロシアの民主化運動に尽力《じんりょく》一九六三〜）も「現代のプロパガンダは、誤った情報を流したり、偏《かたよ》った思想を強引《ごういん》に広めたりすることにとどまらない。現代のプロパガンダは、ユーザーの批判的な思考を疲《つか》れさせ、真実を滅《ほろ》ぼす」とツイートし、警告している。

嘘《うそ》つきの「真実」

嘘《うそ》つきが好んで使う策略は、「嘘《うそ》だと暴《あば》かれるからこそ、真実なのだ」と主張することだ。

たとえばドナルド・トランプは、定評のある報道機関に自分がついた嘘《うそ》を次々と暴《あば》かれると、「フェイクニュースが嘘《うそ》だと言うから、真実なのだ」と開き直った。

ヒトラーも、「『シオン賢者《けんじゃ》の議定書』が捏造《ねつぞう》だという証拠《しょうこ》があるのは、議定書が本物である証拠《しょうこ》に他ならない」と強弁した。本物でなければ、ユダヤ人がわざわざ反論したりしない、というこじつけだ。

ジョージ・オーウェルも『一九八四年』の中で、「党は民衆に、自分の目で見て、自分の耳で聞いたことを拒絶《きょぜつ》せよ、と命じた」と書いている。

もはや嘘《うそ》は真実を否定するだけにとどまらず、新しい真実を作りだすようになった。スペインの独裁者フランシスコ・フランコ（一八九二〜一九七五）は、かつてこう述べている――「我々は、いついかなるときも、我々の真実を粘《ねば》り強く守らなければならない」

成功した嘘《うそ》つきは、自分の支持者だけが信じる特別な真実を作りだす。その目的は、反対者を説得することではなく、支持者をあおることだ。支持者の望み通りの真実ならば、支持者が疑問を抱《いだ》くはずがない。

新たな嘘《うそ》の媒体《ばいたい》：強まるラジオの力

一九三〇年代、嘘《うそ》つきにとってラジオは、これまでにない最強の武器となった。

現代では「ソーシャルメディアはもっともらしい作り話をあっという間に広めて、パニックを呼びかねない」とよく言われるが、これは今に始まったことではない。

大聴衆《だいちょうしゅう》を惹《ひ》きつけたかつてのラジオも、同じだった。

フランクリン・ローズベルト大統領（在任一九三三〜一九四五）は、このラジオの威力《いりょく》に最初に気づいたひとりだ。一九三三年、ラジオのニュースレポーターとして大人気を博したロバート・トラウト（一九〇九〜二〇〇〇）は、ローズベルト大統領をこう紹介《しょうかい》した――「大統領はあなたの家に出向き、暖炉《だんろ》のそばに座って、ちょっとしたおしゃべりをしたいと思っているのです」

ローズベルト大統領は、この『炉辺談話《ろへんだんわ》』を一〇年近くラジオで定期的に流し、世界大恐慌《だいきょうこう》や第二次世界大戦について、家にいる国民に語りかけた。「大統領がCBSラジオで炉辺談話《ろへんだんわ》をする」とトラウトが初めて告知したときは、約四一パーセントの国民がラジオをつけた。その聴取率《ちょうしゅりつ》は、ローズベルトが大統領として二期目を迎《むか》えたときには、約九〇パーセントにまで跳《は》ね上がった。

ラジオは、他の新しいメディアと同じく、良いように利用されることもあれば、悪用されることもある。その典型は、『シオン賢者《けんじゃ》の議定書』を「ユダヤ人による陰謀《いんぼう》の証拠《しょうこ》」と主張した、あのカトリック教会のチャールズ・カフリン司祭（一八九一～一九七九）だ。一九三〇年代、カフリン司祭は全米で約三〇〇〇万人のリスナーを誇《ほこ》る人気ラジオ番組のホストを務めていたのだが、その番組はどんどん反ユダヤ色を鮮明《せんめい》にし、もっぱら感情に訴《うった》えて国粋的《こくすいてき》な思想を宣伝するようになった。

一九三八年には、ラジオドラマが全米にパニックを引きおこした。俳優オーソン・ウェルズ（一九一五～一九八五）が『マーキュリー放送劇場』という番組で流した、H・G・ウェルズ（一八六六～一九四六）のSF小説『宇宙戦争』（一八九八年刊）が原作のラジオドラマだ。このドラマはあまりに真に迫《せま》っていたため、全米の国民が「火星人による地球侵略《しんりゃく》」を信じて、大パニックを起こしてしまった。

これは政治活動とは無縁《むえん》だったが、ラジオの威力《いりょく》を見せつけることになった。

宣伝大臣ヨーゼフ・ゲッベルス

ラジオを最大限に活用した大嘘《おおうそ》つきとしては、ヒトラー政権で宣伝大臣を務めたヨーゼフ・ゲッベルス（一八九七～一九四五）が挙げられる。ゲッベルスはラジオを利用して、ヒトラーの人気を高めた立役者だ。といっても「ラジオのせいでドイツ国民はヒトラーを支持した」とラジオを非難するのは、「ソーシャルメディアのせいでドナルド・トランプがのしあがった」とソーシャルメディアを責めるのと変わらない。最終的には国民が選んだのだから、責任はあくまで国民にある。

ナチ党は、第一次世界大戦（一九一四～一九一八）でドイツが屈辱的《くつじょくてき》な敗北を味わい、経済が崩壊《ほうかい》した混乱に乗じて、人気を博すようになった。にもかかわらず、ゲッベルスは恥《は》ずかしげもなく、ヒトラーの台頭はひとえにラジオの功績と見なした。

「ラジオがなければ、我々が権力を握《にぎ》ったり、権力を今のように利用したりすることはできなかっただろう」と、ゲッベルスは語っている。

ゲッベルスは嘘《うそ》をでっちあげただけでなく、約一〇〇〇名もの人員を使って、主にラジオ放送のために嘘《うそ》を大量生産した。

さらにゲッベルスは大衆にナチ党の放送の周波数しか拾えないラジオ受信機を配り、「党公認のラジオを持っているのは、優秀《ゆうしゅう》なナチ党員の証《あかし》である」と吹《ふ》きこんだ。

「ヒトラー総統はドイツと世界に明るい未来をもたらしてくれる、神のような天才だ」という総統伝説をでっちあげたのも、ゲッベルスだった。そしてラジオは、ナチ党の侵攻《しんこう》を無理やり正当化する理由を広めるために利用された。

この正当化は、ヒトラーがゲッベルスに命じて、捏造《ねつぞう》させたものでしかない。だが正当化に真実味があろうと、なかろうと、ヒトラーはどうでもよかった。プロパガンダに信ぴょう性など必要ない。ヒトラーが言ったように「勝者は、真実を述べたかどうか、たずねられたりしない」からだ。

哲学者《てつがくしゃ》の警告

第二次世界大戦（一九三九〜一九四五）では、連合国（アメリカ、中国、イギリス、ソ連、フランスなど）も枢軸国《すうじく》（日本、ドイツ、イタリアなど）も、戦争のためにラジオでしきりに世間をあおった。

一九四五年に終戦を迎《むか》えると、ロシア出身のフランスの哲学者《てつがくしゃ》アレクサンドル・コイレ（一八九二〜一九六四）は危機感を覚え、こう述べている。

「今ほど嘘《うそ》が横行している時代はない。嘘《うそ》がここまで厚かましく、組織的に、絶え間なく流された時代はない」――コイレが非難したのはラジオだが、まるで現代人がソーシャルメディアに文句を言っているみたいだ。

コイレにとってラジオは、嘘《うそ》製造機の最新版にすぎなかった。その証拠《しょうこ》に、コイレはこうも書いている――「今の嘘《うそ》は、かつてないほど大規模で、完璧《かんぺき》に機能している。書き言葉、話し言葉、新聞、ラジオといった技術の進歩はすべて、嘘《うそ》に貢献《こうけん》している」

なかでもコイレは、「今の嘘《うそ》は昔の嘘《うそ》とはちがう」ことに注目した。マスメディアのせいで、「現代の嘘《うそ》は大量に吐《は》き出され、大量に消費されるという、際《きわ》だった特徴《とくちょう》がある。そして大衆向けの製品は、とくに知的生産に関《かか》わるものは、低い水準へと流されやすい」

大嘘《おおうそ》つきのターゲット

レーニン、スターリン、ヒトラーといった現代の大嘘《おおうそ》つきは、コイレが指摘《してき》した重要なポイントをわかっていた。それは、「無教養の人をターゲットにする」ということだ。

たとえばゲッベルスはこう言っている――「大衆はたいてい、こっちが想像するより単純だ。ゆえにプロパガンダはつねにシンプルで、何度も繰《く》り返さなければならない」

だからこそ、ジョージ・W・ブッシュは名門エール大学卒で家柄《いえがら》もいいのに、わざとゆっくりと、気取らない口調でしゃべったのかもしれない。

ドナルド・トランプのツイートはスペルミスや文法上の誤りが多く、よくバカにされる。これは意図的なものではなく、素《す》のトランプなのかもしれないが、トランプがターゲットの特徴《とくちょう》を理解しているのはまちがいない。

ラッシュ・リンボー

現代でもラジオは衰退《すいたい》せず、驚《おどろ》くほど持ちこたえている。意外なことに、テレビの時代になっても廃《すた》れていない。

テレビは今でこそ薄《うす》くなったが、昔のテレビは大きく、厚みがあった。それに比べ、ラジオは小さくて持ち運べ、車に搭載《とうさい》することができた。一九五四年には、初の携帯用《けいたいよう》ラジオも売りだされている。

ラジオが世に出回ることで、質の高いニュースが広まったのは事実だ。しかしラジオの普及《ふきゅう》は、野心家のカフリン司祭に活躍《かつやく》の場を与《あた》えることにもつながった。

電話をかけてきたリスナーとのおしゃべりのみで構成されるラジオトーク番組は爆発的《ばくはつてき》にヒットし、後のソーシャルメディアにおける嘘《うそ》の文化の土台となった。

ラジオトーク番組は、ラジオパーソナリティの意見を、誰《だれ》にも邪魔《じゃま》されることなく、ノンストップで垂れ流せる。その意見は人種差別や性差別を含《ふく》む内容や、ばかげた嘘《うそ》かもしれないが、文句を言って邪魔《じゃま》する人がいないので、何を言っても問われない。リスナーからの電話は選別され、気に入らないリスナーからの電話なら、冷やかしたり途中《とちゅう》で切ったりもできる。

もっとも成功したラジオパーソナリティのラッシュ・リンボー（一九五一〜二〇二一）は亡《な》くなるまで、辛辣《しんらつ》な偏見《へんけん》と嘘《うそ》を盛大にまき散らした。リンボー以前のラジオトーク番組は主に地域限定だったが、リンボーは一九八八年、全国放送のラジオ局で職に就《つ》き、たちまち五〇〇万人ものリスナーを抱《かか》えるようになった。

リンボーの毒舌《どくぜつ》偏見《へんけん》の一例をあげると、ＮＢＡ（北米のプロバスケットボールリーグ）所属の二つのチームがコートで乱闘騒《らんとうさわ》ぎを起こしたとき、リンボーはそれを「ヒップホップ・カルチャーのオンパレード」と表現して、黒人を揶揄《やゆ》した。人種差別主義者のレッテルを貼《は》られるのは承知のうえで、「（ＮＢＡじゃなくて）ＴＢＡ（Thug Basketball Association　暴漢バスケットボール協会）と呼ぼう。やつらはチームじゃない。ただのギャングだ」とも言っている。

他にも「フェミニズムは、不細工な女どもが社会の中心的存在になれるように作られたものだ」といった、無礼きわまりない発言を連発することで、リンボーは大人気を博した。

「大きな嘘《うそ》を巧妙《こうみょう》に流す嘘《うそ》つき」の例にもれず、リンボーも大衆が聞きたがる嘘《うそ》を提供した。

晩年のリンボーは、「新型コロナウイルス感染症《かんせんしょう》は脅威《きょうい》でも何でもない。ドナルド・トランプに敵対する人々が捏造《ねつぞう》したものだ」と主張した。これは「喫煙《きつえん》とガンは無関係だ」というリンボーの主張と同じパターンだ。リンボーはタバコの副流煙《ふくりゅうえん》のリスクも否定し、リスナーに語りかけた――「副流煙《ふくりゅうえん》が危険というのは、ただのでっちあげだ。すでにWHO（国連の世界保健機関）でも誤解だと立証されているが、その報告は隠蔽《いんぺい》された。副流煙《ふくりゅうえん》に、死につながる危険性はいっさいない。病気を引きおこす主成分すら含《ふく》まれていないんだ」

こうしてヘビースモーカーを続けたリンボーは、七〇歳《さい》で肺がんで亡《な》くなった。

パイオニアたちの誤算

第二次世界大戦中に開発された初のコンピュータは、巨大《きょだい》で動かせない家具のような形をしていた。そのデータ処理能力は、現代の水準でこそあまりに低いが、当時としては驚異的《きょういてき》で、長年の問題を解決する可能性を秘めていた。その問題とは、一言でいうと百科事典だ。

一七五一年に刊行が始まり、後の百科事典の手本ともなった『百科全書』を共同制作したドゥニ・ディドロ（フランスの哲学者《てつがくしゃ》、美術批評家、作家　一七一三〜一七八四）は、「年々、情報が増えるので、いずれ百科事典におさまらなくなる」と警告した。しかし現代のコンピュータは情報を無限に蓄積《ちくせき》できるし、簡単にアクセスできるうえ、相互《そうご》参照までできる。

コンピュータの可能性はそれにとどまらず、コミュニケーション・ツールになりうることも判明した。一九六八年、ふたりのコンピュータ科学者、J・C・R・リックライダー（一九一五～一九九〇）とロバート・W・テイラー（一九三二～二〇一七）は、『通信装置としてのコンピュータ』という論文を発表した。コンピュータに夢を抱《いだ》いていた初期の科学者たちと同じく、ふたりもコンピュータの機能を誇張《こちょう》する楽天家だった――「あと数年もすれば、人間は対面よりもコンピュータを通じて、より効率的にコミュニケーションがとれるようになるだろう」

本当にそうだろうか？　確かに連絡《れんらく》は迅速《じんそく》になったが、なぜ効率的と言えるのか？　効率的とは、何を意味していたのだろう？

コンピュータのパイオニアたちは、カフリン司祭やゲッベルスやラッシュ・リンボーのような人々や、中国やロシアのような非情な一党独裁政権がコンピュータをどう利用するかまでは、深く考えていなかった。米軍はソ連を恐《おそ》れ、コンピュータ・テクノロジーの進歩をソ連との競争と見なした。その米軍も、ソ連がコンピュータ・テクノロジーでアメリカをどんなふうに攻撃《こうげき》するかまでは予見していなかった。

一九六三年、リックライダーとテイラーは全世界のコンピュータをつなぎ、たがいにコミュニケーションをはかるという、地球規模の壮大《そうだい》なコンピュータ・ネットワークを思い描《えが》き、「銀河間コンピュータ・ネットワーク」と名づけて、アイデアをしたためた。そのネットワーク構想には、グラフィックや電子図書館、電子商取引、ネットバンキングやクラウド・コンピューティングなど、現代のネット社会にも通じるアイデアが多数含《ふく》まれていた。

一九六九年一〇月二九日、カリフォルニア大学ロサンゼルス校のコンピュータとスタンフォード研究所のコンピュータが史上初のインターネット接続を果たし、「ＬＯＧＩＮ」というメッセージを約五六〇キロメートル先に移動させることになったが、「ＬＯ」と送ったところでシステムがダウンした。その後、改良が重ねられ、一九七〇年代初頭には二五台のコンピュータをネットワークでつなげるようになった。

マーク・ザッカーバーグ

ＳＮＳの原型となったのは、一九九七年にサービスを開始したサイト『SixDegrees.com』だ。このサイトの名称《めいしょう》は、「世界中のどの二人でも六次の隔《へだ》たりしかない」――すなわち、世界中の人間は、知人を芋《いも》づる式にたどっていけば、六人目でつながれる――というアイデアが由来となっている。『SixDegrees.com』は「つながりのある人だけが書きこめる掲示板《けいじばん》」などの機能を備えており、ユーザーは三〇〇〇万人以上にまでふくれあがった。

一九九〇年代後半から二一世紀の初めにかけては、オンラインの出会い系サービスが人気となった。

一九八四年に生まれたマーク・ザッカーバーグは、そんな広範囲《こうはんい》なコンピュータ・ネットワークが生活の一部となっている新世代のひとりだ。

ザッカーバーグはハーバード大学の学生時代に、女子学生の容姿を格付けするという、かなり失礼な『Facemash.com』というサイトを作り、大ひんしゅくを買った。

その後の二〇〇四年に、SNS、フェイスブックを立ちあげた。

すると全世界の大学の大勢の学生が次々とユーザー登録をし、三年後、ザッカーバーグは富豪《ふごう》となった。

ウィキペディア

オンライン百科事典のウィキペディアは、二〇〇一年に作られた。

「項目《こうもく》ごとに、さまざまな著者が執筆《しっぴつ》する」というのは、一七五一年から『百科全書』を共同制作したディドロの画期的なアイデアだったが、ディドロの想定した筆者は「その分野の専門家」だった。しかしウィキペディアは誰《だれ》でも執筆《しっぴつ》でき、編集もできるうえ、執筆者《しっぴつしゃ》は匿名《とくめい》のことが多く、その専門性を確実に評価する方法はない。不正確な情報が掲載《けいさい》されることもよくあり、いったん掲載《けいさい》されると、他のサイトや投稿《とうこう》に引用されて広まってしまう。

ウィキペディア側は、掲載《けいさい》の可否について、「真実かどうか」ではなく、「検証可能かどうか」で判断していると言う。つまり、掲載《けいさい》の基準を満たしているのは、信頼《しんらい》できる情報源を参照できる投稿《とうこう》のみ、ということになる。

ウィキペディアに書かれた内容の誤りは、意図的な嘘《うそ》というより、単純ミスであることが多い。しかし誤った内容でも、すぐにそれは事実となる。論文や報道発表が一般的《いっぱんてき》にウィキペディアを出典として認めていないのは、正しい判断だ。

だがウィキペディアにも一点だけ、評価できる点がある。ウィキペディアのたいていの記事には、信頼《しんらい》できる情報源のリストが載《の》っている、という点だ。

だからウィキペディアを使うときは、その内容をうのみにするのではなく、まずは信頼《しんらい》できる情報源を当たったほうがいい。

COLUMN
コラム

ウィキペディアは信《しん》頼《らい》できるのか?

『LiveScience』というウェブサイトが提供している、世の中のさまざまな謎《なぞ》に答える「Life's Little Mysteries」というポッドキャストシリーズでは、ジョンズ・ホプキンス大学の天体物理学教授で、ダークエネルギーの存在を提唱した功績が認められているアダム・リース（一九六九〜）に、ウィキペディアの「ダークエネルギー」の記事についてチェックしてもらった。

するとリースは「非常に正確だ。まちがいなく、九五パーセント以上正しい」と評価した。

しかし同番組がドラム奏者のネイト・ドンモイヤーに、ネイトが参加しているインディーズのポップバンド「パッション・ピット」の記事をチェックしてもらったところ、ネイトは、ささいなミスから重大なミスまで、一〇個の事実誤認を発見した。なかには企《き》業《ぎょう》や団体が宣伝目的で書き加えた情報まであった。

「ふざけている。ウィキペディアは二度と信用しない。罪のないささいな嘘《うそ》でも、記事全体の信《しん》頼《らい》性《せい》が失われかねない」と、ドンモイヤーは述べている。

僕《ぼく》も、同じような調査プロジェクトから、ウィキペディアの「バスク人」の記事の評価を頼《たの》まれたことがある。その結果、僕《ぼく》は「ほぼ正確だが、一〇〇パーセント正確ではない」と判断した。これは、ウィキペディアのほぼすべての記事にあてはまる。問題は、どれを信じ、どれを無視するべきか、一般人《いっぱんじん》には区別できないことだ。

ウィキペディアの正確性については、インターネット上でも学界やジャーナリズム界でも、かなり多くの議論が交《か》わされており、議論の多くはウィキペディアが資金提供しているページに掲載《けいさい》されている。

しかし「ウィキペディアの正確性」と「専門家が寄稿《きこう》した複数の百科事典」とを比較《ひかく》した、ウィキペディアから資金提供を受けていない独自の調査もいくつかある。大多数は一〇年以上前のものなのだが（ネットで閲覧《えつらん》可能）、その調査結果をまとめると、「ウィキペディアは正確性に欠けるが、著しく欠けているわけではない」ということのようだ。

僕《ぼく》自身は、ウィキペディアの複数の記事に複数の重大ミスを発見したことがあるので、ウィキペディアの情報は頼《たよ》りにしていない。なんなら、読者のみなさんも試してみるといい。まず、一次資料で自分が勉強している分野からテーマを選ぶ。続いてウィキペディアの記事を読んで、内容が正しいかどうかチェックするのだ。

インターネットで検索《けんさく》すると、ウィキペディアとまったく同じミスがそこらじゅうで見つかることがよくある。ウィキペディアが嘘《うそ》を作りだしているのか、それともネットの嘘《うそ》がウィキペディアに載《の》っているのか、僕《ぼく》にはわからない。ウィキペディア自身はちゃんと記事に取り組んでいて、嘘《うそ》やデマを流す陰謀論《いんぼうろん》には加担していないと、僕《ぼく》は信じている。とはいえ、何者かが嘘《うそ》やデマを流すつもりなら、ウィキペディアの記事にすぐに嘘《うそ》を書き込《こ》めるのも事実だ。

ウィキペディアの正確性については、裁判所も疑問を抱《いだ》いている。二〇〇八年一〇月二三日、テキサス州の第一四地区の控訴《こうそ》裁判所は、「リード式尋問法《じんもんほう》に関するウィキペディアの記事を参考にしてほしい」という控訴人《こうそにん》の訴《うった》えを却下《きゃっか》した。裁判記録の補足説明によると、却下《きゃっか》理由は「ウィキペディアの記事は不特定多数の匿名者《とくめいしゃ》が執筆《しっぴつ》および編集できて、信頼性《しんらいせい》に欠けるため」となっている。

司書や教師は生徒に対し、調べものでは複数の情報に当たるよう助言している。情報源は必ず信頼《しんらい》できるものに限り、情報源の意見が異なるときは主に百科事典の記事を参照し、ウィキペディアはあくまで「とっかかり」としての利用に限る、というアドバイスだ。

根拠《こんきょ》を探し、情報源が信頼《しんらい》できるか考える。

その姿勢は、日々の嘘《うそ》から我が身を守ることにもつながる。

ツイッターと嘘《うそ》つきたち

携帯《けいたい》電話は、一九七三年から徐々《じょじょ》に進化した。初期の携帯《けいたい》電話は高価なうえ、大きくて不格好で、ポケットに入れて持ち運べるようなものではなかった。それが一変したのは二〇〇七年。この年、アップルは初代 iPhone を発売し、それとともにソーシャルメディアが始まった。

iPhone が世に出る一年前の二〇〇六年、ツイッターを共同で設立したシリコンバレーの創業者たちは、「ちょっとした情報の短い発信」「鳥のさえずり」といった意味を持つ「ツイート」という言葉から、社名をツイッターにした。自分たちは言論の自由を強力に擁護《ようご》していると、当時、創業者たちは信じていた。

ツイートは、スマホさえあれば、出先でもできる。だが、手軽なツイッターやソーシャルメディアには、ある問題がある。「友達」とフォロワーと「いいね」に支配される、という問題だ。「友達」とフォロワーと「いいね」の数が多ければ多いほど、その人の重要度は上がる。

嘘《うそ》は大きければ大きいほど大勢の人を惹《ひ》きつける、とヒトラーは述べたが、同じことがソーシャルメディアにも言える。乱暴で奇抜《きばつ》な意見を言えば言うほど、「友達」とフォロワーと「いいね」の数は増えていく。

フェイスブック（二〇二一年より「メタ」と社名変更《へんこう》）はこの現象に気づいていたのに、責任を否定している。フェイスブックのニック・クレッグ（二〇二二年より国際問題担当プレジデント）は、「強い感情を引き起こす内容が、つねにシェアされる」のは認めつつ、これはフェイスブックの問題ではなく「人間性の問題だ」と強調した。

つまり原因はフェイスブックではなく、あくまで人間のほうにある、とフェイスブックは主張している。

ツイッターのおかげで、世間の注目を一身に浴びたい政治家やセレブのような人々は、ジャーナリズムから事実確認《かくにん》されることなく、自由にメッセージを発信できるようになった。

かつてドナルド・トランプが新聞に取りあげてもらいたい一心で策を弄《ろう》し、時には偽名《ぎめい》や匿名《とくめい》を使ってまで『ニューヨーク・タイムズ』紙に電話していたことは、長年、笑い話となってきた。そのトランプも、ツイッターなら勝手にツイートするだけでいい。

ツイッター創設者のひとり、エヴァン・ウィリアムズ（一九七二〜）は、「誰《だれ》もが自由にしゃべり、情報やアイデアを自由に交換《こうかん》できるようになれば、世の中はひとりでに良くなっていく」と確信していた。その後、ウィリアムズは「落胆《らくたん》した」と言ったが、期待通りにならなかったのは当然だ。

世界中の人と対話を始めたら、史上最強の嘘《うそ》つきや口が達者な詐欺師《さぎし》たちは必ず参戦する。

COLUMN
コラム

ソーシャルメディアの内部告発者

ソーシャルメディア・プラットフォーム（ライン、ユーチューブ、ツイッター、フェイスブック、インスタグラムなど、ソーシャルサービスやアプリの土台となるＳＮＳ）は二〇二一年、「身内」から非難された。

フェイスブックの元従業員でプロダクトマネージャーだったフランシス・ホーゲンが、アメリカ上院の公聴会《こうちょうかい》で、フェイスブックは利用者の安全より自社の利益を優先している、と主張したのだ。

ホーゲンは二〇二一年、米ＣＢＳテレビの報道番組『60ミニッツ』のインタビューで、こう答えている——「私がフェイスブック社内で何度も目にしたのは、社会の利益とフェイスブックの利益との対立でした。そしてフェイスブックは何度も、稼《かせ》ぎを増やすといった、自社の利益を優先させていました」

二〇二一年一〇月の上院小委員会の証言で、ホーゲンはフェイスブックを、「分断、極論、対立を世界規模で拡大するシステム」と称《しょう》し、「フェイスブックは、我々の安全と子どもたちの安全を犠牲《ぎせい》にして利益を確保し、一兆ドル規模の企業《きぎょう》になった。そんなことは、容認できない」と証言した。

フェイスブックは自社が害を及《およ》ぼす危険性を示す調査報告があったのに、それを株主と利用者に隠《かく》した、とホーゲンは非難し、上院で証言した――「私が声を上げたのは、恐《おそ》ろしい真実に気づいたからです。それは、フェイスブック社内で起きていることを、社外の人はほとんど誰《だれ》も知らない、ということです……（中略）……フェイスブックは秘密に活動しているかぎり、誰《だれ》にも説明する義務が生じません。フェイスブックはこれからも、公共の利益に反する道を選択《せんたく》しつづけるでしょう」

ソーシャルメディアが利益を優先する傾向《けいこう》は、二〇二一年九月のロシア総選挙のときにも見られた。

ロシア総選挙の前、グーグルとアップルはそれぞれアプリストアから投票支援《しえん》アプリを削除《さくじょ》した。そのアプリはプーチン政権への対抗票《たいこうひょう》を安全に集める実用的な方法で、「ソーシャルメディアはロシアの選挙に介入《かいにゅう》し、野党を支援《しえん》している」と、プーチン率いるロシア政府から非難されていた。

だがグーグルとアップルがアプリを削除《さくじょ》したのは、「他国への非介入《ひかいにゅう》」という原則に基づいたからではなく、ロシア政府から「アプリを削除《さくじょ》しなければ従業員を逮捕《たいほ》する」と警告され、ロシア市場から締《し》め出されるのを恐《おそ》れたからだろう。

ソーシャルメディア・プラットフォームはたびたび利益を最優先し、こういう問題行動をとる——と、ホーゲンや批評家たちは言う。

しかし、たいていの企業《きぎょう》はそうではないのか？

たとえば映画会社は、非常に儲《もう》かる巨大《きょだい》アジア市場に映画を配給するために、中国政府の求めに応じて内容を変えているし、アメリカの教科書出版会社も、大都市の審査《しんさ》委員会から認可を得るために内容を変えている。

ソーシャルメディア企業《きぎょう》は、そういった企業《きぎょう》より高い行動規範《きはん》を守らなければならないのか？　それとも、すべての企業《きぎょう》が今より高い行動規範《きはん》を守るべきなのか？　欲に目がくらんだソーシャルメディアの悪事は、利益を優先する他の企業《きぎょう》よりも有害なのか？

『ウォールストリートジャーナル』紙は、ホーゲンが持ちだしたフェイスブックの内部文書を調査して、こう結論づけた——「同社は、フェイスブックが利用者に害を及《およ》ぼす欠陥《けっかん》を無数に抱《かか》えていることを、つぶさに把握《はあく》していた。しかもたいていの欠陥《けっかん》は、同社でなければ完全に理解できないものだった」

同紙の記事によると——「この内部文書には、社内調査でフェイスブックの数々の悪影《あくえい》響《きょう》が明らかになっていたことが、何度も書かれている。しかし公聴会《こうちょうかい》が開かれ、改善を約束し、たびたびメディアで暴露《ばくろ》されたにもかかわらず、同社は悪影響《あくえいきょう》を正そうとはしなかった。この内部文書は、フェイスブックの問題点が社内で広く知れ渡《わた》り、最高責任者本人も把握《はあく》していた実態を、これまでで一番鮮明《せんめい》に描《えが》きだしたと言っていい」

またアメリカの大手総合情報サービス会社ブルームバーグも、内部文書からわかることとして、偽《にせ》情報を調査していたフェイスブックのスタッフが「フェイスブックは有害情報の拡散に寄与《きよ》している」「偽《にせ》情報を除外する取り組みは、政治的配慮《はいりょ》によって損《そこ》なわれている」と結論づけていた点を挙げている。

内部告発者のホーゲン自身は「ソーシャルメディアの問題は解決できる」と信じており、自身のウェブサイトにこう書いている——「最高の人間性を引きだすソーシャルメディアを、我々はきっと作りだせる」

最近では「ソーシャルメディアは規制すべきだ」と、誰《だれ》もが考えるようになってきている。だが具体的な方法は、「自由な意見交換《こうかん》をどう確保するか」という、微妙《びみょう》で難しい問題をはらんでいる。

幻想《げんそう》という戦略

一七世紀のフランスの作家で、数々の名言で知られるモラリストのフランソワ・ド・ラ・ロシュフコー（一六一三〜一六八〇）は、「この世で成功するためには、成功者に見えるよう、できるかぎりの努力をしなければならない」と述べた。

この「努力」の場として、ソーシャルメディアは最高の舞台《ぶたい》となる。偽《にせ》情報とそれらしい写真を大量に発信すれば、誰《だれ》でも強烈《きょうれつ》な幻想《げんそう》を作りあげられるからだ。

幻想《げんそう》は、ソーシャルメディアが登場するはるか以前から、効果的な戦略として利用されてきた。ジョージ・W・ブッシュ大統領が空母の甲板《かんぱん》で「イラク戦争勝利」という幻想《げんそう》をアピールしたときは失敗したが、ロシアのレーニン（一八七〇〜一九二四）の戦略は成功した。

レーニンの幻想《げんそう》戦略：ロシアの十月革命

ロシアでは一九一七年一一月（ロシア暦《れき》一〇月）、ペトログラード（現サンクトペテルブルク）で武装蜂起《ほうき》が発生した。社会主義政権樹立につながるこの事件は「十月革命」と呼ばれているが、いっぽうで「ソビエト連邦《れんぽう》の最初の嘘《うそ》」と呼ぶ者もいる。

だが「最初の嘘《うそ》」と呼ぶこと自体が嘘《うそ》だ。レーニンとボルシェビキ（ロシア社会民主労働党のレーニン派）は、この一一月の事件の前にもさんざん嘘《うそ》をついてきた。たとえば、ボルシェビキという呼《こ》称《しょう》。レーニンたちは「多数派」という意味を持つ「ボルシェビキ」を名乗ることで、多数派のふりをした。まさに「成功者に見えるよう、できるかぎりの努力をした」わけだ。

しかし実際のボルシェビキは多数派ではなく、革命の中心にもいなかった。

真の意味で革命と言えるのは、ロシア皇帝《こうてい》ニコライ二世を退位させた、同年三月（ロシア暦《れき》二月）の民衆による突発的《とっぱつてき》な大規模デモ（いわゆる二月革命）なのだが、このとき、ボルシェビキは何の準備もしておらず、人数も資金も乏《とぼ》しかった。ボルシェビキのリーダーであるレーニンにいたってはロシア国内にいなかったので、ロシアの君主制が崩壊《ほうかい》した二月革命にはいっさい関《かか》わっていない。

そのレーニンが「革命のリーダー」を気取るには、もう一回革命を引きおこし、二月革命後に組織されたロシア臨時政府を転覆《てんぷく》させる必要があった。

そこでレーニンは一計を案じ、一九一七年一一月にペトログラードで「革命が起きた」「ボルシェビキが労働者のための国家を樹立した」と一方的に宣言した。

この「巧妙《こうみょう》なごまかし」は功を奏し、臨時政府はあっという間に崩壊《ほうかい》し、レーニンは「革命のリーダー」という望み通りのものを手に入れた。

レーニンは「革命のリーダー」のふりをしただけなのに、それは大きな嘘《うそ》として世間に広まった。

セルゲイ・エイゼンシュテイン監督《かんとく》（一八九八〜一九四八）の映画『十月』（一九二八年製作）では、怒《いか》りに駆《か》られた民衆がいっせいに冬宮（二月革命によって成立した臨時政府の拠点《きょてん》）を襲撃《しゅうげき》したようなイメージを作りあげたが、実際には起きていない。にもかかわらず、ロシア十月革命のイメージとして、長く後世に残った。

レーニンの度肝《どぎも》を抜《ぬ》く戦略は、にわかには信じがたいほど大胆《だいたん》だったので、今でも大多数の人は、実際に起きたことではなく、「映画バージョンの革命」を信じている。

かたや現代では、ソーシャルメディアを使って「成功したふりをして、望み通りの成果をあげる」のは大それたことではなく、実際、よく行われている。

現代の自撮《じど》り戦略

もし「映画のような裏付け」が欲しいとしても、今はエイゼンシュテインのような監督《かんとく》は必要ない。やらせ動画の投稿《とうこう》ならば、誰《だれ》でもできる。

イスラム過激派組織ＩＳＩＳ《アイシス》（イラク・シリア・イスラム国の略。預言者ムハンマドの後継者《こうけいしゃ》＝カリフを首長とするカリフ制の独裁国家樹立を目指す過激な武装組織。ＩＳ＝イスラム国とも）は、最初にイラク北部を攻撃《こうげき》したとき、通常の軍隊のように自分たちの動きを隠《かく》そうとはしなかった。逆にインスタグラムに自撮《じど》り写真をあげ、自撮《じど》り動画も投稿《とうこう》し、ツイッターとフェイスブックで堂々と攻撃《こうげき》を宣言した。実際には人数も武器の量も劣勢《れっせい》だったが、ソーシャルメディアでは無敵を装《よそお》えた。おかげで世界中からボランティアの兵士を募《つの》れただけでなく、自分たちより強い軍隊を怯《おび》えさせ、勝つこともできた。さらに、実際には勝利する見込《みこ》みなどなかったのに、ソーシャルメディアでは「戦闘《せんとう》に勝つ」と宣伝することもできた。

結局は見掛《みか》け倒《だお》しで、長続きしなかったが、一定の成果はおさめられた。

ヒトラーはラジオの時代に、こう予見している――「第二次世界大戦中は襲撃《しゅうげき》の前に大砲《たいほう》を用意したが、将来の戦争では大砲《たいほう》ではなく、革新的なプロパガンダで敵を心理的に混乱させる手法がとられるだろう」

心理的な混乱を引き起こすのに、ソーシャルメディアはまさにうってつけだ。

ソーシャルメディアの登場により、今後、国家間の戦争も変わっていくにちがいない。

中国のインターネット戦略

「オーウェルが小説『一九八四年』で描《えが》いた悪夢の世界」と「現代の現実」との大きな違《ちが》いは、

「政府が支配するのはテレスクリーンではない」という点だ。

とはいえ、現実の世界も、小説のビッグ・ブラザー国家に近づきつつある。現代の支配の道具は「テレスクリーン」ではなく、「警察や政府が公共の場に設置した無数の監視《かんし》カメラ」だ。

民主主義国家も監視《かんし》を強めているが、オーウェルの描《えが》く世界にもっとも迫《せま》っているのは中国だろう。**中国政府は二〇一八年までに、三億四九〇〇万台の監視《かんし》カメラを設置した。これは、アメリカの監視《かんし》カメラの実に五倍の数にあたる。さらにその後もずっと、中国の監視《かんし》カメラの数は増えている。**

インターネットを完全に支配するビッグ・ブラザーは、世界の大部分には存在していない。それでも現状では、インターネットは当初約束したような「自由でオープンなシステム」とは程遠く、独裁政権下で定期的に遮断《しゃだん》されている。

例をあげると、二〇一〇年から始まったアラブの春（チュニジアから広くアラブ世界に広がった一連の民主化運動デモ）では、フェイスブックとツイッターが大いなる武器となった。エジプト政府の転覆《てんぷく》はフェイスブックのおかげだ、とする意見もある。しかしアラブの春の民主化運動がシリアに及《およ》ぶと、シリアの独裁者バッシャール・アル＝アサド大統領（在任二〇〇〇〜）は、毎週金曜日にインターネットを遮断《しゃだん》した。人々がモスクで祈《いの》りを捧《ささ》げる金曜日は、抗議《こうぎ》運動を組織する日でもあったからだ。

中国に話をもどそう。一九九〇年代初め、中国人の日常生活にインターネットが入りこむようになると、中国共産党はさっそく規制に乗りだし、インターネットは国営通信会社の回線のみと定め、公安部が不適切な情報や反体制的な情報を遮断《しゃだん》するようになった。国際的な通信は厳重に制限され、現在でも中国の八億人のインターネットユーザーは制限を受けている。

さらに一九九八年、中国は金盾《きんじゅん》プロジェクト——一〇億人を超《こ》える中国国民の個人情報を含《ふく》む巨《きょ》大《だい》な情報管理システム——を発動し、国内のあらゆる電子媒体《ばいたい》上の表現を監視《かんし》し、検閲官《けんえつかん》とサイバー警察が全情報を追跡《ついせき》するようになった。このプロジェクトは禁止用語のデータベースを搭載《とうさい》していて、天安門事件に関する議論などは即座《そくざ》に遮断《しゃだん》する。

この金盾《きんじゅん》プロジェクトの情報管理システムは、政府の意に沿わない内容を削除《さくじょ》するだけでなく、大量の作り話や嘘《うそ》を「政府バージョンの事実」として流すためにも使われている。

さらに中国では、サイバー身分証明書アプリが公安警察のネットワークと連動し、居場所を瞬時《しゅんじ》に特定できるようになっている。

中国のインターネットは、ナチスが配ったラジオの現代版と言えよう。

ロシアのインターネット戦略と秘密警察

いっぽうロシアは、インターネットに対し、中国とはちがうアプローチをしている。

チェスの元世界チャンピオン、ガルリ・カスパロフの言葉を借りると、ロシアのアプローチの目的は「真実の絶滅《ぜつめつ》」だ。

ロシアには、皇帝《こうてい》の時代からレーニンの時代にいたるまで、秘密警察が存在した。その後も秘密警察は、GPU（国家政治保安部）、OGPU（合同国家政治保安部）、NKVD（内務人民委員部）、KGB（国家保安委員会）と名前を変え、現在のプーチン政権下ではFSB（連邦保安庁《れんぽう》）となった。FSBは、旧ソ連時代のKGBと同じ「剣《けん》と盾《たて》」のシンボルを用いている。

ころころと名前を変えても、ロシアの秘密警察のアプローチとテクニックは不変で、嘘《うそ》の威力《いりょく》に対する意識も変わらない。その意識とは「政府が偽《にせ》の種をまけばまくほど、世間は惑《まど》わされて混乱する」というものだ。

「（意図的な）偽《にせ》情報」という単語はソ連の共産主義者たちの造語だ。一九二三年には偽《にせ》情報を拡散するための専門部署が設けられ、第二次世界大戦後はスターリンが「偽《にせ》情報」という単語を使うようになった。東西冷戦中は敵の西側陣営《じんえい》に不和の種をまくために、KGBは偽《にせ》の組織や偽《にせ》の反体制派の話を大量に流し、デマや陰謀論《いんぼうろん》をこれでもかとまき散らした。一番有名なデマは、「米軍がエイズを広めた」というものだ。この説は完全に嘘《うそ》だと露見《ろけん》したのに、いまだにソーシャルメディアに流れている。

「偽《にせ》情報を流す」という過去の流れに従って、ロシアはソーシャルメディアを積極的に利用した。一九九一年のソ連崩壊《ほうかい》後は、ＫＧＢの元スパイであるプーチン大統領がＦＳＢを作って強化し、ソーシャルメディアに偽《にせ》情報を拡散する目的で、肥大化した官僚《かんりょう》制度を作りあげた。偽《にせ》情報を電波で全世界に広めるために、ロシア国営の対外発信テレビ局ＲＴも設立された。

実はアメリカの陰謀論《いんぼうろん》には、ＲＴの偽《にせ》情報に基づくものがけっこうある。たとえば「バラク・オバマはアメリカ生まれではない」「ヒラリー・クリントンは幼児虐待《ぎゃくたい》組織のトップだ」「航空機は白い飛行機雲からひそかに毒を撒《ま》いている」というのは、ＦＳＢが広めた偽《にせ》情報だ。

フェイスブックは二〇一七年に、「過去二年間の大統領選挙期間中に、フェイスブックのアメリカ人ユーザーの約三分の一にあたる一億二六〇〇万人が、知らないうちにロシアのプロパガンダをフェイスブックで読んでいた」ことを認めた。

他にもロシアは、人種問題や銃《じゅう》規制問題、中絶の権利や移民問題といった物議をかもす諸問題について、賛成派と反対派の主張をあえて両方流すことで、論戦をさらにヒートアップさせようとした。

暗躍《あんやく》するボット

二〇一七年、ツイッターに、アンジー・ディクソンなる人物が登場した。

アンジーはドナルド・トランプが語ったあらゆる嘘《うそ》を強烈《きょうれつ》に擁護《ようご》し、トランプの嘘《うそ》を非難する者を猛烈《もうれつ》に攻撃《こうげき》した。アンジーにとって、それはフルタイムの仕事だった。他に何をしていたかは謎《なぞ》だが、一日になんと九〇回もツイートしていたのだ。

アンジー・ディクソンという名前そのものも、謎《なぞ》めいていた。一九六〇年代に活躍《かつやく》した女優アンジー・ディキンソン（一九三一〜）とやけに似ているのだ。

しかもツイッターのプロフィール写真は、俳優のレオナルド・ディカプリオと当時つきあっていたモデルのものだった。

そのうえアンジーは、表向きは「アメリカの問題を論じるアメリカ人」なのに、定期的にウクライナへの痛烈《つうれつ》な非難をツイートしていた。

アンジーは、ウクライナを非難しないではいられなかった。なぜならアンジーは、実はロシアのコンピュータプログラムだったからだ。アンジー・ディクソンなる人物は存在しない。アンジーは「ボット」（事前に設定された処理を自動的に実行するプログラム。語源はロボット）だった。

ボットだとばれると、アンジーは消えた。だが代わりに、アンジーを擁護《ようご》し、アンジーの正体をばらした者を猛烈《もうれつ》に攻撃《こうげき》する、新たなボットが登場した。もちろんこれも、ロシアのボットだ。

健康的なアメリカ人女性、ジェナ・エイブラムスは、ポップカルチャーへのコメントがきっかけで、七万人ものフォロワーを持つ有名人となった。ジェナのコメントには「CNNがポルノを提供している」といった嘘《うそ》も多数まざっていた。だが『バラエティ』誌がその嘘《うそ》を引用すると、ジェナのコメントは『ニューヨーク・タイムズ』紙や『ワシントン・ポスト』紙にも引用されるようになった。

もうおわかりだと思うが、ジェナもロシアのボットだった。

ボットにだまされ、恥《は》ずかしい思いをした人は、主要メディアでさえだまされると知って、安心するにちがいない。

この件について調査したカール・T・バーグストロームとジェヴィン・D・ウエストは、「インターネット上のデータの半分はボットによるもの」と推定している。「すべてのボットが政府のボット」とまでは言わないが、政府のボットが多いのは事実だ。

クリックファーム

東南アジアからバルカン半島にかけての国々では、貧しい子どもたちが「クリックファーム（大規模な詐欺《さぎ》に荷担する労働者グループ）」に参加し、大量のボットを作りだすことで、かなりの利益を得ている。

その子たちは結果として、過去の嘘《うそ》つきたちと同じく、「嘘《うそ》はインパクトが強いほど、信じる人が増える」ことを学んだ。

フェイスブックは二〇一八年だけで、正規のアカウント数よりも多い、約三〇億もの偽《にせ》アカウントを削除《さくじょ》している。

ロシアの偽《にせ》情報

ロシアの偽《にせ》情報はつねに、アメリカ人の暮らしを揺《ゆ》さぶるチャンスを狙《ねら》っている。

二〇二一年、海外の偽《にせ》情報を監視《かんし》している米国務省のグローバル・エンゲージメント・センターは、「西側の新型コロナワクチンの信頼性《しんらいせい》に疑問を投げかけた四種類の雑誌は、実はロシアの諜報《ちょうほう》機関のものである」と特定した。

ロシアが裏で操《あやつ》っていた四種類の雑誌はすべて、「新型コロナワクチンは危険な副反応をともなっていて、きちんとした治験をせずに素早《すばや》く承認された」と主張した。四種類の雑誌はほとんど読まれていなかったが、ロシアの目的は読者獲得《かくとく》ではなかった。

真の目的は、雑誌に掲載《けいさい》した「偽《にせ》の研究結果」をソーシャルメディアに引用することだった。雑誌そのものではなく、インターネットへの引用こそが、嘘《うそ》の拡散につながるからだ。

二〇一六年のアメリカ大統領選挙活動では、嘘《うそ》が前代未聞のレベルで飛びかった。嘘《うそ》のウェブサイトがとつぜん大量に現れ、そのどれもが嘘《うそ》に嘘《うそ》を重ね、その嘘《うそ》が個人のサイトやインターネットに引用され、どっとあふれだした。

「フェイスブックとツイッターでは、二〇一六年の秋までに、実話よりも作り話のほうが数多くシェアされた」ことが、各種調査で明らかになった。そうした嘘《うそ》の主要な情報源は、ソーシャルメディアだった。

たいていの嘘《うそ》は真実よりも刺激的《しげきてき》なので、マスコミも「嘘《うそ》が引き起こした大騒《おおさわ》ぎ」ばかりを報道するようになる。

その結果、二〇一六年の大統領選挙戦では、「各候補者の政治思想」に関する報道は、全報道のわずか一〇パーセントにすぎなかった。

P・W・シンガーとエマーソン・T・ブルッキングの二〇一八年の共著『「いいね！」戦争 兵器化するソーシャルメディア』（NHK出版）によると、二〇一六年、アメリカの三大テレビ局（NBC、CBS、ABC）が「各大統領候補者の政治的立場」を取りあげた時間は、三局合計でわずか三二分間だった。

大統領選への干渉《かんしょう》

二〇一六年の大統領選では、ツイッターで四〇万件のボットが調査員たちによって発見された。

その三分の二はトランプを応援《おうえん》するツイートで、ロシアによる複数のボットはトランプを応援《おうえん》する偽《にせ》情報を何千回もリツイートしていた。ロシアのボットは、トランプ自身のツイートも、わかる限り四六万九五三七回リツイートしていた。把握《はあく》していないリツイートもあるかもしれない。

これがトランプの大統領選勝利にどんな影響《えいきょう》があったかは不明だ。トランプは一般《いっぱん》投票では三〇〇万票差で負けたが、選挙人投票では一部の州で僅差《きんさ》で勝ち、選挙制度によってその州のすべての選挙人票を獲得《かくとく》し、結果的に勝利した。

二〇一九年に『サイエンス』誌に掲載《けいさい》された、ニール・グリンバーグや他の社会科学者たちの調査によると、ツイッターのフェイクニュースの八〇パーセントに影響《えいきょう》を受けたのは、ツイッターのユーザーのわずか一パーセントにあたる、主に保守的な有権者たちだった。

アメリカの情報機関は二〇二一年三月、二〇二〇年の大統領選に対する外国の干渉《かんしょう》に関し、機密解除された報告書を公表した。一五ページにわたる報告書は、驚《おどろ》くほどの内容ではなかった。二〇二〇年の大統領選では、票や有権者登録や開票を改ざんするような直接的な干渉《かんしょう》はなかった。しかしロシア政府の幹部はジョー・バイデンの汚職《おしょく》にまつわる数々の作り話を拡散し、それをメディアが話題にするように仕向けた。

この戦法は二〇一六年の大統領選でもヒラリー・クリントンに対して使われたもので、そのときにはメディアが飛びついたが、二〇二〇年の選挙（トランプ対バイデン）では通用しなかった。

それでもトランプとトランプの顧問《こもん》弁護士ルドルフ・ジュリアーニ（一九四四〜）は、自分たちにとって有利なロシアの嘘《うそ》――ジョー・バイデンの汚職《おしょく》にまつわる数々の作り話――をほぼそのままに繰《く》り返した。

二〇二〇年の大統領選にはイランも干渉《かんしょう》し、トランプにとって不利な材料を広めたが、バイデンの支持率を伸《の》ばすことはできなかった。キューバ、ベネズエラ、ヒズボラ（レバノンのイスラム主義の武装組織）も、規模は小さいが干渉《かんしょう》しようとした。

アメリカの大統領選に対する外国の干渉《かんしょう》は、もはや日常茶飯事となっている。

ブレグジットにも？

ブレグジット――イギリスのEU（欧州連合《おうしゅうれんごう》）からの離脱《りだつ》――をめぐる二〇一六年のイギリス国民投票では、ブレグジット賛成派、反対派の両方にボットがいたが、賛成派のボットのほうが五対一で反対派のボットを圧倒《あっとう》していた。ボットの会話をフォローしていたツイッターのユーザーはわずか一パーセントにすぎなかったが、ブレグジットは五二パーセント対四八パーセントで賛成票が反対票を上回り、可決された。

ロシアのボットがどのくらい結果を左右したかはわからないが、まったく影響《えいきょう》しなかったとは言い切れないのではないだろうか。

ウクライナ侵攻《しんこう》後のプーチン

プーチンはソーシャルメディアにおける偽《にせ》情報の威力《いりょく》を信じていたが、二〇二二年二月にロシアがウクライナに侵攻《しんこう》し、ロシア軍の蛮行《ばんこう》が世界中で日々報道されるようになると、偽《にせ》情報に頼《たよ》る気が失《う》せたらしい。

そしてロシア国民から事実を隠《かく》すため、フェイスブックやツイッター、インスタグラムといったソーシャルメディアのプラットフォームを規制するようになった。

だが「アメリカで広まった嘘《うそ》の情報源は、すべてロシアだ」と決めつけるのは、これまた典型的な嘘《うそ》だ。いかにもアメリカらしい国産の嘘《うそ》も、山ほどある。

陰謀論《いんぼうろん》集団のＱアノンは、まさにその一例だ。

陰謀論《いんぼうろん》集団Qアノン

アメリカの極右が提唱する陰謀論《いんぼうろん》にどっぷりと浸《つ》かった信者たちは、Qは実在する人物で、高度な国家機密に触《ふ》れられる政府関係者であり、世界で起きていることの真相を知っていて、「Qドロップ（投稿《とうこう》）」という形で機密情報をリークしている――と信じている。

Qは暗殺されたケネディ大統領の息子《むすこ》、ジョン・F・ケネディ・ジュニア（一九六〇～一九九九）だと考えている信者もいる。実はケネディ・ジュニアは一九九九年、飛行機事故で亡《な》くなっているのだが、そんなことは関係ない。あるウェブサイトは、現在のケネディ・ジュニアの姿として「白髪《しらが》交《ま》じりの顎《あご》ひげを生やした、俳優のピアース・ブロスナン似の男性」の写真を載《の》せ、「これは決定的な証拠《しょうこ》だ」と断言した。

Qはリスクを負って機密情報をリークしている。まちがっていると証明されても、そんなのは大したことじゃないし、少なくとも退屈《たいくつ》な情報ではない。だからこそ、Qは注目を浴びている。

ケネディ・ジュニアは二〇二〇年一〇月一七日、テキサス州ダラス――よりによって、父親のケネディ大統領が暗殺された場所だ――に現れ、ドナルド・トランプの副大統領候補として、マイク・ペンス（一九五九～）に代わって指名されるだろう――とQは予言した。大統領選の直前の一〇月に起こる、投票結果を左右する意外な出来事を「オクトーバー・サプライズ」というが、これは二〇二〇年の大統領選にトランプが勝利するための「Q版オクトーバー・サプライズ」というわけだ。大量破壊《はかい》兵器の嘘《うそ》と同じく、この嘘《うそ》もすぐにばれるに決まっていたが、予言が実現しなくても何の問題も起きなかった。

誰《だれ》がQドロップを作ったのかは不明だが、その人物は数々の予言が嘘《うそ》だとばれるのはわかっていたはずで、それでもかまわないと思っている。

Qアノンは、「反ユダヤの陰謀論《いんぼうろん》」も数多く拡散している。たとえば、二〇一八年のカリフォルニア州北部で発生した大規模な山火事（通称《つうしょう》キャンプ・ファイア、八五名が死亡《しぼう》）は「米電力大手パシフィック・ガス・アンド・エレクトリック・カンパニーのずさんなインフラの管理が原因」であると、正式な調査で判明した。しかし「反ユダヤの陰謀論《いんぼうろん》」によると、この火事は「ユダヤ人が支配するロスチャイルド銀行が宇宙から太陽エネルギーを照射したせい」ということになる。「ユダヤ財閥《ざいばつ》ロスチャイルド家の陰謀《いんぼう》」というのは反ユダヤ主義者が好む主張で、Qアノンの多くの主張と同じく、やや古臭《ふるくさ》い。

Qアノンのユダヤ人陰謀論《いんぼうろん》としては、「ユダヤ人は白人を押《お》しのけるため、有色人種を白人の国々に送りこんでいる」という説もある。二〇一八年にフロリダ州で発生したマージョリー・ストーンマン・ダグラス高校銃《じゅう》乱射事件（一七名死亡、一七名負傷）もユダヤ人の陰謀《いんぼう》だ、とQアノンは主張する。

こういった学校での銃《じゅう》乱射事件は、作り話だと言われることが多い。銃《じゅう》規制の議論がいっこうに進まないのは、銃《じゅう》乱射事件そのものがでっちあげだからだ、と陰謀論者《いんぼうろんしゃ》は主張する。

二〇二〇年の連邦《れんぽう》議会上院・下院の議員選挙では、二〇名以上の候補者がQアノン側のデータを共有し、なかにはQアノン主催《しゅさい》のショーに出演した者までいた。その大多数は当選しなかったが、陰謀論者《いんぼうろんしゃ》のマージョリー・テイラー・グリーン（共和党）はQアノンの陰謀論《いんぼうろん》（とくに反ユダヤの陰謀《いんぼう》論《ろん》）を強力に主張し、共和党の地盤《じばん》であるジョージア州の第一四選挙区で「とても偶然《ぐうぜん》とは思えないことが起きている」と発言して、下院議員に選出された。

常軌《じょうき》を逸《いっ》した多くの主張がグリーンの本心かどうかはわからないが、当選したことを思えば、少なくともジョージア州の第一四選挙区では有利に働いたのだろう。

とんでもない嘘《うそ》でも、報《むく》われる場合もあるわけだ。

ちなみにグリーンは当選したものの、下院ではのけ者扱《あつか》いで、数々の委員会から締《し》め出された。するとグリーンはそれまでの主張を撤回《てっかい》するようになり、自分のウェブサイトからも主張を削除《さくじょ》した。

このように嘘《うそ》つきは、時と場合に応じて柔軟《じゅうなん》にふるまえる。

しかしグリーンは、完全に撤回《てっかい》はしなかった。その結果、二〇二二年、グリーンは「とくに新型コロナウイルス感染症《かんせんしょう》の大流行に関して、偽《にせ》情報を拡散している」との理由で、ツイッターの個人アカウントを凍結《とうけつ》された。

トランプの選挙対策本部長、スティーブン・バノン

アメリカのジャーナリスト、アンドリュー・ブライトバート（一九六九〜二〇一二）は『ドラッジ・レポート』（保守系政治メディア）の運営に携《たずさ》わり、『ハフィントン・ポスト』（二〇一七年に『ハフポスト』と改名）の立ち上げにも関《かか》わった。二〇〇一年にはさらに保守的になり、『ブライトバート・ニュース』（二〇〇七年創業。極右のオンラインニュースサイト）に力を入れるようになる。

そのブライトバートが二〇一二年に心臓発作《ほっさ》のために四三歳《さい》で急死すると、スティーブン・バノンが会長として『ブライトバート・ニュース』を引き継《つ》ぎ、ネオナチ・白人至上主義を支持するようになった。

二〇一六年、バノンはトランプ陣営《じんえい》の選挙対策本部長となった。トランプは本を読まないと公言しているが、バノンは本を読む。そのバノンをアドバイザーに据《す》えることで、トランプは歴史上の独裁者たち——歴史に疎《うと》いトランプは、たぶんその存在を知らないだろうが——の典型的な手法を、数多く取り入れるようになった。

たとえば、「Make America Great Again《メイク・アメリカ・グレート・アゲイン》——アメリカ合衆国を再び偉大《いだい》な国にする」というトラン

プのスローガン。これは、ファシスト（独裁者）の古典的な標語だ。実際、ヒトラーはドイツ国民の優位性を説き、イタリアの独裁者ムッソリーニ（一八八三～一九四五）はローマ人の優位性を説いている。

電波で嘘《うそ》を盛大に流して世間を混乱させるのも、全体主義者の典型的なやり口だ。トランプは「バラク・オバマはアメリカ生まれではない」という嘘《うそ》を強引《ごういん》に主張し、いったん撤回《てっかい》したが、ふたたび強硬《きょうこう》に広めた。

マスコミを「民衆の敵」と呼ぶのも、デマゴーグ（民衆を扇動《せんどう》する政治家）の古典的な戦略だ。「民衆の敵」というフレーズは、レーニンがよく使っていた。

トランプの目的は？

選挙制度への不信感を生み出すのも、全体主義者の典型的なやり口と言える。トランプは「二〇一六年の大統領選挙戦では不正が行われるだろう」と警告し、結果的に自分が勝ってもなお、「一般《いっぱん》投票数で（ヒラリー・クリントンに）負けたのは不正があったからだ」と主張した。

二〇二〇年の大統領選でも同じ警告を発し、敗北が決まると、「本当は地滑《じすべ》り的な大勝利だったのに、選挙で不正が行われた」と主張した。

選挙後は選挙結果を覆《くつがえ》そうと約六〇件の裁判を起こしたが、ほぼすべての訴《うった》えが「あまりに証《しょう》拠《こ》不十分」で退けられた。トランプが指名した三名の最高裁判所判事でさえ、訴《うった》えを退けている。

こうなると、トランプの主張は無意味としか思えない。

ではなぜ、まともな証拠《しょうこ》すらないのに、六〇件もの裁判を起こしたのか？

その目的は、いつものことながら、陰謀論《いんぼうろん》という嘘《うそ》にどっぷりと浸《つ》かった支持者たちへのアピールであり、そのために「選挙は信用できない」と主張しそうな人々や一部の共和党議員を巻きこんで、運動を起こしたのだった。

さらに金の亡者《もうじゃ》のトランプは、法廷闘争《ほうていとうそう》の資金と称《しょう》し、支持者たちから多額の献金《けんきん》まで集めた。

たとえ一件も勝訴《しょうそ》できなくても、多額の金が集まったのだから、確かにやりがいはあっただろう。

アレックス・ジョーンズの場合

ソーシャルメディアの陰謀論者《いんぼうろんしゃ》としては、アレックス・ジョーンズ（一九七四〜）も知られている。

かつてアメリカには町から町へと渡《わた》り歩き、効果のない怪《あや》しげな水薬を売りさばく詐欺師《さぎし》がいたが、ジョーンズはそのやり口をバージョンアップした、インターネット版詐欺師《さぎし》だ。

ジョーンズは「新型コロナウイルスを防ぐ効果のある歯磨《はみが》き粉」といったインチキ商品やダイ

エット用サプリメントをネットで売って、巨額《きょがく》を稼《かせ》いだ。ジョーンズの出品先は主にアマゾンで、アマゾンもジョーンズのおかげで大儲《おおもう》けしている。ジョーンズは「利益は保守的な活動のために使っている」と明言しているが、それならなぜアマゾンまで儲《もう》けさせているのかと、首をひねる者は少なくない。

ジョーンズは、二〇二〇年の大統領選の結果を覆《くつがえ》そうとする運動にも深く関《かか》わるようになった。

さらにジョーンズは、二〇一二年にコネチカット州で発生したサンディフック小学校銃《じゅう》乱射事件（二〇人の一年生と六人の職員が死亡）を「銃《じゅう》規制強化を狙《ねら》う政府の陰謀《いんぼう》で、でっちあげだ」と主張して、遺族から訴《うった》えられた。

するとジョーンズは発言を撤回《てっかい》し、銃《じゅう》乱射事件が起きたことは認めたが、今度は「自分を訴《うった》えている弁護士たちは、児童ポルノに関《かか》わっていた」と主張し、ますます事態を混乱させた。

二〇二一年一一月、裁判所はジョーンズとジョーンズが運営するウェブサイト『インフォウォーズ』に対し、名誉棄損《めいよきそん》で有罪判決を下した。

落ちぶれた軍人の嘘《うそ》

元陸軍中将のマイケル・フリン（一九五八～）は、アメリカ陸軍の情報将校として高く評価された人物だ。なのになぜ、常軌《じょうき》を逸《いっ》した嘘《うそ》つきに成り下がってしまったのか？

ソーシャルメディアでは敵が偽名《ぎめい》や匿名《とくめい》で堂々と活動していることに、フリンは軍の情報部員の中で真っ先に気づいた。彼《かれ》は情報部の作戦を変更《へんこう》するときも、多大な影響力《えいきょうりょく》を与《あた》えている。

しかしフリンはマネージメント能力に問題があり、周囲から恨《うら》まれることが多く、オバマ政権時代（二〇〇九～二〇一七）に国防情報局長官からの退役《たいえき》に追いこまれると、オバマをずけずけと大っぴらに非難するようになった。さらにトルコ政府やロシア政府と不審《ふしん》な関係を持つようになり、二〇一一年からは外交政策について持論をツイートしはじめたが、誰《だれ》にも相手にされなかった。

やがてフリンはイスラム教徒やユダヤ人への憎悪《ぞうお》をツイートするようになり、「オバマは秘密にしているが、実はイスラム教徒だ」とか、「ヒラリー・クリントンは児童の性犯罪に関《かか》わっている」とか、「もしヒラリー・クリントンが大統領に選ばれたら、キリスト教を法的に禁止する気だ」とか言うようになった。

フリンのツイートは過激になればなるほど、多くのファンを惹《ひ》きつけた。「ワシントンのエリートは、人間の血と精液を飲むために定期的に集まっている」とツイートしたときは、約四八〇〇件の「いいね」を集め、フリンのもっとも成功したツイートの一つとなった。

嘘《うそ》つきの共通点

トランプやジョーンズやフリンといった、強烈《きょうれつ》な嘘《うそ》つきたちに共通する性格とは何だろう？　病的なまでに嘘《うそ》をつかなくてはいられないのか？　それとも合理的に計算し、あえて嘘《うそ》をついているのか？

嘘《うそ》つきはたいてい、証拠《しょうこ》をつきつけられると、前言を撤回《てっかい》する。トランプは「オバマはアメリカ生まれではない」という主張を撤回《てっかい》したし、アレックス・ジョーンズも銃《じゅう》乱射事件は実際に起きたことを認めた。

では嘘《うそ》つきたちは、自分のツイートや発言をどのくらい信じているのだろう？　宇宙から太陽エネルギーを照射したとか、ケネディ・ジュニアがもうすぐ現れるとか、そんなインチキ話を本気で信じてはいない——と考えるのが自然だが、本当のところはわからない。

ナチ党の宣伝大臣のゲッベルスが一九四五年に自害したあと、ゲッベルスの日記には、プロパガンダと同じく、嘘《うそ》八百が並べたてであったことが判明した。ゲッベルスは同時代の大衆だけでなく、自分自身にも嘘《うそ》をつき、後世の人々にも嘘《うそ》を残そうとしたのだった。

COLUMN
コラム

「安定した天才」はいかにして嘘《うそ》をつきつづけ、トップに上りつめたか

社会はつねに人物を偽《いつわ》りの外見だけで判断し、無造作に受けいれがちである。ゆえに天才のふりをした変人には、つねに信用を勝ち取るチャンスがある。

――ハンナ・アーレント（ドイツ出身の哲学者《てつがくしゃ》、思想家　一九〇六～一九七五）

ドナルド・トランプは大統領時代（二〇一七～二〇二一）、自分のことを「見た目が立派で、頭が良くて、（情緒《じょうちょ》が）安定した天才」だと述べていた。「安定した」という言葉は「トランプは情緒《じょうちょ》が不安定だ」と語った匿名《とくめい》のスタッフへの反論として入れたものだが、「天才」は野心家の独裁者があたりまえのように使う言葉だ。

独裁者のヒトラーとムッソリーニも、自称《じしょう》「天才」だった。北朝鮮《きたちょうせん》の金正日《キムジョンイル》（一九四二～二〇一一）は、国営メディアによると、社会主義を確立した能力だけでなく、「雨を止め、太陽を昇《のぼ》らせる」能力まである天才だった。

では、ドナルド・トランプという「天才」は、いかにして権力を得たのだろう？

トランプは、大統領選の一般《いっぱん》投票では一度も勝てなかった。これについて、本人は頑《がん》と

して認めようとしないが、内心ではつねにいらだっていて、ついに「自分は神から権限を委託《いたく》された」と言い出すようになった。

トランプの大統領報道官を務めたサラ・サンダース（在任二〇一七〜二〇一九）も「神はドナルド・トランプを大統領にしたいと望まれた。だからこそ、トランプは今、ここにいる」と述べている。

トランプは父親から巨額《きょがく》の不動産を相続したのに、運営管理に手ひどく失敗し、六三歳《さい》までに四回破産した。トランプが保有する複数のホテルとカジノの持ち株会社は一二億ドルの負債《ふさい》を抱《かか》え、トランプはその会社の取締役会《とりしまりやくかい》から追放されている。

ちょうどそのとき、トランプは視聴者《しちょうしゃ》が参加するテレビのビジネス・リアリティ番組『アプレンティス』のホスト役（シーズン1から14まで　二〇〇四〜二〇一五）で自分のイメージを一新し、しばらくは成功した。

しかし評価が下がり、またしても世間から忘れられそうになると、今度はソーシャルメディアを使って自分のテレビ出演を宣伝し、――インチキ商品やダイエット用サプリメントをネットで売って巨額《きょがく》を稼《かせ》いだアレックス・ジョーンズのように――ビタミン剤《ざい》といった詐欺《さぎ》まがいの商品もPRした。

だが二〇一一年になると、トランプのツイートは変化しはじめ、他人を「負け犬」「腰《こし》抜《ぬ》け」などと呼んで、ケンカをふっかけるようになった。「情けない」というハッシュタグをよく使うようになったのも、このころだ。

もともとは自分のストレスを発散させただけかもしれないが、この新しい「不愉快《ふゆかい》キャラ」はソーシャルメディアで人気を博した。有名人やまともな大人はこのような言葉を使わないので、新鮮《しんせん》に感じられたのだろう。

二〇一一年、トランプはツイート数を五倍にし、二〇一二年にはさらに五倍に増やした。フォロワーが増えるにつれて、トランプはますます傍若無人《ぼうじゃくぶじん》になり、攻撃《こうげき》対象はコメディアンのロージー・オドネル(一九六二〜)のようなセレブから、中国やイランといった政治的な問題へと移っていった。このころから有色人種の名誉《めいよ》を傷つけるようになり、白人至上主義者や「オルタナ右翼《うよく》」――白人至上主義者のリチャード・B・スペンサー(一九七八〜)が二〇〇八年に生み出した造語。アメリカの伝統的な保守思想とは異なる、新たな右派勢力――の注目を集めた。そして、以前はバラク・オバマを支持していたのに、ロージー・オドネルに向けたのと同じ敵意を、平然とオバマに向けるようになった。

トランプはどんどん政治色を強めていったが、さらに自分の大統領選出馬を示唆《しさ》するウェブサイトを開設するという、これまでの政治家が絶対にやらなかった方法を取った結果、ソーシャルメディアでフォロワーが増えた。

トランプの奇抜《きばつ》な意見はさらなるフォロワーを呼びこんだだけでなく、報道機関からも注目された。といっても批判されただけだが、トランプのように無礼であけすけな発言をする政治家は、マスコミにとってつねにかっこうのネタとなった。トランプと比べると、他の政治家はどうしても色あせてしまう。

こうしてトランプは、共和党のどの大統領候補者よりもインターネットで存在感を発揮し、マスコミで大きく取りあげられるようになった。

大統領となってからも、同じことの繰《く》り返しだった。

大統領となったものの、二度弾劾《だんがい》され、再選をめざした二〇二〇年の大統領選では約七〇〇万票差で敗れ、フロリダ州に引っこんだトランプは、不動産業やテレビ界でのキャリアと同じく、結局は失敗したように見える。

これが「天才」と言えるのか？

その判断は、みなさんにお任せする。

9

写真の嘘《うそ》

画像が語る嘘《うそ》と真実

現実は、その多くを想像にゆだねている。

————ジョン・レノン（イギリス出身のシンガーソングライター　1940〜1980）

君は誰《だれ》を信じるのかね?　私か?　それとも自分の目か?
————グルーチョ・マルクス（アメリカの喜劇俳優　1890〜1977）

写真は嘘《うそ》をつかない？

最初にゴールに飛び込《こ》んだのは、誰《だれ》の胸か？　誰《だれ》の足か？　誰《だれ》の膝《ひざ》だったか？

それをリアルタイムで見極《みきわ》めるのは難しいかもしれない。だが写真ならば、確実に判定できる。トリップワイヤーや、動作感知器や光電池といったハイテクな装置によって、疑う余地のない証拠《しょうこ》をそろえられる。

「写真はけっして嘘《うそ》をつかない」というのは、昔からよくあるフレーズだ。そして、これまで裁判所も新聞も民衆も、写真を「真実の揺《ゆ》るぎない証拠《しょうこ》」として受け入れてきた。

しかし実を言うと、これまでずっと、「嘘《うそ》をつく写真」は存在している。以前のフィルムの時代と比べると、現代のデジタル写真ははるかに楽に加工できるので、簡単に嘘《うそ》をつける。

だがフィルムの時代であっても、「嘘《うそ》の写真」はつねに存在した。

たとえばアメリカ南北戦争（一八六一～一八六五）の時代には、リンカーン本人よりも見栄《みば》えの良い肉体にリンカーンの頭をくっつけた写真が存在した。南軍、北軍双方《そうほう》のグロテスクな死体は、ましに見えるよう、手を加えられることもあった。

ロバート・キャパの『崩《くず》れ落ちる兵士』

二〇世紀のもっとも有名な報道写真家に、ロバート・キャパ（一九一三〜一九五四）がいる。ハンガリーに生まれたユダヤ系のキャパは、本名のアンドレ・フリードマンをロバート・キャパと変えることによって世に出た。そして、スペイン内戦（一九三六〜一九三九）で頭部を撃《う》ち抜《ぬ》かれる瞬間《しゅんかん》の兵士を撮《と》った一九三六年の写真――『崩《くず》れ落ちる兵士』――で一躍《いちやく》有名になった。

だが近年の研究により、この写真は戦場の写真ではないことがわかった。戦線から数十キロメートル離《はな》れた場所で演習中に撮影《さつえい》され、兵士は死んでいないことが判明したのだ。実際の撮影《さつえい》場所では、銃撃戦《じゅうげきせん》があったかどうかも定かではない。

『硫黄島《いおうとう》の星条旗』の誤解

AP通信のカメラマンだったジョー・ローゼンタール（一九一一〜二〇〇六）は、一九四五年の日本軍との硫黄島《いおうとう》の戦いで、アメリカ海軍兵たちが摺鉢山《すりばちやま》の頂上に星条旗を掲揚《けいよう》する瞬間《しゅんかん》の写真――『硫黄島《いおうとう》の星条旗』――で知られるが、後にこれは誤解だったことが判明した。

実は現場では、ローゼンタールが撮影《さつえい》した星条旗より先に、小さめの星条旗が掲揚《けいよう》されていたのだが、写真写りが良くないため、大きな旗に変えられた。ローゼンタールが撮影《さつえい》したのは、この二番目のほうの星条旗だった。

コナン・ドイルと妖精《ようせい》事件

一九二〇年には、かの有名なシャーロック・ホームズの生みの親、アーサー・コナン・ドイル卿《きょう》（一八五九〜一九三〇）が、偽《にせ》の妖精《ようせい》写真にだまされた。そもそも妖精《ようせい》の存在を信じていたからこそだまされたわけで、その意味でも驚《おどろ》くべき事件だった。

一九一七年、イギリスの田舎《いなか》に住む一〇歳《さい》の少女フランシス・グリフィスは、ある日、びしょぬれになって帰ってきた。何をしていたのだと尋《たず》ねられたフランシスは、小川で妖精《ようせい》たちと遊んでいた、と答えた。その答えに大人たちは怒《おこ》ったが、フランシスのいとこで一六歳《さい》になるエルシー・ライトがフランシスをかばい、二枚の写真を見せた。それは「フランシスの肩《かた》のまわりでダンスする、ゆったりとしたガウン姿の、羽の生えた小さな妖精《ようせい》たち」と、「ノーム（長いひげを生やした小人の老人の妖精《ようせい》）と写ったフランシス」の写真だった。

二枚の写真の逸話《いつわ》は身内で語りつがれるようになり、二年後、エルシーの母親が神智学協会《しんちがく》（超《ちょう》常《じょう》現象を調査する、当時流行した同好会）の集会で写真を披露《ひろう》した。神智学《しんちがく》協会はこの写真に興味を持ち、協会内で写真を回し、話題にするようになった。

これがきっかけで、一九二〇年、二枚の写真がアーサー・コナン・ドイル卿《きょう》の目に留まった。ドイル卿《きょう》はシャーロック・ホームズの生みの親らしく、偏見《へんけん》を持たず、やや皮肉めいた目で写真をながめ、二枚の写真は「世間を騒《さわ》がせた、もっとも手の込《こ》んだ独創的な捏造《ねつぞう》」かもしれないと言いつつ、「画期的な写真」の可能性も認めた。

そこでドイル卿《きょう》は、神智学者《しんちがくしゃ》のエドワード・L・ガードナー（一八六九〜一九六九）と組んで、調査に取りかかった。ガードナーは超常現象《ちょうじょう》に関する講演や著作で知られた有名人で、どこから専門知識を得たのかは不明だが、「妖精《ようせい》を見られるのは若くて無邪気《むじゃき》な少女だけなので、急ぐ必要がある」「ふたりの少女がティーンエイジャーでなくなったり、一九歳《さい》になっていたエルシーが誰《だれ》かと恋《こい》に落ちたりしたら、妖精《ようせい》を見る力は失われるだろう」とドイル卿《きょう》に警告した。

二枚の写真は、写真家に鑑定《かんてい》してもらうこととなった。一人目の写真家は捏造《ねつぞう》だと鑑定《かんてい》したが、二人目の写真家は本物だと鑑定《かんてい》した。

いっぽうエルシーとフランシスは、まちがいなく、妖精《ようせい》を見る力を失っていくように思えた。一九二〇年には妖精《ようせい》写真を三枚しか撮《と》れなくなり、一九二一年には——ふたりに同行した霊能者《れいのうしゃ》は「ほんの数人だが妖精《ようせい》を見た」と証言したが——一枚も写真を撮《と》れなくなった。

「年齢《ねんれい》が上がるにつれて、妖精《ようせい》たちはどんどん透明《とうめい》になって、見えにくくなった」と、エルシーはこぼしている。

ドイル卿《きょう》は科学を信奉《しんぽう》していたが、当時流行した心霊《しんれい》主義にも熱中していた。そんなドイル卿《きょう》は妖精《ようせい》の存在を信じ、妖精《ようせい》たちはあまりにも速く振動《しんどう》しているので、人間の目には映らないのだと考えた。少女たちは特殊《とくしゅ》な能力を持っているが、その能力は年齢《ねんれい》が上がると消えていく、とも信じていた。

聡明《そうめい》なはずのドイル卿《きょう》が、よりによってふたりの少女のふざけたいたずらにだまされるなんて——と、世間は驚愕《きょうがく》し、エルシーの父親も唖然《あぜん》とした。

しかしドイル卿《きょう》の手元には写真があり、その写真にはドイル卿《きょう》がいると信じる妖精《ようせい》がちゃんと写っていた。やがてドイル卿《きょう》の意見に賛同する者も多く現れるようになり、今日でもあの写真は本物だと一部の人は信じている。

だが一九八一年にフランシスは、写真の妖精《ようせい》は紙に描《か》いたイラストを切り抜《ぬ》いたものだったことを告白した。妖精話《ようせいばなし》は、大人についた「ただの嘘《うそ》」だったのだ。

ドイル卿《きょう》は、自分が真実だと信じたいものを信じたにすぎなかった。

映画『出獄《しゅつごく》』

写真を「真実を語る資料」として信頼《しんらい》する風潮は、二〇世紀を通じて高まった――その信頼《しんらい》は、二〇世紀の末に崩壊《ほうかい》することになるのだが。

写真を重視する信念の高まりは、20世紀フォックス社の映画『出獄《しゅつごく》』(一九四八年製作)でドラマ化されている。

この映画は、一九三二年にシカゴで起きた殺人事件の有罪判決が一一年後に覆《くつがえ》されるという、実際の冤罪《えんざい》事件を基《もと》にした作品で、主演俳優のジェームズ・スチュワートは、冤罪《えんざい》を晴らそうとする新聞記者を演じた。その際、「裁判で決め手となった証人の証言が嘘《うそ》だ」と示す重要な証拠《しょうこ》となったのが、「日付が写った新聞の写真」だった。さらにドラマを盛り上げたのは、その証拠《しょうこ》写真が赦免《しゃめん》委員会が開かれるシカゴではなく、別の都市にあったことだ。

だが主人公は、写真電送装置という新技術を利用して、赦免《しゃめん》委員会に間に合わせることができた。クライマックスのシーンでは、シカゴの支社で電送を待つ主人公たちの前で、決定的証拠《しょうこ》となる新聞の日付の拡大写真が現像液の中で浮《う》かびあがり、冤罪《えんざい》が証明され、収監《しゅうかん》されていた囚人《しゅうじん》は晴れて釈放《しゃくほう》される――というストーリーだ。

この映画は、写真技術に対する当時の世間一般《いっぱん》の強い関心を、ハリウッド流に表現したものだった。

ちなみに実際の冤罪《えんざい》事件では、判決の取り消しに写真は関《かか》わっていない。

スターリンのエアブラシ

写真撮影術《さつえいじゅつ》に対し、不信感が強まった時代もあった。

ソ連のスターリン（一八七九〜一九五三）はエアブラシが便利だと知ったときから、自分で直接、写真に何度も手を加えるようになった。

たとえば一九一七年のロシア革命時のデモの写真では、背後に金や銀や時計を宣伝する看板が写りこんでいた。だが記録保管所にある修正後の写真では、その看板には「諸君は闘争《とうそう》で権力を得られる」と書いてあり、文字が不鮮明《ふせんめい》だった旗には「君主制を打倒《だとう》せよ」とはっきりと書いてあった。

スターリンは実際に大勢の人々を消しただけでなく、写真からも人々を消した。

ソ連の共産党指導者のひとり、レフ・トロツキー（一八七九〜一九四〇）は一九二〇年代、権力闘争《とうそう》に敗れ、亡命を余儀《よぎ》なくされた。するとトロツキーは、ソ連樹立の中心人物であるにもかかわらず、革命に関する写真から次々と消された。

一八九七年に撮影《さつえい》されたレーニンと六名の若い社会主義者たちの写真では、アレクサンドル・マルチェンコ（一八七〇～一九三〇）が失脚《しっきゃく》したとたん、若い社会主義者は五人に減った。マルチェンコは一九三〇年、スパイ容疑で処刑《しょけい》され、以降はどの写真からも消えている。トロツキーと連携《れんけい》したアレクセイ・ルイコフ（一八八一～一九三八）とレフ・カーメネフ（一八八三～一九三六）も、スターリンによる大粛清《だいしゅくせい》で処刑《しょけい》された。両者とも一九二〇年代、レーニンの晩年にレーニンの代理人を務め、人民委員会の要職に就《つ》いていたにもかかわらず、一九二二年にレーニンが指導者たちと撮《と》った写真からは消えている。ルイコフは一九二四年に『タイム』誌の表紙を飾《かざ》ったが、ソ連国内ではすべての写真から姿が消えた。

デジタル写真の時代へ

毛沢東《もうたくとう》（一八九三～一九七六）、アドルフ・ヒトラー（一八八九～一九四五）、ベニート・ムッソリーニ（一八八三～一九四五）といった独裁者たちも、やはり写真を加工した。それは暗室で時間をかけて、忍耐《にんたい》強く、こっそりとする作業だった。

しかし現代のデジタル画像は、手早く簡単に修正できる。出会い系サイト、ソーシャルメディア、ネットオークション、ファッション雑誌、政治運動、タブロイド紙はもちろん、科学誌までもが、加工された写真を頻繁《ひんぱん》に載《の》せている。

写真を額面通りに受けとめよ、という意見は、もはや時代遅《おく》れで通用しない。デジタル写真はソーシャルメディアであまりに手軽に加工されるので、いまや写真加工はただの娯楽《ごらく》に成り下がってしまった。変顔を作れるアプリがあるのは、その最たる例だ。

二〇二一年、スエズ運河で巨大《きょだい》コンテナ船が座礁《ざしょう》したときには、運河を封鎖《ふうさ》するコンテナ船の航空写真でアプリが作成された。「プールを封鎖《ふうさ》したり、大西洋全体を封鎖《ふうさ》したりもできる」というたい文句通り、そのアプリではコンテナ船の大きさを変え、別の写真に貼《は》りつけることで、何か別のものを封鎖《ふうさ》しているように見せかけることができた。

写真の加工は、今では誰《だれ》でもできる技術になった。

誰《だれ》でも作れる偽造《ぎぞう》写真

二〇二一年、フロリダ州セントジョンズ郡のバートラム・トレイル高校の生徒たちは、八〇人の女子の卒業アルバム写真で、本人の知らないうちに胸元を隠《かく》すように修正されているのを知って、激怒《げきど》した。

他にも偽造《ぎぞう》写真は、ありとあらゆる虚偽《きょぎ》の主張の中で、あたりまえのように使われるようになった。インド警察のラソッド夫妻（ふたりとも巡査《じゅんさ》で、当時三〇歳《さい》）は「エベレスト登頂に成功した」と主張し、複数の写真を証拠《しょうこ》に挙げ、エベレストに登頂した初のインド人カップルとして脚光《きゃっこう》を浴びた。しかしそのあと、登山中に撮《と》られた写真と登頂時の写真では、ふたりの服装が異なっていることが判明した。氷点下のエベレストで登山中に着がえるなど、ありえない。さらにくわしく調べたところ、写真には他にも加工した形跡《けいせき》があることがわかり、ネパール人の複数の専門家が写真を偽物《にせもの》と断定。ラソッド夫妻は一〇年間、ネパールでの登山を禁じられた。

偽造《ぎぞう》写真では、まぬけな演出もできる。ミット・ロムニー上院議員（一九四七〜）の一家は「ROMNEY《ロムニー》」となるよう、一文字ずつつけたシャツを着て、一列にならんだ。だが何者かが画像処理ソフトのフォトショップを使って、その文字を「MONEY《マネー》」と加工した。

真実を映しだす偽造《ぎぞう》写真

トランプ前大統領を侮辱《ぶじょく》するための加工写真は、気晴らしとして人気がある。トランプの太鼓腹《たいこばら》をさらに強調したり、ズボンにおもらしの跡《あと》をつけたりする加工だ。

なかには、悪意が感じられるものの、真実を映しだしているような加工もある。「白人至上主義の秘密結社KKK（クー・クラックス・クラン）とともに十字架《じゅうじか》を焼く（アメリカでは人種差別のシンボル）トランプ」や、「性犯罪者ジェフリー・エプスタイン（一九五三〜二〇一九）の肩《かた》に手を回し、キスをするトランプ」といった加工写真だ。

後者の写真はとくに、加工がかなりずさんだった。元の画像はトランプが一三歳《さい》になる自分の娘《むすめ》の肩《かた》を抱《だ》いてキスするシーンなのだが、エプスタインは娘《むすめ》よりも大きすぎて、はめこめない。そこでエプスタインの画像は縮小されたのだが、頭に比べ胴体《どうたい》が小さすぎるうえ、娘《むすめ》の髪《かみ》がうかつにもエプスタインの頭の隣《となり》に残っていた。

しかしソーシャルメディアの他の投稿《とうこう》と同じく、信じるかどうかは見る人次第《しだい》だ。

実はトランプはエプスタインと面識がなかったのだが、白人至上主義者を支持する発言はしていた。それを思うと、この二枚の偽造《ぎぞう》写真は、ある意味、トランプの真実――性差別と人種差別――を言い当てていると言えるかもしれない。

とはいえ、真実を主張するために嘘《うそ》をつくのは意味のある行為《こうい》なのか、という疑問は残る。

世間を騒《さわ》がせたロッカールームの偽造《ぎぞう》写真

二〇一六年、NFL（アメリカのプロフットボールリーグ）に所属するサンフランシスコ・フォーティーナイナーズのコリン・キャパニック選手（一九八七〜）は、警官によるアフリカ系アメリカ人への暴行に抗議《こうぎ》するため、アメリカ国歌演奏中に膝《ひざ》をついて抗議《こうぎ》する運動を、NFLの選手たちに広げはじめた。このとき、「選手たちの膝《ひざ》つき抗議《こうぎ》は愛国心に欠けていて、アメリカを侮辱《ぶじょく》するものだ」と主張する声が上がった。そして二〇一七年、一枚の写真が、正体不明の親トランプ集団「ベッツ・フォア・トランプ」によって、まずフェイスブックに、つづいてツイッターに投稿《とうこう》された。NFLチームのシアトル・シーホークスのロッカールームで撮《と》ったとされる写真では、膝《ひざ》つき抗議《こうぎ》運動を積極的に支持しているマイケル・ベネット選手（一九八五〜）が、火をつけたアメリカ国旗をふりまわし、チームメイトとコーチが盛り上がる様子が写っていた。

この写真は派手に拡散され、「NFLの選手たちは裏でこういうことをやっている」とほのめかされた。

しかし実際には、誰《だれ》も国旗に火などつけていなかった。二年前に撮影《さつえい》された元の写真は、重要な試合に勝利し、チームが喜んで踊《おど》っているだけで、二〇一六年にツイッターに投稿《とうこう》されていた。燃える国旗は、後に加工されたにすぎない。

加工された写真をよく見れば、偽造《ぎぞう》だと見抜《みぬ》くのは可能だ。たとえばベネット選手の国旗の持ち方が不自然だし、ロッカールームにはスプリンクラーが設置されているので、国旗が燃えたら作動したはずだ。

きちんと考えれば、エベレスト登頂時の服の変化のように、偽造《ぎぞう》の証拠《しょうこ》はあちこちにある。ただしその証拠《しょうこ》に気づくには、写真を念入りに見なければならない。

我々は、まずそこから始める必要があるようだ。

大統領選の不正投票疑惑《ぎわく》

トランプは二〇一六年の大統領選で、敗北を予期していたのか、あるいは勝敗に関係なく世間に不信感を引き起こしたかっただけかもしれないが、選挙での不正をさかんに口にするようになった
――「この選挙は不正に操作されることになるだろう」
不正選挙の話をあちこちで聞いた、と言いつつも、トランプは確たる証拠《しょうこ》を一つも提示せず、話の出所についても口を開かなかった。

すると当時二三歳《さい》だったメリーランド州の共和党員キャメロン・ハリスが「驚愕《きょうがく》の事実」――実は本人による捏造《ねつぞう》――を発表した。「オハイオ州の倉庫で、あらかじめ対立候補ヒラリー・クリントンの名前にチェックした大量の投票用紙が入った箱が発見された」というのだ。

ハリスは「オハイオ州コロンバス在住の電気工、ランダル・プリンス」なる人物を作りあげ、この電気工がふだんは使われていない倉庫に入って、山積みになった投票用紙を見つけたという話をでっちあげ、「重要な激戦州で、クリントンを勝たせるために仕組まれた、大がかりな不正だった」ことにした。

倉庫の場所をオハイオ州にしたのは、トランプがオハイオ州にいるときに不正選挙の話をしていたからだと、後にハリスは語っている。だがオハイオ州は共和党の牙城《がじょう》で、激戦州ではない。そのことはクリントン陣営《じんえい》ですら知っていたので、違和感《いわかん》がある。

ハリスは写真をググり、イギリスの『バーミンガム・メール』紙で「イギリスの選挙時に、プラスチック製の黒い箱の山の後ろに立つ男性の写真」を見つけた。しかもその箱には「投票箱」というラベルまでついている。ハリスはこの写真に「選挙管理委員会の調査に対し、発見した箱を見せるミスター・プリンス」という新しいキャプションをつけるだけでよかった。さらにハリスはこれを、自分が立ちあげた偽《にせ》ニュースのサイト、CTN（ChristianTimesNewspaper.com）に投稿《とうこう》した。

ハリスは、自分の嘘《うそ》はトランプの発言と一致《いっち》しているので、トランプ支持者が飛びつき、もてはやすだろうと計算した。その読みは当たり、ハリスはこの嘘《うそ》によって、一〇万ドルの広告収入を得た。

後に自分の策略をジャーナリストたちに見抜《みぬ》かれたとき、当初ハリスはなかなか口を開こうとしなかった。それはハリスが当時、政治コンサルタント業を立ちあげようとしていて、フェイクニュースを流したことがビジネスにとって有利に働くかどうか、判断がつかなかったからだった。

フェイクニュースを見破る手がかり

フェイクニュースを見破る最初の手がかりは、内容に具体性がないことだ。

ハリスの例で言うと、選挙管理委員会の調査官は誰《だれ》だったのか？ どんなふうに調査したのか？

ハリスは何もかもあいまいなまま、記事をこう締《し》めくくった――「この話はまだ進行中だ。CTNは、続報が入りしだい、お知らせする」

ハリスの記事は、トランプが不正投票の話を聞いたと言いつつ、具体的にどこで聞いたかを言わないのと同じだ。

もし検証できる具体性に欠けていたら、その話は疑ってかかったほうがいい――妖精《ようせい》がいると信じたドイル卿《きょう》のように、「自分が信じたいものを信じただけ」で良しとするなら別だが。

捏造《ねつぞう》の動機

ハリスは自分の嘘《うそ》を強力に拡散するために、フェイスブックのページをさらに六つ開設した。SNSユーザーの反応をフォローする『クラウドタングル』によると、ハリスの「驚愕《きょうがく》の事実」は、最終的に六〇〇万人にシェアされたという。

いったい何百万人のユーザーが――トランプはオハイオ州で楽勝したというのに――「クリントン陣営《じんえい》の不正選挙の確たる証拠《しょうこ》写真を見た」と納得《なっとく》したのだろう？

後にハリスは『ニューヨーク・タイムズ』紙にこう語っている――「最初はショックだった……みんな、なぜ簡単に信じちゃうんだろうって」

ハリスの話は正式な調査によって捏造《ねつぞう》だと判明し、オハイオ州の州務長官によって正式に否定された。

話を捏造《ねつぞう》した動機は、ずばり〝金〟だった。ハリスを始めとするフェイクニュースの発信者たちは、「クリントンを応援《おうえん》し、トランプを攻撃《こうげき》してもかまわなかったが、それだとあまり儲《もう》からない」と語っている。

要するに、トランプ支持者のほうがフェイクニュースに喜んで飛びつくので儲《もう》けやすい、ということだ。

しかしグーグルは今、明らかにフェイクニュースとわかるサイトには広告を載《の》せないようにしているので、フェイクニュース市場は先細りするかもしれない。

「不正投票疑惑《ぎわく》」は、二〇二〇年の大統領選でも取りざたされた。「トランプに投じられた票を、男性が燃やしている動画」が広く出回ったのだ。動画によると、その投票用紙はバージニア州バージニアビーチ市のものだが、当地の選挙管理委員会は、「画像内で燃やされている投票用紙はサンプルの用紙で、本物ではない」と否定した。投票用紙を燃やす男性の顔は動画に映っておらず、身元はわからずじまいだった。

画像と動画のフェイクあれこれ

その1：CNN

二〇二〇年の大統領選挙後、トランプに毛嫌《けぎら》いされているCNNが、バイラル動画（口コミやSNSのシェア機能によって広く拡散される動画）で血祭りにあげられた。その動画では、番組の司会者ジョン・キング（一九六三〜）が「トランプ劣勢《れっせい》」という選挙結果を報告しつつ、片手でポルノハブ——アダルト動画サイト——のスポンサー広告を隠《かく》そうとしていた。

この動画は、デジタル処理によるフェイクだった。ポルノハブはCNNのスポンサーではなく、ポルノハブのロゴがCNNの番組に登場したことは一度もない。

それでも、この動画は六五〇万人に視聴《しちょう》された。

その2：飛行機撃墜《げきつい》

二〇一四年七月一七日、オランダのアムステルダムからクアラルンプールへと向かっていたマレーシア航空一七便が、ウクライナ上空で消息を絶った。一七便には八〇名の子どもと一五名の乗務員を含《ふく》む二九八名が乗っていて、消息を絶ったウクライナのその場所は、親ロシアの反政府勢力が支配する地域だった。

この事故はオランダ主導で調査され、「航空機は、ロシアの諜報《ちょうほう》機関と関係のある地対空ミサイルによって撃墜《げきつい》された」と結論づけられた。

だがロシアは全面的に否定し、ウィキペディアの「マレーシア航空一七便撃墜《げきつい》事件」のページからロシアに関する記述を削除《さくじょ》して改ざんしようとし、ネットにも数多く投稿《とうこう》して、「マレーシア航空に不備があった」「ウクライナ軍が撃墜《げきつい》したのに、無実のロシアは中傷合戦に巻き込《こ》まれた」などと主張。さらに「マレーシア航空機がウクライナの戦闘機《せんとうき》に撃墜《げきつい》された証拠《しょうこ》写真」を用意した。

この写真は出来が良くはなかったが、実際、いくらデジタル技術を駆使《くし》しても、大半の偽造《ぎぞう》写真には明確に偽造《ぎぞう》だとわかる手がかりがいくつもある。

たとえば、この写真は衛星写真だとされているが、背景を見れば複数の衛星写真の合成だとわかる。戦闘機《せんとうき》はロシアが主張する型とはちがうものだし、マレーシア航空一七便はフォトショップで作ったとすぐにわかるお粗末《そまつ》な画像だ。

この写真を本物だと主張したロシア人のエンジニアは、実は工学の学位すら持っていなかった事実が露呈《ろてい》すると、ロシア技術者連盟は「写真はインターネットから入手したものだ」と弁明した。さらにロシアのインターネットでは複数の矛盾《むじゅん》する説明が流れ、「撃墜《げきつい》したのはウクライナの戦闘《せんとう》機《き》ではなく、ウクライナの地対空ミサイルだ」とする説まで登場した。

なぜロシアの諜報《ちょうほう》機関は、そこまでずさんなことをしたのか？　それはロシアの目的が「まともな説明をすること」ではなく、「混乱を引き起こすこと」だったからだった。

その3：イラン政府のミサイル発射

二〇〇八年、イラン政府は世界に向けて、一枚の写真を公開した。それは、四機の実験用ミサイル発射が成功した写真だった。実は一機は打ち上げに失敗していたのだが、成功したミサイルの写真をクローン加工してごまかした。

この加工はかなり雑だったのですぐにばれたが、クローン加工の技術は日々進化している。

その4：「ありがとう、トランプ」

二〇二〇年にイランのガーセム・ソレイマーニー司令官（一九五七～二〇二〇）がドローン機による爆撃《ばくげき》で暗殺された後、『ＦＯＸニュース』（アメリカのニュース専門放送局。保守系で親トランプ）のプロデューサー、ヨーナットット・フリリングは、イランの壁《かべ》にある落書きの写真をツイッターに投稿《とうこう》した。その落書きには、ペルシア語で「ありがとう、トランプ」と書いてあった。

フリリングは情報源を秘匿《ひとく》したが、イランの現状を知っている者なら、イラン国民がソレイマーニー司令官ほど人気のある指導者の暗殺を喜ぶことに違和感《いわかん》を覚えたはずだ。政府を支持していないイラン国民でさえ、アメリカによる爆撃《ばくげき》や自国のリーダー暗殺を喜ぶ者はいない。もし落書き写真が本物だったなら、暗殺を最終決定したトランプ大統領にとっては大勝利となっただろう。

当初、この投稿《とうこう》はアメリカの保守派内で拡散されたが、精査の結果、いろいろな問題が発覚し、フリリングはツイートを削除《さくじょ》した。

もともとその写真は、ドローン機爆撃《ばくげき》のだいぶ前に投稿《とうこう》されていた。あくまでも現時点でわかっている限りだが、最初の投稿《とうこう》は二〇一八年で、ヘシュマト・アラビという人物のツイッターアカウントだった。アラビは自称《じしょう》「反イラン政府活動家」で、極右のウェブサイトや『フォーブス』誌にも寄稿《きこう》したらしい。

だが実際にアラビをつきとめられた者はおらず、アメリカのインターネットメディア『ザ・インターセプト』は二名の情報源からの情報として、「アラビは実在の人物ではなく、MEK（イランの反体制武装組織）がアルバニアから操作しているボット（事前に設定された処理を自動的に実行するプログラム。語源はロボット）だ」とする記事を流した。MEK高官だと名乗るハサン・ヘイラニによると、

「ボットは指示された通りの内容を書き、この名前を使って記事をマスコミに流している。今もこれまでも、その名の人物は存在しない」

では、「イランの壁《かべ》の落書き写真」を「二〇二〇年の司令官暗殺」と最初に紐《ひも》づけたのは誰《だれ》なのか？

それは、いまだにわからない。

その5：トランプ陣営《じんえい》

二〇二〇年の大統領選で、トランプ陣営《じんえい》の工作員たちはフェイスブックで広告キャンペーンを展開し、「混乱と暴力から公共の安全を守る」というトランプの主張を、「暴力的な抗議《こうぎ》運動」の写真と共に何度も流した。

しかし警官隊と衝突《しょうとつ》する抗議《こうぎ》運動の写真は、実はアメリカのものではなく、二〇一四年にウクライナで撮影《さつえい》されたものだった。

写真の加工技術は急速に向上しているが、偽造《ぎぞう》写真による詐欺《さぎ》を摘発《てきはつ》する科学捜査《そうさ》の技術も、日々進歩している。

フェイク画像を見破る手がかり

大多数の偽《にせ》情報や陰謀論《いんぼうろん》やフェイクニュースは、精巧《せいこう》な偽造《ぎぞう》写真を作ろうとまではせず、すでに投稿《とうこう》された画像を切り貼《ば》りすることが多い。そのための素材なら、画像をググればいくらでも見つかる。

となると、フェイクだと見破る手がかりもいろいろある。

写真の中の物はすべて、同一の光源から同じように照らされているか？　すべての影《かげ》に矛盾《むじゅん》はないか？　二枚の写真の照明がまったく同じ確率は、かぎりなく低い。他にも、写真全体のピントの合う範囲《はんい》や背景の鮮明《せんめい》さに矛盾《むじゅん》はないか？　たとえば、一本の通りの両サイドのように並行する線は、必ず遠くで合流するように見える消失点がある。しかし写真の中に写っているかどうかは別として、二本の平行な線がまったく合流しそうにない場合、その線は同じ写真に写ったものではないと判断できる。

アーティストが太陽を描《えが》くとき、円から全方位に線が伸《の》びていくように描《えが》くことが多い。これは、カメラのレンズを太陽のような強烈《きょうれつ》な光源に向けたときに起こるレンズフレア（暗部への光の漏《も》れ）を、アーティスト流に表現したものだ。こういった光線はすべて、同じ光源から同じように伸《の》びていなければおかしい。もしそうでなければ、加工されている証拠《しょうこ》だ。偽《にせ》のレンズフレアは、簡単に見分けられる。

デジタル写真の最小単位、ピクセル（画素）は、写真の一部が拡大・縮小されているかどうか、確かめる手段として使える。より高度な技術を持つ人ならば、写真の隠《かく》れた情報であるメタデータ（撮影《さつえい》された日時や絞《しぼ》りなどのデータ）を調べ、時にはカメラの種類、場合によっては持ち主や撮影《さつえい》された環境《かんきょう》まで特定できる。

とにかく、偽造《ぎぞう》かどうかの判定の鍵《かぎ》は、写真の中のすべての物が、まったく同じ環境《かんきょう》で、同じカメラで撮影《さつえい》されているかどうかだ。

偽造《ぎぞう》写真を見抜《みぬ》く技術は、日々、向上している。だが、たいていの偽造《ぎぞう》写真はあまり手の込《こ》んだものではないので、そこまで高度な技術がなくても見抜《みぬ》ける。

フェイクを見破る技術の強み

フェイクを見破る技術には、別の強みがある。それは、批判にさらされた写真が「正真正銘《しょうめい》、本物の写真である」と立証できる点だ。

大多数の陰謀論《いんぼうろん》は、「この写真はフェイクだ」という非難に基づいている。だが現代の技術ならば、有名な月面着陸の写真は本物だと立証できる。

ケネディ大統領暗殺（一九六三年一一月）にまつわる定番の陰謀論《いんぼうろん》も、「写真を不正加工した」という主張に基づいている。そもそもケネディ大統領の暗殺事件は、いろいろな意味で捜査官《そうさかん》たちに難題をつきつけた。犯人とされるリー・ハーベイ・オズワルド（一九三九〜一九六三）は、逮捕《たいほ》されたとき、マスコミに自分は犯人じゃないと訴《うった》えることしかできなかった。さらに二日後、オズワルドは、裏社会とつながりのあるジャック・ルビー（一九一一〜一九六七）に射殺されてしまったため、政府の調査委員会では多くの点が未解決のまま残った。

陰謀論《いんぼうろん》の根拠《こんきょ》となったのは、オズワルドが自宅の裏庭で携帯《けいたい》ケースに入れた銃《じゅう》を下げ、ケネディを撃《う》ったとされるライフル銃《じゅう》を持っている写真だ。昔からこの写真は、オズワルドの鼻の影《かげ》の方向が、体の影《かげ》の方向とちがう、と指摘《してき》されてきた。屋外で撮影《さつえい》した写真なら、光源が二つあるわけがない。だから、銃《じゅう》を携帯《けいたい》した何者かの写真にオズワルドの顔が合成されたにちがいない――というのが、陰謀論《いんぼうろん》の根拠《こんきょ》だ。

しかしケネディ暗殺から五〇年後、犯罪科学の専門家たちは三次元のモデルを作ることに成功し、写真の中の照明に矛盾《むじゅん》がないことを証明した。オズワルドの写真には、画像処理ソフトを使った形《けい》跡《せき》もない。

これで「オズワルドは本当にケネディ大統領の暗殺犯か」という疑問が解けたわけではないが、陰謀論《いんぼうろん》の根拠《こんきょ》の一つを嘘《うそ》だと暴《あば》くことはできた。

危険な新種のアルゴリズム

写真を信じたい人にとってやっかいなのは、「敵対的機械学習（AML）」と呼ばれる新たなアルゴリズムが登場したことだ。

以前のボットは、「実在しない人物の写真は作れないので、ユーザーのプロフィール写真をどこかから調達しなければならない」という問題を抱《かか》えていた。だからこそ、ボットのアンジー・ディクソンは、俳優のレオナルド・ディカプリオとつきあっていたモデルの顔を借りるしかなかった。その場合、第三者（悪用された写真の本人など）に嘘《うそ》だとばれる恐《おそ》れがある。

だが新しいアルゴリズムは、実在しない人物の写真を作れる。

その結果、いまや詐欺師《さぎし》は、実在の人間の顔写真を調達する必要がなくなった。

10 子どもを救え

標的にされるセレブたち

おもしろみに欠ける真実は、刺激的《しげきてき》な嘘《うそ》の影《かげ》に隠《かく》れかねない。

――――オルダス・ハクスリー(『すばらしい新世界再訪』1932年刊より)

Qアノンの陰謀論《いんぼうろん》：アドレノクロム

幼児を性的欲求の対象とする犯罪は、インターネット時代のはるか前から、「いわれなき誹謗《ひぼう》中傷の原因」としてよく使われた。子どもへの性的虐待《ぎゃくたい》は、犯罪の中でとりわけ恐《おそ》れられ、憎《にく》まれるからだ。子どもへの性的虐待《ぎゃくたい》がソーシャルメディアでしつこく取りあげられ、独創性はないにせよ、陰謀論《いんぼうろん》の人気のテーマとなってきたのは、当然といえよう。

事実など気にもしない人々の手にかかると、科学は危険な嘘《うそ》になりうる。Qアノンが二〇二〇年に、ティックトックやユーチューブやインスタグラムといったソーシャルメディア・プラットフォームで拡散した陰謀論《いんぼうろん》が良い例だ。

Qアノンは「全世界のエリートたちが、幻覚《げんかく》体験を引き起こすアドレノクロムを採取し、かつ若くて屈強《くっきょう》な肉体を保つために、子どもたちを誘拐《ゆうかい》し、その血を飲んでいる」という陰謀論《いんぼうろん》を拡散した。

その嘘《うそ》はソーシャルメディアで拡散されただけでなく、テレビのトーク番組に証言者まで登場した。それは臨床《りんしょう》心理学者のフィリップ・マグロー博士（一九五〇〜）が司会を務める『ドクター・フィル』という番組で、二〇二〇年に「アドレノクロムのために、娘《むすめ》が誘拐《ゆうかい》されて虐待《ぎゃくたい》された」と主張するゲストが出演した。

陰謀論者《いんぼうろんしゃ》の敵は「全世界のエリートたち」

では、Qアノンの言う「全世界のエリートたち」とは、具体的に誰《だれ》だったのか？

「全世界のエリートたち」という呼称《こしょう》は、「教育を受け、広い見識を持ち、嘘《うそ》を嘘《うそ》だと指摘《してき》しかねない人たち＝陰謀論者《いんぼうろんしゃ》たちの敵」を指すキャッチフレーズだ。成功していそうな人は、誰《だれ》でもエリートに分類される。

エリートは読書をする。だからこの本を読んでいるあなたは、エリートということになる。デマゴーグ（民衆を扇動《せんどう》する政治家）が「本を読まない」と自慢《じまん》して、支持層にアピールするのはそのせいだ。

有名人はとくに陰謀論者《いんぼうろんしゃ》から敵視されやすい。

一例を挙げると、ソーシャルメディアでハリウッドは「ウィアード（異様な）」という単語とくっつけて「ハリウィアード」とよく称《しょう》される。ネットの投稿《とうこう》の中には、「逮捕《たいほ》、自宅監禁《かんきん》中」の有名人の架空《かくう》リストが存在するし、「逮捕《たいほ》、処刑《しょけい》済み」という架空《かくう》リストまである。そんな嘘《うそ》はすぐに嘘《うそ》だとばれるのに、いつもながら陰謀論者《いんぼうろんしゃ》は、そんなことは気にしない。

「エリート層のセレブたちは、何か下劣《げれつ》なことでもしないかぎり、今の名声を手に入れられたはずがない」とQは主張した。リッチで有名な人がいるとしたら、そいつはきっと児童虐待《ぎゃくたい》をしていたはず。子どもの命を犠牲《ぎせい》にして、アドレノクロムを手に入れるのは、リッチな有名人に決まっている——という主張だ。

こういった投稿《とうこう》は、いっさい根拠《こんきょ》がないにもかかわらず、膨大《ぼうだい》な人数が閲覧《えつらん》した。主な情報源はQアノンだ。

児童虐待《ぎゃくたい》の噂《うわさ》を流した者たちは、被害《ひがい》に遭《あ》った子どもなど存在しないのに、その子たちを守ると称《しょう》して、「Child Lives Matter《チャイルド・ライブズ・マター》（子どもの命は大切だ）」というグループを結成した。

アドレノクロムとは？

アドレノクロムが人体に存在する化合物なのは、事実だ。一九五〇年代にはアドレノクロムが統合失調症《しょう》を引き起こす可能性について研究され、二〇世紀半ばにはオルダス・ハクスリー（一八九四～一九六三）といった著述家が、「アドレノクロムは新種の向精神薬かもしれない」という考えにとらわれた。向精神薬とは人間の気分を変える薬で、うつ病、統合失調症《しょう》、双極性《そうきょくせい》障害、強い不安といった体調不良の治療《ちりょう》に使われるが、娯楽《ごらく》目的で乱用されることもある。

しかしアドレノクロムを研究した科学者たちは、Qアノンの陰謀説《いんぼうせつ》にほとんど興味を示さなかった。アドレノクロムはアドレナリンの副産物にすぎず、買うことができるので、わざわざ子どもを誘拐《ゆうかい》しなくても手に入るからだ。

ハンター・S・トンプソン（一九三七〜二〇〇五）が一九七一年に出版したもっとも有名な著作『ラスベガス・71』と、それが映画化された一九九八年製作の『ラスベガスをやっつけろ』では、あるジャーナリストが弁護士といっしょにラスベガスを訪れ、アドレノクロムを含《ふく》むさまざまなドラッグを試す様子が描《えが》かれている。

この小説がベースとなって、「アドレノクロムは生きている人間の副腎《ふくじん》から手に入れるしかない」といった嘘《うそ》だけでなく、アドレノクロムを体験すると「純粋《じゅんすい》なメスカリン（幻覚剤《げんかくざい》の一種）がただのジンジャービアのように思える」といった作り話まで生まれたのだった。

副腎《ふくじん》？　血？　物騒《ぶっそう》な作り話は、そのあとも変化しながら生き残った。

たとえば、陰謀論者《いんぼうろんしゃ》のリズ・クロキン（一九七九〜）はこう述べている――「アドレノクロムは、エリートが愛してやまないドラッグ。しかも、子どもから採取するドラッグだ。虐待《ぎゃくたい》された子どもの脳下垂体から抽出《ちゅうしゅつ》するドラッグで、闇《やみ》市場で売買されている。アドレノクロムは、エリートが好む、エリートのためのドラッグだ」

さらに過激な主張をする陰謀論者《いんぼうろんしゃ》もいる。「ヒラリー・クリントンと側近のフーマ・アベディン（一九七六〜）が、子どもの顔の皮を引きはがし、マスクとしてかぶったうえ、アドレノクロムを得るためにその子の血を飲む様子を録画した映像がある」というのだ。

しかし、そのような映像はいまだに発見されていない。

『モンスターズ・インク』は物騒《ぶっそう》な映画？

二〇一四年ごろ、アドレノクロムの作り話は、Qアノンの後押《あとお》しもあって、「ユダヤ人は子どもの血を採取している」という、昔から存在する作り話と合体した。

そして二〇一七年には、「ピクサー映画『モンスターズ・インク』は、実は子どもからアドレノクロムを採取する話だ」という噂《うわさ》が広まった。『モンスターズ・インク』のモンスターは、人間の子どもを怖《こわ》がらせ、その悲鳴を集めている。そこが、子どもから血を採取する様子と似ている、という説だ。

ネットでは「エリートの秘密のスーパードラッグ、アドレノクロム」という動画が出回り、一部のソーシャルメディア・プラットフォームはその動画を削除《さくじょ》したが、他のソーシャルメディアで生き残った。

標的にされたセレブ：レディー・ガガ

新型コロナウイルス感染症《しょう》のパンデミックによるロックダウン中、セレブたちはパンデミックのせいで子どもの人身売買が難しくなり、供給が減ったため、アドレノクロムの禁断症状《しょうじょう》に苦しんだ、と噂《うわさ》された。

そのひとり、シンガーソングライターのレディー・ガガ（一九八六〜）は、アドレノクロムを得るために子どもの血を飲む儀式《ぎしき》に関《かか》わった、などと言われた。

セレブのホームページに嘘《うそ》の主張を投稿《とうこう》すると、嘘《うそ》の主張をより目立たせ、嘘《うそ》を広めることができる。そのセレブがアドレノクロムを使った証拠《しょうこ》はないし、これまで実際にアドレノクロムを採取したという人すらいないが、それでも嘘《うそ》の拡散は止められない。

COLUMN
コラム

ユダヤ人への血の中傷

ユダヤ人は過《す》ぎ越《こ》しの祭り用の血を採取するため、儀《ぎ》式《しき》と称《しょう》して子どもたちを生贄《いけにえ》にしている——という噂《うわさ》がヨーロッパで最初に広がったのは、一二世紀のことだ。過《す》ぎ越《こ》しの祭りとは、ユダヤ人がエジプトでの隷属《れいぞく》から解放されたことを記念する祭りで、人間の血はいっさい使わない。

世に広く出回った多くの嘘《うそ》と同じく、この嘘《うそ》の噂《うわさ》も何度も消えては、また復活した。そして現代では、インターネットで復活している。

一九世紀末、このバカげた中世の嘘《うそ》は、とくにこれといった理由もなく、なぜか中央ヨーロッパで復活した。ユダヤ人が血欲しさに子どもを殺した、とされる事件が数百件発生し、その約半分が裁判沙汰《ざた》になった。裁判所はすべての訴《うった》えを棄却《ききゃく》したが、それでも嘘《うそ》は広まり続けた。

トランプが選挙戦でついた嘘《うそ》が、裁判で何度も反証されたにもかかわらず、しぶとく広がり続けたのと同じだ。

その手の裁判でもっとも有名なのは、当時はロシア帝国《ていこく》の一部だったウクライナのキーウでの、一九一三年の裁判だ。

一九一一年、キーウ郊外《こうがい》の洞窟《どうくつ》で、一三歳《さい》のアンドレイ・ユシーンスキーが遺体となって発見された。その体には、四〇カ所以上の刺《さ》し傷があった。すると「黒百人組」というロシアの極右団体が、「被害者《ひがいしゃ》は、ユダヤ人によって、儀式《ぎしき》のために殺害された」という声明を出した。「黒百人組」は、反ユダヤ主義の『シオン賢者《けんじゃ》の議定書』や反ユダヤ主義の嘘《うそ》を数多く広め、一八八一年以降繰《く》り返された、ポグロムと呼ばれるユダヤ人大虐殺《だいぎゃくさつ》を行った団体だ。

やがてメンデル・ベイリスという五人の子を持つ三七歳《さい》の父親が、「ユダヤ人である」「現場近くのレンガ工場で働いている」との理由で、犯人として告発された。犯行を立証する証拠《しょうこ》はいっさいなかったのに、ベイリスは裁判が開かれるまで二年間も収監《しゅうかん》された。

この裁判で検察側は、奇《き》っ怪《かい》としか言いようのない証人を多数集めた――皇帝《こうてい》から賄賂《わいろ》を受けとった病理学者。酔《よ》っぱらって矛盾《むじゅん》する証言をし、酔《よ》いがさめるとすべての証言を撤回《てっかい》したカップル。何も知らないと否定した酔《よ》っぱらい。犯罪組織の女性リーダー。ちなみにこの女性リーダーは、自分のことを警察に密告した恋人《こいびと》を失明させた過去があり、警察からは自分の息子《むすこ》を口封《くちふう》じのために殺した疑いもかけられていた。

この裁判には世界中から抗議《こうぎ》が殺到《さっとう》し、アメリカでは、ジェーン・アダムズ（人道主義者、

平和主義運動家　一八六〇～一九三五）やブッカー・T・ワシントン（奴隷《どれい》出身のアフリカ系アメリカ人コミュニティの指導者　一八五六～一九一五）といった有名な社会改革者たちが抗議《こうぎ》の声を上げた。

結局、裁判では、有罪判決を出すために陪審員《ばいしんいん》に選ばれたウクライナ人の小作人がベイリスを無罪にするという、予想外の判決が下された。

それでも「ユダヤ人が儀式《ぎしき》のために子どもを殺した」という作り話は語りつがれた。数十年後にはナチ党のプロパガンダ（主義や思想の宣伝）に利用され、ふたたび世間の注目を集めた。

第二次世界大戦後には、ポーランドのキエルツェという町で、ユダヤ人――その大半がナチスの強制収容所の生存者――が「血欲しさに子どもたちを殺した」と責められ、四二人が暴徒に殺害されるという事件まで起きている。

ちなみにポーランドのルブリン市のカトリック教会のステファン・ヴィシンスキー司教（後に枢機卿《すうききょう》に就任　一九〇一～一九八一）は、「ベイリス裁判では、まだ問題が解決していなかったということだ」とだけ言い、この暴徒の襲撃《しゅうげき》を反ユダヤとして非難するのを避《さ》けた。

標的にされたセレブ：エレン・デジェネレス

インターネットの陰謀論者《いんぼうろんしゃ》は、トーク番組『エレンの部屋』（二〇〇三〜二〇二二）のホスト、エレン・デジェネレス（一九五八〜）も標的にしたことがある。ドナルド・トランプの息子《むすこ》エリック・トランプがソーシャルメディアで、デジェネレスとバラク・オバマとヒラリー・クリントンは全員「ディープステート」のメンバーだ、と述べたのだ。

ディープステートとは「我々一般人《いっぱんじん》への陰謀《いんぼう》を企《たくら》む、エリート層で形成された闇《やみ》の政府」という、トランプとトランプ支持者とＱアノンが大いに好む妄想《もうそう》を指す。

それにしても、デジェネレスが標的にされたのは腑《ふ》に落ちない。デジェネレスはレズビアンだとカミングアウトし、ゲイの権利とＬＧＢＴＱ（セクシュアル・マイノリティと呼ばれる人々の総称《そうしょう》の一つ）の権利を擁護《ようご》する運動をしているが、それをのぞけば政治活動はしていない。

二〇一五年、デジェネレスは平等と権利を促進《そくしん》する企業《きぎょう》として、家具通販《つうはん》のウェイフェアという会社を立ちあげた。

すると陰謀論者《いんぼうろんしゃ》たちはツイッターで、「デジェネレスは子どもの人身売買に関《かか》わっている」「デジェネレスの家具通販《つうはん》は、人身売買の隠蔽策《いんぺいさく》だ」と主張した。陰謀論者《いんぼうろんしゃ》たちはレディット（アメリカの掲示板型《けいじばん》ソーシャルニュースサイト）でも、「家具の名前は、実は行方《ゆくえ》不明になった子どもたちの名前では？」とほのめかした。トーク番組『エレンの部屋』のSNSアカウントに対し、「なぜ行方《ゆくえ》不明の子どもたちの名前をつけた枕《まくら》を売って、一万ドル以上稼《かせ》いでいるのか、説明して。番組もウェイフェアの人身売買に関《かか》わっているの？」と投稿《とうこう》した者もいた。非難の投稿《とうこう》は増えるいっぽうで、「デジェネレスはアドレノクロム採取に関《かか》わっている」と非難する者まで現れた。

そして二〇二〇年の初め、ツイッターや他のソーシャルメディアで、「デジェネレスは性的人身売買の容疑で自宅軟禁《なんきん》されているらしい」という噂《うわさ》がかけめぐった。デジェネレスについての投稿《とうこう》では、「オプラ・ウィンフリー（テレビ番組の司会者、プロデューサー　一九五四〜）、大富豪《だいふごう》のビル・ゲイツ夫妻、ヒラリー・クリントン夫妻も同様の容疑で自宅軟禁《なんきん》されている」とも書かれ、何千人もの人々が投稿《とうこう》を共有した。

あるツイートはデジェネレスの写真を載《の》せ、「デジェネレスの背後に立っている男は、デジェネレスを逮捕《たいほ》しにきた警官だ」とまで断定した。が、その男性は『エレンの部屋』のプロデューサー、アンディ・ラスナー（一九六六〜）だった。

発信した情報が数々の事実によって嘘《うそ》だとばれても、ソーシャルメディアでは問題ない。大勢の目に触《ふ》れれば、なかには信じる人もいるからだ。

ヒラリー・クリントンの「ピザゲート」

二〇一六年の大統領選挙中、トランプ支持者は、トランプの対抗馬《たいこうば》ヒラリー・クリントンについて、荒唐無稽《こうとうむけい》な嘘《うそ》をこれでもかと拡散した。これは、トランプが考えた政治戦略でもあった。嘘《うそ》はどれだけ強引《ごういん》で、どれだけ無理があっても、やりすぎということはない。ばかげた嘘《うそ》であればあるほど、すみやかに広まっていく——という戦略だ。

もしかしたら、その嘘《うそ》を信じる人がいるかもしれない。

この戦略ならば、中世の「子どもを殺し、その血を儀式《ぎしき》のために使った」という「言いがかり」が現代に蘇《よみがえ》ったのも、うなずけるだろう。

投票日まであと数週間となったとき、「ヒラリー・クリントンは、ワシントンDCの人気ピザ店を拠点《きょてん》に、子どもの人身売買をしている」という話が——必ずしも信じられたわけではないが——世に広まった。発端《ほったん》は、ウィキリークス（機密情報を匿名《とくめい》でリーク＝暴露《ばくろ》する告発サイト）がクリントン陣営《じんえい》の選挙対策責任者ジョン・ポデスタ（一九四九〜）のメールをハッキングし、それを公表したことだった。

するとレディットや過激主義的な掲示板《けいじばん》サイトの4チャンといった保守派のソーシャルメディア

が、悪事の手がかりを求めて、ポデスタのメールをチェックし始めた――「ポデスタのメールには、有罪となるような不利な内容が含《ふく》まれているにちがいない。でなければ、ハッキングされるはずがない！」

ポデスタは料理が好きで、よくイタリア料理を話題にしていた――「ん？　これは怪《あや》しいぞ」

こうしてメールをチェックしていた人々は、ポデスタとジェームズ・アレファンティスとのやりとりを発見した。アレファンティスはワシントンDCの人気ピザ店コメットピンポンのオーナーで、民主党支持者だった（トランプは共和党員）。さらにポデスタは「チーズピザ」の話もしていた――「うん、これだ！　ポデスタがピザ屋とわざわざチーズピザの話をするのなんて、きっとわけありだ！」

こうして4チャンは、「チーズピザ（cheese pizza）は、児童ポルノ（child pornography）を意味する暗号のc.p.だ」と決めつけた。

「子どもの人身売買の拠点《きょてん》」とされたピザ店コメットピンポンは、卓球台《たっきゅうだい》や家族みんなでピザを楽しめる長いテーブルを用意している。この感じの良い人気のファミリーレストランに行けば誰《だれ》でも、邪悪《じゃあく》な行為《こうい》などいっさい行われていないことがわかったはずだ。

しかしここまでバカげた中傷になると、まともに否定したらそれこそバカに見えるので、防ぎようがない。まともに否定したら、バカげた噂《うわさ》を認識し、相手にしていると認めることになり、かえって噂《うわさ》に信ぴょう性を与《あた》えてしまう。

この話は、すぐに「ピザゲート」と呼ばれるようになった。ヒラリーをやっつける、ウォーターゲート事件のピザ版スキャンダル、というわけだ。

ピザ店での発砲《はっぽう》事件

この話題についてほとんど知識がない人でも、ソーシャルメディアには投稿《とうこう》できるので——誰《だれ》でも投稿《とうこう》可能というのが、ソーシャルメディアのもともとのアイデアだ——ピザゲートの話はどんどん不気味で怪《あや》しくなっていった。

そしてピザ店の地下で行われる数々の悪事の噂《うわさ》が、ツイッターやフェイスブックなどのソーシャルメディアで拡散された——「ピザ店の地下には殺害のための部屋が複数ある。地下室と地下トンネルでは悪魔崇拝《あくまずうはい》の儀式《ぎしき》が行われていて、人肉を食らっている。そのすべてを指示しているのは、ヒラリー・クリントンだ！」

ピザ店コメットピンポンに行ったことのある人なら、店に地下室はないと、すぐに確かめられただろう。しかしソーシャルメディアで見ているだけだと、「複雑な地下の一部」と題したウォークイン冷蔵庫の写真を見て、そうなのかと信じてしまいがちだ。

そのひとり、ノースカロライナ州出身で二八歳《さい》のエドガー・ウェルチにとって、これは政治にまつわるただの噂話《うわさばなし》では済まされなかった——「子どもたちが、おぞましい目に遭《あ》うなんて。よし、俺《おれ》が悪事を止めてみせる！」

ウェルチはソーシャルメディアを通じて「ヒラリー・クリントンは、誘拐《ゆうかい》した子どもたちをピザ店の地下室に閉じこめ、その子たちを悪魔崇拝儀式《あくますうはいぎしき》に使い、人身売買している」と信じこみ、ふたりの子を持つ父として、行動を起こさずにはいられなくなった。

そこで二〇一六年一二月、ウェルチはライフル銃《じゅう》と拳銃《けんじゅう》を一丁ずつ持って、混みあった広いコメットピンポンに押《お》し入った。客たちは恐怖《きょうふ》のあまり逃《に》げだして、「ピザ店が襲撃《しゅうげき》された」とソーシャルメディアに投稿《とうこう》した。

だが地下室への入り口があるはずの店の奥《おく》で、ウェルチが見たのは、ピザ生地《きじ》をこねるひとりの男性だけだった。ウェルチはあきらめられず、四五分間にわたって地下への隠《かく》れた入り口を探しまわり、家具をひっくり返したり、壁《かべ》をたたいたりした。鍵《かぎ》のかかったドアを見つけたときには、これぞ地下への入り口だと思いこみ、錠前《じょうまえ》を撃《う》って突入《とつにゅう》したが、ドアの先にあったのは、ドアも階段もない、ただのせまいコンピュータ室だった。

結局、ウェルチは武器を捨て、警察に投降した。ウェルチはせめてもの虚勢《きょせい》で、「この件に関し、情報が完全にはそろっていなかった」と述べた。

だがこのあとも、一部の人々は「ピザ店の地下で子どもが虐待《ぎゃくたい》されている」という話をなおも信じ、拡散し続けた。

ユーチューブでは「ピザゲート」というハッシュタグをつけたビデオクリップが流され、すさまじい人数が視聴《しちょう》した。警察とウェルチ本人が陰謀論《いんぼうろん》を否定したあとでも、ピザゲート陰謀論《いんぼうろん》を宣伝する掲示板《けいじばん》にはユーザーが殺到《さっとう》し、「パスタのクルミソースは児童売春の暗号か」という議論が交《か》わされた。「コメットピンポンの彗星《コメット》のマークは、実は悪魔《あくま》の象徴《しょうちょう》だ」とか「オバマがホワイトハウスで卓球《たっきゅう》をしている写真は、ピザ店での儀式《ぎしき》に参加した証拠《しょうこ》だ」とかの珍説《ちんせつ》も飛びだした。

ナンセンスな珍説《ちんせつ》

ナンセンスな珍説《ちんせつ》は、まだまだ続いた。

カフェ・ランファンのオーナーは、「I love L'Enfant《アイ・ラブ・ランファン》」と書かれたTシャツ姿をネットにさらされた。L'Enfant《ランファン》はフランス語で「子ども」を意味し、このフレーズは直訳すれば「僕《ぼく》は子どもを愛している」という、陰謀論者《いんぼうろんしゃ》が喜びそうな意味になる。だがTシャツのL'Enfantは、実は自分の店カフェ・ランファンを指していて、この店名はワシントンDCを設計した一八世紀のフランス生まれの建築家、ピエール・シャルル・ランファン（一七五四～一八二五）にちなんだものだった。

ランファンの名前は、トランプが連邦《れんぽう》議会議事堂への襲撃《しゅうげき》を扇動《せんどう》したとして弾劾《だんがい》されたとき――

ちなみに弾劾《だんがい》は二度目だ――、ふたたび登場した。親トランプのケーブルチャンネル『ワン・アメリカ・ニュース・ネットワーク』が「連邦《れんぽう》議会議事堂襲撃《しゅうげき》を扇動《せんどう》したのはトランプではなく、実はピエール・シャルル・ランファンだった」という、驚《おどろ》くべき珍説《ちんせつ》を披露《ひろう》したのだ。

さらに、カフェ・ランファンも、オーナーも、ピザ店コメットピンポンとはいっさい関係なかったのに、写真の中でTシャツを着ているオーナーがなぜかコメットピンポンのオーナー、アレファンティスと混同され、「このTシャツは、子どもへの偏愛《へんあい》を示す証拠《しょうこ》だ」と断定される珍事《ちんじ》まで起きた。

「ピザゲート」の情報源は？

そもそも「ピザゲート」の情報源は、いったい誰《だれ》だったのだろう？　『ローリングストーン』誌は一年以上かけて出所を追いかけ、情報源は「一般人《いっぱんじん》、オンライン活動家、ボット、海外の諜報員《ちょうほういん》、および国内の政治工作員。その多くはトランプ陣営《じんえい》の支援者《しえんしゃ》たちで、残りはロシアの関係者だった」ことをつきとめた。

事実という縛《しば》りがなくなったとたん――あるいは「情報が完全にはそろっていない」とき――作り話は驚異的《きょういてき》に速く、驚異的《きょういてき》に長い期間、驚異的《きょういてき》に遠くまで拡散しうる。

ツイッターの問題点

裏付けのない話をつぶやけるツイッターは、まさに作り話にうってつけの媒体《ばいたい》だ。「テキサス州の上院議員テッド・クルーズ（一九七〇〜）の父親がケネディ大統領（一九六三年暗殺）を殺した」という、ぜったいありえない嘘《うそ》でも書ける。実際、このツイートは存在した。

ソーシャルメディアで作り話は実話より六倍速く広がることが、調査で判明している。理由は単純。嘘《うそ》の作り話のほうがおもしろいからだ。

報道の自由を支持するフィリピンの勇敢《ゆうかん》なジャーナリスト、マリア・レッサ（一九六三〜）は、二〇二一年一二月一〇日、ノーベル平和賞受賞スピーチで、こう述べている――「(神のような力を持つテクノロジーは) 私たちひとりひとりを嘘《うそ》のウイルスに感染させ、たがいに反目させ、恐怖《きょうふ》と怒《いか》りと憎悪《ぞうお》を引きだし、権威《けんい》主義者と独裁者が台頭する舞台《ぶたい》を世界中で整えています。今、私たちにもっとも必要なのは、その憎悪《ぞうお》や暴力といった、情報のエコシステムを駆《か》けめぐる有毒なヘドロを変えることです。この情報エコシステムは、憎悪《ぞうお》をまきちらし、私たちのもっとも醜悪《しゅうあく》な一面を引きだすことで稼《かせ》ぎまくっている、アメリカのインターネット企業《きぎょう》が率先して動かしています」

11 真実の投げ縄《なわ》

まずは「自分の頭で考える」

人は、真実であってほしいことをすぐに信じる。
————フランシス・ベーコン(『ノヴム・オルガヌム』1620年刊より)

最強のスーパーヒーロー、ワンダーウーマン

スーパーヒーローはいつも人気がある。空想するのが楽しいからだ。スーパーパワーを持てたら、どんなだろう？　透視《とうし》能力を使えたら？　超人的《ちょうじんてき》な腕力《わんりょく》をふるえたら？　つい、そんなふうに想像してしまう。

僕《ぼく》は昔から、空を飛ぶ能力に魅力《みりょく》を感じていた。飛行機に乗らず、空港にも行かず、えいやっと宙に飛びだしただけで、猛《もう》スピードで空を飛べたらどんなにいいか。

スーパーヒーローの中で最強の力を誇《ほこ》るのは、やはりワンダーウーマン（アメリカのDCコミックスに登場する。映画化もされている）だろう。なんといってもワンダーウーマンには、「真実の投げ縄《なわ》」という最強の武器がある。捕《と》らえた者に真実を吐《は》かせるこの武器は、女王ヒッポリュテの腰帯《こしおび》から作られていて、破壊《はかい》は不能。ワンダーウーマンはこの投げ縄《なわ》で悪党を捕《と》らえ、魔法《まほう》の力で強制的に真実を吐《は》かせ、悪だくみを暴《あば》くのだ。

我々にも「真実の投げ縄《なわ》」があれば、どれだけ良いだろう。

ピノッキオの鼻

一九世紀、イタリアの作家カルロ・コッローディ（一八二六～一八九〇）は、嘘《うそ》を見抜《みぬ》く別の方法を作品で描《えが》いた。それは、ゼペットという人形職人がピノッキオという名の木製の操《あやつ》り人形を作る話だった。ピノッキオは人間の男の子になりたかったが、嘘《うそ》ばかりついていて、嘘《うそ》をつくたびに鼻が少しずつ伸《の》びていく。

ロナルド・レーガン元大統領（在任一九八一～一九八九）やビル・クリントン元大統領（在任一九九三～二〇〇一）が一般《いっぱん》教書演説をし、その最中に鼻が伸《の》びていくのを見るのはどんなだろう？　これがドナルド・トランプ前大統領（在任二〇一七～二〇二一）なら？　しゃべるたびに鼻がどんどん伸《の》びていき、きっと重くて支えきれなくなるはずだ。トランプと、ロシアの独裁者プーチンが会談したらどうなる？　どっちの鼻が先にぐんぐん伸《の》びて、支えきれなくなるだろうか？

こんなふうに嘘《うそ》が見えれば、どれだけいいか。アメリカの天文学者カール・セーガン（一九三四～一九九六）は「予測を立て、誤差の範囲《はんい》を堂々と公表する世論調査会社のテクニックを、政治家にも適用したほうがいい」と、よく冗談《じょうだん》で言っていた。政治家がしゃべっている最中に、過去の言動を基《もと》に「誤差の範囲《はんい》」と「信ぴょう性」を表示する――みたいな方法だ。

嘘《うそ》発見器（ポリグラフ）

もっと現実的な解決法としては、嘘《うそ》発見器がある。嘘《うそ》発見器は、嘘《うそ》をつくときの仕草を見分ける実験――表情の変化や、嘘《うそ》をついたときの瞳孔《どうこう》の大きさの変化など――を何度も重ねて、発明された。発明者としてよく名が挙がるのは、カリフォルニア州バークリー市警察で非常勤で働いていて、生理学の博士号を持つジョン・オーガスタス・ラーソン（一八九二～一九六五）だ。ラーソンが一九二一年に発明した最初の装置は、血圧と呼吸の変化を測るものだった。

その後、『ニューヨーク・タイムズ』紙は一九三三年に、ラーソンの下で働き、装置に改良を施《ほどこ》し、特許を申請《しんせい》したレナード・キーラー（一九〇三～一九四九）を嘘《うそ》発見器の発明者と認定した。当初キーラーは自分が改良した装置をエモトグラフと呼んでいたが、後に製造業者と組み、ポリグラフという名称《めいしょう》で、全米各地の警察署に売りさばいた。

いっぽう同紙は、一九三七年、「すでに一九一五年にマシンを発明していた」と主張したハーバード大学の心理学者ウィリアム・モールトン・マーストン（一八九二～一九六五）を嘘《うそ》発見器の発明者として、インタビュー記事を載《の》せている。マーストンは「人間は嘘《うそ》をつくと血圧が上がる」ことに気づき、血圧を測定すれば嘘《うそ》を見破れることを発見した。

血圧の上昇《じょうしょう》は「意識的にだましているかどうかを測る、ぜったい確実な検査法である」と、マーストンは主張した。これは、嘘《うそ》発見器の基本原理でもある。

ちなみにマーストンは、一九四一年に連載《れんさい》を開始した『ワンダーウーマン』の原作者で、「真実の投げ縄《なわ》」の考案者であることも、ぜひ指摘《してき》しておきたい。

嘘《うそ》発見器と警察と裁判所

やがて嘘《うそ》発見器は、設備の整った警察署に装備されるようになった。

嘘《うそ》発見器で出た結果は、裁判所では証拠《しょうこ》として認められなかったが、警察は「大多数の犯罪は嘘《うそ》に基づいている」「犯人の嘘《うそ》を暴《あば》けば自白につながる」と信じていた。嘘《うそ》発見器は黒い箱にダイヤルやひもがいくつもついていて、見る者がぞっとするような形に設計されていたので、結果として数多くの自白を引きだすことに貢献《こうけん》した。

ゴムホースで被疑者《ひぎしゃ》をたたく、といった警察の拷問《ごうもん》に批判が高まっていたなか、警察にとって嘘《うそ》発見器は、代わりとなる新たな道具として都合が良かった。

裁判所は今にいたるまで嘘《うそ》発見器を全面的には信頼《しんらい》していないが、アメリカでは一九の州が、状況《じょうきょう》によっては嘘《うそ》発見器の結果を法廷《ほうてい》で証拠《しょうこ》とすることを認めている。

リンドバーグ愛児誘拐《ゆうかい》事件

一九三四年、ブルーノ・ハウプトマン（一八九九～一九三六）という男が、大西洋横断単独無着陸飛行で知られる飛行士チャールズ・リンドバーグ（一九〇二～一九七四）の子どもを誘拐《ゆうかい》した容疑で逮捕《たいほ》された。するとハウプトマンは一九三五年、自分と告訴人《こくそにん》の双方《そうほう》を嘘《うそ》発見器にかけてくれと要請《ようせい》した。

この裁判はアメリカ史上もっとも注目された裁判の一つで、ハウプトマンの要請《ようせい》は却下《きゃっか》されたが、嘘《うそ》発見器の存在を世に知らしめた。

同じく一九三五年、嘘《うそ》発見器は他の一部の裁判でも証拠《しょうこ》能力なしと見なされた。しかし一件の裁判では、嘘《うそ》発見器のおかげで強盗《ごうとう》事件の被疑者《ひぎしゃ》が無罪となっている。

嘘《うそ》発見器の新たな使い道

一九三〇年代後半、嘘《うそ》発見器を転用しようする動きが起こった。

たとえばジレット社は、自社のひげそり製品の剃《そ》り心地《ごこち》の良さを証明するために、マーストンの監《かん》督《とく》のもと、自社のカミソリと他社のカミソリでヒゲを剃《そ》った男性たちの反応を嘘《うそ》発見器で比較《ひかく》した。他にもカップルの恋愛《れんあい》本気度を確かめるために使われたり、現在では違法《いほう》とされているが、一時期は企業《きぎょう》の新規採用に利用されたりしたこともある。

アメリカ政府はいまだにＦＢＩ（米連邦捜査局《れんぽうそうさきょく》）、ＣＩＡ（米中央情報局）、およびＮＳＡ（米国家安全保障局）の応募者《おうぼしゃ》を嘘《うそ》発見器にかけて調べているが、その結果のみで「機密情報を扱《あつか》う人物としての合否」を判定することは認められていない。

嘘《うそ》発見器は信頼《しんらい》できる？

嘘《うそ》発見器の信頼性《しんらいせい》については、いまだに疑問の余地がある。たとえば、相手が卓越《たくえつ》した嘘《うそ》つきだとしたら？　完全に無反応で嘘《うそ》をつけるとしたら？

アメリカンフットボールのスター選手だったＯ・Ｊ・シンプソン（一九四七～）が元妻とその友人を殺害した罪に問われた裁判で、シンプソンは二回、それぞれちがう嘘《うそ》発見器にかけられて、まったく同じ質問をされた。すると片方の嘘《うそ》発見器は「嘘《うそ》をついている」、もう片方の嘘《うそ》発見器は「真実を話している」と、正反対の結果が出た。

米ポリグラフ協会は、「嘘《うそ》発見器によるテストは、九〇パーセントの確率で正確だ」と主張しているが、信じてよいのだろうか？

多くの科学者や米国科学アカデミーは、ノーと答えている。人間は恐怖《きょうふ》や不安などもろもろの感情によって、嘘《うそ》をつくときと同じ反応を示すからだ。

最高裁判所も一九九八年の判決で、訴訟《そしょう》手続きにおける嘘《うそ》発見器の使用を制限している。

催眠術《さいみんじゅつ》

嘘《うそ》発見器以上に疑わしいのは、テキサス州といった一部の州が、催眠術《さいみんじゅつ》の結果を証拠《しょうこ》として認めている点だ。容疑者に直接、催眠術《さいみんじゅつ》をかける行為《こうい》は認められていないが、証人や被害者《ひがいしゃ》が「本当の記憶《きおく》」を引きだすために催眠術《さいみんじゅつ》をかけられることはある。

催眠術《さいみんじゅつ》で真相が明らかになるとは思えないと、大多数の科学者は疑問を持っているが、実際に催《さい》眠術《みんじゅつ》による証言が有罪判決の証拠《しょうこ》となったことはある。

映画では催眠術《さいみんじゅつ》で真実を引きだすシーンがよく登場するが、現実の世界の催眠術《さいみんじゅつ》は「偽《いつわ》りの記《き》憶《おく》」を作りだすことが多い。裏を返せば、これは暗示の威力《いりょく》を示していると言える。だからこそ催《さい》眠術《みんじゅつ》は禁煙《きんえん》やダイエットに有効で、出産の痛みを抑《おさ》える効果まであるのかもしれない。

しかしそれは、真実を引きだしているのではない。

金《かね》を追え：本当の語り手は誰《だれ》か？

「金《かね》を追え」というフレーズの由来は不明だが、映画『大統領の陰謀《いんぼう》』で世に広まった。現職大統領による盗聴《とうちょう》という、前代未聞のウォーターゲート事件の真相を暴露《ばくろ》した、ふたりの新聞記者の実話をベースにしたアラン・J・パクラ監督《かんとく》による一九七六年製作の映画だ。

このフレーズは、映画では「ウォーターゲート事件の全容をつかむには、金《かね》の出所と行き先（目的）をつかむ必要がある」という意味で使われた。

これは、犯罪捜査《そうさ》の基本テクニックだ。トランプ・オーガナイゼイション（トランプ一族が運営する事業体のグループ）に対する詐欺《さぎ》や脱税《だつぜい》の司法調査も、同じ方法で進められた。

一般人《いっぱんじん》が嘘《うそ》や詐欺《さぎ》から身を守るときにも、この手法は役に立つ。

すでに我々はふだんから、テレビコマーシャルに対し、この手法を使っている。当然ながら企業《きぎょう》は自社製品を宣伝し、利益をあげる目的で、コマーシャルを流す。だから「コマーシャルはその企業《きぎょう》にとって都合の良いことしか言わない」と承知のうえで、コマーシャルを見ている。

紙媒体《かみばいたい》やテレビやラジオで政治広告を流す場合、広告主である政治家は、自分の身元を明らかにするように義務づけられている。「自分は××という者で、この広告を出すことを了承《りょうしょう》している」と、伝えなければならない。

いっぽうソーシャルメディアでは、必ずしも語り手が明らかではない、という根本的な問題がある。テレビと同じように、情報の出所を明らかにしろ、と声を大にして主張するのは、いまより誠実なソーシャルメディアを作る貴重な一歩となるだろう。

メッセージを流しているのは誰《だれ》なのか、つねに探《さぐ》ったほうがいい。もし情報源の人物にたどりつけなかったら、メッセージを疑ってかかるべきだ。もしかしたら情報源は、壮大《そうだい》な計画をもくろむロシアのような国家が、自分たちとの関係を隠《かく》して作ったボットかもしれない。

たとえ広告主の政治家の身元が明確な政治広告であっても、それだけで安心してはならない。たいていの広告は、おそろしく金がかかる。アメリカの政治では、政治キャンペーンの大部分を資金調達が占《し》めているほどだ。二年ごとに全員改選となる米下院の議員は、引退するまで資金調達をやめられない。

だから、誰《だれ》が議員に大口の献金《けんきん》をしているか、知っておく必要がある。大口献金者《けんきんしゃ》はたいてい、議員に見返りを求めるからだ。

もし政治家が気候変動を否定したとしたら、その理由は大口献金者《けんきんしゃ》にあるのかもしれない。いちおう政治家は大口献金者《けんきんしゃ》の情報を開示することになっているが、巧《たく》みに隠《かく》されていることもある。自分の政治資金の出所は労働者たちの貯金箱だ、と主張する政治家がいたとしても、そこに数人の大口献金者《けんきんしゃ》が交じっている可能性がある。

たいていの科学的な研究は商業的な利益とは無縁《むえん》だが、なかには関係のある研究もある。だから科学研究でも、出資者をつきとめるのは重要だ。

有名な例としては、元医師のアンドリュー・ウェイクフィールド（一九五六〜）によるワクチンの危険性の研究が挙げられる。この研究は、ワクチン製造業者を訴《うった》えている団体の弁護士の出資を受けていた。

もし研究成果を知りたければ、WHO（国連の世界保健機関）やCDC（米疾病《しっぺい》予防管理センター）といった信頼《しんらい》できる研究グループの成果を重視したほうがいい。

結局、重要なのは、やはり「金《かね》を追え」ということだ。

金《かね》の出所を追えば、「嘘《うそ》をつかれているかどうか」まではわからなくても、「本当の語り手が誰《だれ》か」はわかる。

真実と嘘《うそ》の見分け方

では、真実と嘘《うそ》をどうやって見分ければいいのだろう？

嘘《うそ》発見器に関しては、真実と嘘《うそ》を簡単に見分けられるケースもある。たとえば、米ポリグラフ協会が「嘘《うそ》発見器によるテストは九〇パーセントの確率で正確だ」と主張し、米国科学アカデミーがそれはちがうと反論した場合は？　ポリグラフ協会の主張は嘘《うそ》発見器を売るための宣伝だから、真に受けないほうが賢明《けんめい》だ。

特定の主張をする団体は、そうすることでどんな利益を得られるのか？　つねにそれを考えてほしい。嘘《うそ》にはたいてい動機があり、その動機は見つけやすい。

嘘《うそ》をつく大企業《だいきぎょう》は、そのために膨大《ぼうだい》な金をかけられる。たとえば石油会社は、油井掘削《ゆせいくっさく》が危険なうえ、環境浄化《かんきょうじょうか》もうまくいっていないのに、嘘《うそ》をついている。タバコ会社は以前、喫煙《きつえん》が健康を害する危険性を認めようとしなかった。炭鉱会社は、自分たちがもたらしている公害について嘘《うそ》をついている。

もちろん「大企業《だいきぎょう》はつねに嘘《うそ》をつく」わけではないが、もし巨額《きょがく》の金がからんでいるなら、大企《だいき》業《ぎょう》の言い分をうのみにせず、くわしく調べたほうがいい。

製品や選挙候補者の有料広告も、慎重《しんちょう》に調べたほうがいい。きっとその広告には、真実を伝えるという建前以外の動機があるはずだ。

炭素を排出《はいしゅつ》する産業が気候変動を否定したがる理由や、銃《じゅう》規制の反対派がコネチカット州のサンディフック小学校銃《じゅう》乱射事件や、フロリダ州のマージョリー・ストーンマン・ダグラス高校銃《じゅう》乱射事件といった「悲惨《ひさん》な銃《じゅう》乱射事件は、実際には起きていない」と主張したがる理由は、わかりやすい。

「トランプ前大統領が暴動を扇動《せんどう》した」として、二〇二一年に開かれた弾劾《だんがい》裁判で、同年一月六日の連邦《れんぽう》議会議事堂への暴動が実際起きたことを示す明白な証拠《しょうこ》をつきつけられたとき、ミシガン州の上院多数党院内総務でトランプと同じ共和党のマイク・シャーキー（一九五四〜）は「すべて、やらせだ」と言い放った。これは、自分に不利なニュースをすべて「フェイクニュース」と切り捨てる、トランプ流の最たる例だ。

ちなみにシャーキー議員の嘘《うそ》はすぐにばれる嘘《うそ》だったのに、一部の共和党議員は受けいれ、「暴動なんてなかった。あれは、連邦《れんぽう》議会議事堂に殺到《さっとう》した観光客だった」などと主張した。

嘘《うそ》をついても何の罰《ばつ》も下されないなら、誰《だれ》だって嘘《うそ》をつきたくなる。

見え透《す》いた嘘《うそ》を信じる人々

トランプを支持する共和党員たちの嘘《うそ》は、動機が見え透《す》いているので、すぐにばれる。それでも嘘《うそ》を信じたい人々は、「これが自分たちの真実だ」と主張する。

二〇二〇年の大統領選でトランプの勝利を望んでいた人々の多くは、トランプ敗北を示す証拠《しょうこ》をすべて否定し、「本当はトランプが勝った」と言い張った。

それはアーサー・コナン・ドイル卿《きょう》が、「妖精《ようせい》は存在する」と信じたくて、そう主張したのと変わらない。

実際、たいていの嘘《うそ》は、見破るよりも抹殺《まっさつ》するほうが難しい。

大昔からある嘘《うそ》の戦術

アメリカの共和党は「公共の場で嘘《うそ》を大量に流し、真実と嘘《うそ》を見分けられなくする戦略」をとっていたように思える。このような「混乱の種をまく」方法は、大昔からある戦術だ。

紀元前五〇〇年ごろ、中国の春秋戦国時代の兵法家、孫武《そんぶ》は兵法書『孫子』の中で「敵を混乱させよ」と説いている。
嘘《うそ》による混乱は、権力をにぎるチャンスともなる。

戦術？　真実撲滅《ぼくめつ》キャンペーン？

トランプがパンデミックの初期に専門家の意見を無視し、新型コロナウイルスを軽視する発言を繰《く》り返した影響《えいきょう》で、トランプ信者たちは「ワクチン接種なんてとんでもない」と声高《こわだか》に主張した。トランプ本人は妻とともども、退任前にワクチンを接種したのに、だ。

また共和党議員のなかには、トランプ信者たちによる連邦《れんぽう》議会議事堂襲撃《しゅうげき》を軽視する者もいたが、共和党の元上院議員のウィリアム・コーエン（一九四〇～）はそうした議員のことを「アメリカ国民にロボトミーを施《ほどこ》そうとしているみたいだ」と批判している。ロボトミーとは患者《かんじゃ》の脳の前頭葉の一部を破壊《はかい》し、患者《かんじゃ》を無気力にし、考える力をなくす手術だ。

トランプを支持する共和党議員の一部も、アメリカ国民に見え透《す》いた嘘《うそ》をこれでもかとつくことで、同じことをしようとした。

これは現代の戦術か？

それとも、真実撲滅《ぼくめつ》キャンペーンなのか？

マッカーシーの赤狩《あかが》り

政治的な嘘《うそ》は「架空《かくう》の脅威《きょうい》」への警告として発せられることが多い――「ユダヤ人、あるいはピエロ、あるいは共産主義者が陰謀《いんぼう》を企《くわだ》てているらしいぞ。身を守れ！」

一九五〇年代初頭、ジョセフ・マッカーシー上院議員（在任一九四七〜一九五七）は「アメリカは、政府や映画産業や大学に潜入《せんにゅう》した共産主義者たちによって脅《おびや》かされている」と警告を発し、何の証《しょう》拠《こ》もなく大勢の政府職員を追放し（「赤狩《あかが》り」と呼ばれる）、反ユダヤ運動にのめりこみ、最終的には失脚《しっきゃく》した。

マッカーシーは一九五一年の演説でこう語っている――「政府の高官は、我々を不幸のどん底に突《つ》き落とそうと画策している。そう考えないかぎり、現状の説明はつきません。これは、人類の過去の企《たくら》みがちっぽけに見えるくらい、途方《とほう》もなく壮大《そうだい》な陰謀《いんぼう》のなせる業《わざ》だと、考えざるをえないのであります」

警告を広めるために、やたらと誇張《こちょう》する人物は、警戒《けいかい》したほうがいい。「途方《とほう》もなく壮大《そうだい》」という表現もそうだ。いったい何を根拠《こんきょ》に、そんなことを言うのか？

情報源はどこか？

情報源はどこか？　それを、つねに意識してほしい。

仲間内で話をしていたとき、誰《だれ》かがスマホ検索《けんさく》で知った事実や情報を言いだしたことはないだろうか？　そんなとき、他の誰《だれ》かが「どこからの情報？」と確認《かくにん》したことはあるだろうか？

「グーグルの情報」は、真実とはかぎらない。グーグルの情報には、大本《おおもと》の情報源がある。その大《おお》本《もと》の情報源は、信頼《しんらい》できるのか？

「人類にとってインターネットは、史上最強の情報源である」というフレーズを、我々は耳にタコができるくらい聞かされている。それは、ある意味正しい。

生物学者なら、自分が発見した植物や動物が新種かどうか、インターネットですぐに調べられる。医者が病気を診断《しんだん》するときも、インターネットを手軽に使える。歴史学者は、過去の演説でも、古代ギリシャの演説でも、忘れてしまった演説をすぐに検索《けんさく》できる。アリストテレスは、民主主義の欠点をどう指摘《してき》したか？　なぜダーウィンは、クジャクの羽を見ると気分が悪くなると言ったのか？　アメリカの詩人ドロシー・パーカーとは何者で、女性用下着について何と言っていた？　プロ野球選手テッド・ウィリアムズの生涯《しょうがい》打率は？　アメフト選手トム・ブレイディはスーパーボールを何回制覇《せいは》した？

確かにインターネットは、かつてないほど、貴重な情報を我々に手軽に与《あた》えてくれる。しかし悪い情報や偽《にせ》情報、デマや意図的に歪《ゆが》めた情報、嘘《うそ》やいたずらも、インターネット上にかつてないほど流れている。しかもどれが真実で、どれが嘘《うそ》かまでは、教えてくれない。

コンピュータは調べものの道具としては最高だし、情報分析《ぶんせき》に使えるし、もし時間を惜《お》しまないのなら、情報源を分析《ぶんせき》し、正確さを確かめる助けにもなる。

問題は、コンピュータを使えばなんでも手軽に得られる、と思いがちなことだ。

コンピュータは、あくまでも道具。時間と手間をかけて真実にたどりつくための道具にすぎない。グーグルにたずねる以外にも、やるべきことはたくさんある。

素人《しろうと》がのさばるアマチュアリズム

インターネットは、誰《だれ》でも使えるようにすることで、民主主義をうながすはずだった。しかし実際には、素人《しろうと》がのさばるアマチュアリズムをうながしている。

インターネットで本や映画や音楽を批評するのに、専門知識や洞察力《どうさつりょく》は必要ない。「きみは何者？」とか、「なぜきみの意見を聞かなきゃいけないのか？」とか、たずねる人もいない。

確かに今のジャーナリストはたいていがエリート大学出身で、意見が体制に寄りがちなのは否定できない。エリートや体制寄りではない、ごくふつうの一般人《いっぱんじん》の意見を聞きたくなるのもわかる。しかしそのような人たちは、文章を書く練習をしていないし、規律や責任やプロのジャーナリストならではの道義心も持ち合わせていないことが多い。

優秀《ゆうしゅう》なジャーナリストには、道徳的責任が求められる。もちろん、プロが見落とした重大なニュースをアマチュアがいち早く伝える可能性は大いにある。いっぽうでアマチュアは、目に余る内容の作り話や、自分の利益のための作り話を大量に流すといった、プロのジャーナリストがやれば即刻《そっこく》クビになる行為《こうい》をする可能性も大いにある。

「アマチュアでもインターネットを使える」ということは、「水準の高いメディアで嘘《うそ》を拡散するだけの能力がないアマチュアの大嘘《おおうそ》つきが、大衆に簡単に嘘《うそ》を流すツールを得た」ことを意味する。特殊《とくしゅ》技能がなく、独創的なアイデアすらなくても、嘘《うそ》つきはくだらない嘘《うそ》をすさまじい数の大衆に拡散できる。大衆の中には、「インターネットで見た」というだけで嘘《うそ》を信じる者も、それなりにいるだろう。

ソーシャルメディアの創設者たちは、誰《だれ》でも参加できる意見交換《こうかん》において、言論の自由をいっさい制約しないと約束した。

しかしソーシャルメディアは、情報空間に実体のない人々が集まっているにすぎない。

ソーシャルメディアの同調圧力

ユーザーは思いあがった尊大な人ばかりではないが、尊大な人たちも一般《いっぱん》ユーザーと同じように投稿《とうこう》するので、ソーシャルメディアは思慮深《しりょぶか》い対話には向いていない。掘《ほ》りさげた分析《ぶんせき》ではなく、手軽な投稿《とうこう》に向いている。

もともとソーシャルメディアは、大学生がデートの相手を探したり、友だちと交流したりする場だった。しかし規模が拡大し、より大胆《だいたん》になるにつれて、弱い者いじめや強い同調圧力が見られるようになった。自由に考え、世間一般《いっぱん》の考えとはちがう独自の考えを持つ人は、猛攻撃《もうこうげき》にさらされてしまう。

革新的な解説者や親トランプの『FOXニュース』のコメンテーターは、すでにそのことを思い知らされている。

独自の考えを持つ人は標的にされる。だからジャーナリズムでも学界でも、意見を述べる場はどこであろうと、正統派の考えが圧倒的《あっとうてき》に強くなる。まわりに合わせておくのが一番無難だからだ。

この「正統」について、ジョージ・オーウェルは鋭《するど》い見方をしていた――「正統とは、自分では考えず、考える必要もないことを意味する。正統とは、意識を持たないことだ」

ボリス・パステルナーク（一八九〇〜一九六〇）も、ロシア革命が舞台《ぶたい》の小説『ドクトル・ジバゴ』（一九五七年刊）の中で、革命が理想を失っていく過程をこう書いている――「つづいて、ロシアの地に虚偽《きょぎ》がふってきた。その最大の問題、将来の悪の根源となる問題は、自分の意見に対する信頼《しんらい》が失われたことだった。人々は、自分の道徳観に従う時代は終わったと思った。これからは、まわりに合わせる時代が来たのだと考えるようになった」

たとえば保守派の人なら、「トランプは二〇二〇年の選挙を盗《ぬす》まれた」という陰謀論《いんぼうろん》を信じなかった場合、ソーシャルメディアで袋叩《ふくろだた》きにされる。

いっぽう、これが改革派の人なら、「ブラック・ライブズ・マター」（アフリカ系アメリカ人に対する人種差別や暴力に抗議《こうぎ》する社会運動のスローガン）や「#MeToo《ミートゥー》」運動（セクハラや性的暴力を告発する運動のスローガン）の参加者たちの発言に賛成できなかった場合、やはりソーシャルメディアでつるし上げを食らう。

ソーシャルメディアで攻撃《こうげき》されるのが怖《こわ》くて、黙《だま》っていたとしたら？　その場合は、対話と民主主義の崩壊《ほうかい》に一役買ったことになる。

だからといって、ソーシャルメディアで同調圧力に逆らって、多数派とはちがう意見を述べたら、きわめて不愉快《ふゆかい》な書き込《こ》みを目にすることになる。

インターネットの「行間を読む」

ドナルド・トランプは、共和党内で自分に反対する人たちに対し、「大量のツイートで口汚《くちぎたな》く罵《ののし》ってやる」と脅《おど》しをかけて屈服《くっぷく》させた。脅《おど》された共和党員は、なぜそこまで震《ふる》えあがったのか？

それは、政治は幻《げん》想《そう》の上に成り立っているからだ。世間から不人気だと思われてしまったら、その政治家は実際に人気を失ってしまう。

トランプはその逆の道を行き、ツイッターで自分を人気者に仕立てあげることで、実際に人気を得たのだった。

だからこそ我々ユーザーは、インターネットの「行間を読む」技術をもっと高め、書き手の真意をくみとれるようにならなければならない。

そのために、何をするべきか？　まずは、教育を受けること。なぜなら、教育の非公式な目的は、真実と嘘《うそ》を見分ける手段を与《あた》えることだからだ。

当然ながら、この世にワンダーウーマンの「真実の投げ縄《なわ》」は存在しない。それどころか、強制的に真実を吐《は》かせる真実の投げ縄《なわ》のようにきわめて単純な解決策は、基本的に疑ってかかったほうがいい。

その点、教育は、真実の投げ縄《なわ》よりもはるかに複雑だが、正しく使えば、真実の投げ縄《なわ》に負けないくらい、頼《たよ》れる武器になる。

科学的方法

では、教育を正しく使うとはどういうことか？　それは、科学的方法――データを集め、データに基づいて仮説を立て、その仮説を事実で検証する研究法――をとることだ。科学的方法は科学者が新説や新しいワクチンの効果を検証するときに使っている方法であり、ニュートンやガリレオ、ダーウィンやアインシュタインが唱えた説はすべて、科学的な検証に耐《た》えられたからこそ、いまも世に残っている。

科学的方法とは、この説は正しいはずとか、まちがっているはずとか、そういう前提には立たない。ただ、その説に可能性があることだけを認め、そこからあらゆる方法を使って説を検証し、正しいかまちがっているかを見極《みきわ》める。すべての検証が、同じ答えや結論にたどりついているか？もしそうであれば、その説は正しいのかもしれない。

医者や科学者、ジャーナリストや研究にたずさわる人たち――学生も含《ふく》む――はつねに、「自分が見つけた情報や資料の信頼性《しんらいせい》を見極《みきわ》める」という難問に直面している。

情報源は？　名の通った専門家による、信頼《しんらい》できる資料か？　科学の場合は、同じ専門分野の権《けん》威《い》ある研究者がすでに審査《しんさ》した文献《ぶんけん》か？　執筆者《しっぴつしゃ》は何者？　その人は実績があるのか？　大学や評判の良い研究グループのような、名が通った信頼《しんらい》できる機関と関係があるか？　そもそも執筆者《しっぴつしゃ》は実在の人間なのか？　出所不明のウェブサイト以外で発表しているか？　その研究は正しい方法にのっとっているか？　研究の資金源はどこか？

BMJの研究発表

世界四大医学雑誌の一つであるイギリスのBMJ（ブリティッシュ・メディカル・ジャーナル）誌のクリスマス特集号で、ある有名な論文が発表された。

「パラシュートを装着すると、航空機から飛び降りたときの損傷を抑制《よくせい》できるか？」という研究で、飛行機から「パラシュートをつけて飛び降りた」グループと「パラシュートをつけず、リュックサックをかついだだけで飛び降りた」グループについて比較《ひかく》実験したところ、なんと「顕著《けんちょ》な差は見られない」という結論が得られた。

ネタ晴らしをすると、実はこの実験、そもそも飛行機は空を飛んでいなかった！

この研究は鋭《するど》い点をついている。たとえ信頼性《しんらいせい》がもっとも高いとされている比較《ひかく》実験であっても、研究の前提条件しだいで結論を操作できる、ということだ。自分の主張に合うよう、いつでも事前に仕組んでおけるからこそ、研究者たちの利害関係や先入観を調べる作業は欠かせない。

実験のサンプル数は足りているか？　被験者《ひけんしゃ》が数十人しかいない実験は意味がない。ある実験から妥当《だとう》な結果を得るには、もっと多くのサンプルが必要だ。しかも被験者《ひけんしゃ》は、特定の結論につながることがあらかじめわかっているグループからではなく、ランダムに選ばなければならない。

結論は、実験や調査結果から論理的に引きだされたものか？　たとえば「ＮＡＦＴＡ（ナフタ、北米自由貿易協定）のせいでアメリカ人の仕事が減った」とする調査結果は無数にあるが、「メキシコに移った仕事は本当にＮＡＦＴＡが原因なのか、それともＮＡＦＴＡに関係なく、メキシコに移っていたのか」という視点は、抜《ぬ》け落ちていることが多い。

研究と結論の間に飛躍《ひやく》はないか？　たとえば二〇〇六年のカナダのダルハウジー大学の研究は、「現在、商業用に捕獲《ほかく》されている魚は全種類、二〇四八年までに絶滅《ぜつめつ》する」ことを示しているとして、マスコミに大々的に取りあげられた。しかし研究の実際の結論は「もしこのまま捕獲《ほかく》されつづけたら、二〇四八年までに絶滅《ぜつめつ》する可能性がある」というものにすぎなかった。しかも生物学的および商業的な理由から、そのような事態は起こらない可能性のほうが高い。漁獲高《ぎょかくだか》は変化するし、絶滅《ぜつめつ》という事態に直面すれば、漁獲高《ぎょかくだか》を減らすことだってありうる。数が激減した種類の魚は商業的な価値が減っていくので、捕獲《ほかく》の対象から外れることも考えられる。

ダルハウジー大学の研究は、現在のままの漁業は続けられない、ということを示そうとしたにすぎなかった。

キーポイントは「あいまいな表現」

このように研究結果は、ともすると読みまちがえる。まずは「あいまいな表現」を見つけたら、疑う癖《くせ》をつけてほしい。わざとあいまいにして、ごまかそうとしている可能性が高いからだ。

いつ、どこで、誰《だれ》が、という具体的な要素が欠けている場合も、警戒《けいかい》すること。「××を研究している人々がいる」とか「この件については、わかり次第《しだい》お知らせする」といった文言を見つけたら、ぜったい信じないこと。著者は十中八九、「研究している人々」など知らないし、「お知らせする」こともない。

読み手があえて読みまちがえるよう、わざとあいまいな言葉を使う場合もある。たとえば「標準」という言葉。標準には「平均値」と「中央値」と「最頻値《さいひんち》」があり、それぞれデータが異なる。「平均値」は、すべてのデータの値を足して、データの数で割ったもの。一〇〇人で総額一〇万ドル稼《かせ》いだら、一人当たりの平均値は一〇〇〇ドルになる。しかし同じく一〇〇人で総額一〇万ドル稼《かせ》いでも、半分が五〇〇ドル以下で、もう半分が五〇〇ドル以上稼《かせ》いだ場合、「中央値」は五〇〇ドルになる。一〇〇人で総額一〇万ドル稼《かせ》いでも、四〇〇ドル稼《かせ》いだ人が一番多い場合、「最頻値《さいひんち》」

は四〇〇ドルになる。

この一〇万ドル稼《かせ》いだグループを、金持ちに見せたいか？　それとも貧乏《びんぼう》に見せたいか？　それは、どの「標準」を選ぶかによって操作できる。「平均値」「中央値」「最頻値《さいひんち》」のどれを選んでも、統計的にはすべて正しいことになる。

マーク・トウェイン（一八三五〜一九一〇）の「嘘《うそ》には三種類ある。嘘《うそ》と、大嘘《おおうそ》と、統計だ」という言葉は、まちがいなくこれを意味している。

余談だが、実はマーク・トウェインが言ったとされる言葉はどれも、本当に本人のものかどうか疑わしい。「嘘《うそ》には三種類ある。嘘《うそ》と、大嘘《おおうそ》と、統計だ」もそうで、イギリスの元首相ベンジャミン・ディズレーリ（一八〇四〜一八八一）のものだとする説もあるし、他にも数人、候補に挙がっている。

ともかく誰《だれ》が言ったにせよ、統計のからくりを意味することに変わりはない。

ファクトチェックの四つのプロセス

「情報というものは、インターネットですばやく簡単に手に入る」というのは大嘘《おおうそ》だ。まともな情報を手に入れたければ、ゆっくりと慎重《しんちょう》に調べるしかない。インターネットを利用すれば、埃《ほこり》っぽい保管所で一つ一つ資料をめくるより、正解に早くたどりつけるかもしれないが、やはりそれなりの手順を踏《ふ》む必要がある。クリティカル・シンキング——物事を客観的に分析《ぶんせき》し、正確に理解すること——とは、前提を疑うだけでなく、真実をつきとめることも意味している。

メディア・スマート（カナダの非営利のメディア・デジタル・リテラシー・センター。カナダ最大のメディア教育ウェブサイトを開設）は、事実かどうかを確認《かくにん》するファクトチェックの四つのプロセスを紹介《しょうかい》している。

一　Snopes.comのような、情報の真偽《しんぎ》を確認《かくにん》できるファクトチェックのオンラインサイトを利用する（Snopes.comは、あらゆる情報の真偽《しんぎ》を確認《かくにん》できるサイトの先駆《さきが》けだ）。

二　もしファクトチェックサイトがまだ取りあげていない話題なら、検索《けんさく》エンジンかリンクをたどって、大本《おおもと》の情報源をつきとめる。

三　大本《おおもと》の情報源にたどりついたら、信頼《しんらい》できる情報かどうか、確認《かくにん》する。

四　他の情報源にもあたること。指摘《してき》としては四番目だが、最初のステップはこれかもしれない。他の情報源にあたるには、検索《けんさく》エンジンよりもニュースタブのほうが向いている。ニュースタブに挙げられた情報源は、一〇〇パーセント信頼《しんらい》できるとはかぎらないが、少なくとも実在する報道機関ではある。

COLUMN
コラム

嘘《うそ》のにおい

僕《ぼく》は以前、偽装紙幣《ぎそうしへい》を見破る能力が必要とされる仕事についていたことがある。そのとき、偽札《にせさつ》の印刷や紙の特徴《とくちょう》について教わった。しかしすぐに、大多数の偽札《にせさつ》職人には大した技術がなく、偽札《にせさつ》は一目で見破れることに気がついた。偽札《にせさつ》は、紙幣《しへい》をじっくりと見たりしない一般人《いっぱんじん》さえだませればいいレベルの代物《しろもの》だった。

同じことは嘘《うそ》にも言える。おそろしく巧《たく》みな嘘《うそ》もなくはないが、大多数の嘘《うそ》はすぐに見破れる。嘘《うそ》つきは「嘘《うそ》は大胆《だいたん》であればあるほど速く拡散する」ことを知っているので、ソーシャルメディアの嘘《うそ》はとくにわかりやすい。「人間は宇宙から来たトカゲに侵略《しんりゃく》されている」とか、「カリフォルニアの森林火災はユダヤ人が大気圏《たいきけん》からレーザーを照射したせいだ」とか、そんな作り話は嘘《うそ》だとすぐにわかるだろう。

だが、もっと狡猾《こうかつ》な嘘《うそ》もある。たとえば、「ワクチンは自閉症《じへいしょう》を引きおこす」という嘘《うそ》だ。可能性が完全にないとは言い切れないが、今のところ、実例は一つもない。

警察は嘘《うそ》を見破るのが商売で、そのための訓練を受けている。その一つ、ボディーランゲージは、嘘《うそ》を見破る重要なサインとなる。たとえば指を広げた状態で、両手の指先どうしを合わせて屋根の形を作る「尖塔《せんとう》のポーズ」は、その人物が強い自信を抱《いだ》いているサインとされている。「相手の目を見てしゃべらない人は、嘘《うそ》をついている可能性が高い」というのも、以前はよく教えられていた。だからテレビで嘘《うそ》をつく人は、おうおうにしてカメラをまっすぐ見ない。

しかし相手の目を見てしゃべらないのは、文化の違《ちが》いが関係している場合もある。たとえばアメリカ先住民は、本当のことを話すときは相手と目を合わせない。アジアの中には、相手の目を見つめる行為《こうい》を無礼と見なす文化もある。

嘘《うそ》つきは首尾一貫《しゅびいっかん》しておらず、しょっちゅう矛盾《むじゅん》したことを言う。実際、警察はこれまでの経験で、嘘《うそ》つきに質問を重ねると、いずれ矛盾《むじゅん》することを言いだすのを知っている。

「先週の金曜の夜は、何をしていた？」（警官）

「先週はずっとボストンにいましたよ」（被疑者《ひぎしゃ》）

二〇分後、警官はさりげなく、こうたずねる。「で、金曜の夜は、何時に家に帰ったの？」

「一一時です」（被疑者《ひぎしゃ》）

嘘《うそ》つきが矛盾《むじゅん》したことを言う点は、こそ泥《どろ》でも政界の大物でも変わらない。それどころか大多数の嘘《うそ》つきは、「採点者間信頼性《しんらいせい》」（同じ被験者《ひけんしゃ》を複数の人が評価して、どのくらい同じ結果が出るか、という数値）が低い。エイブラハム・リンカーンが言ったように、「嘘《うそ》をつき通せるほど完全な記憶力《きおくりょく》を持つ者はいない」ということだ。

では、相手が嘘《うそ》つきかどうかを見極《みきわ》めるチェックリストを挙げておこう。ワンダーウーマンの「真実の投げ縄《なわ》」ほど万能《ばんのう》ではないが、嘘《うそ》を見破る手がかりにはなる。

① 非難された対象が、本当にそのような行動をとると信じられるか?

僕《ぼく》は以前、近所の人に「地球は丸くない。それはNASAが広めた嘘《うそ》だ」と言われたとき、「なぜNASAがそんな嘘《うそ》を広めなきゃいけないんですか?」とたずね返して、困らせたことがある。

とくに理由もなく嘘《うそ》をつく病的な嘘《うそ》つきもいるが、大多数の嘘《うそ》には達成したい目的がある。陰謀論《いんぼうろん》の場合は、「政府は嘘《うそ》をつく」というシンプルな前提に基づいていることが多い。たしかに政府の役人は嘘《うそ》をつくが、それは不人気な戦争を推《お》し進めるためとか、失敗をごまかすためとか、何らかの動機があり、そうした動機は見つけやすい。

② 情報の発信者は、その情報の出所を明らかにしているか?

Qアノンのように出所を明らかにしていない場合は、疑ったほうがいい。もし情報の出所が明らかになっていたら、それが何者なのか、信頼《しんらい》できる確かな団体や組織に認識されているかどうか、調べること。

③ 発信者が信頼《しんらい》できる確かな団体や組織を攻撃《こうげき》している場合、そこに根拠《こんきょ》はあるのか?

ドナルド・トランプによるWHO（国連の世界保健機関）、AMA（米国医師会）、CDC（米疾病《しっぺい》予防管理センター）への攻撃《こうげき》は、根拠《こんきょ》なき攻撃《こうげき》の典型だ。トランプが間違《まちが》った医療《いりょう》情報をまきちらすには、自分の間違《まちが》った情報を「信用できない」と言いそうな医療《いりょう》団体を誹《ひ》謗《ぼう》中傷する以外に手はない。

④　発信者の攻撃《こうげき》は、偏屈者《へんくつもの》がよく使うフレーズを使っていないか？

「エリートが悪い」「ユダヤ人が悪い」「いつもの容疑者」といったフレーズを使っていないか？　確かな証拠《しょうこ》を一つでも挙げているか？

⑤　発信者は、別の考えを受け入れているか？

まともな医者は、つねに、別の医者の意見を聞くセカンドオピニオンを歓迎《かんげい》する。セカンドオピニオンを拒否《きょひ》する医者は、信用してはならない。同じように、どんな分野でも「自分だけが正しい」という偏屈《へんくつ》な態度をとる者は信用できない。

COLUMN
コラム

インターネット上の嘘《うそ》と戦う、全国家的な取り組み

一部の国では、インターネット上の嘘《うそ》に対抗《たいこう》する、国を挙げての一大教育キャンペーンを行っている。とくに隣国《りんごく》ロシアからつねにインターネット空間を侵略《しんりゃく》されているバルト海諸国（スウェーデン、フィンランド、エストニア、ラトビア、リトアニア）は、以前から教育キャンペーンを展開している。

ロシアのような隣国《りんごく》は、国家防衛の旗印のもとに、社会を強制的にまとめられる。ロシア発のソーシャルメディアがウクライナで「ロシア系住人」と「ウクライナ人」との対立をあおったとき、それを見たバルト海諸国は「ロシアが、自分たちの国にも同じ攻撃《こうげき》を仕《し》掛《か》けるのではないか」と不安になった。そこでとった対抗策《たいこうさく》が、各国内の諸機関が協力しあう「全国家的な取り組み」だ。このアプローチは、近年、麻薬《まやく》の密売防止やテロとの戦いといった問題に対し、全世界で多く用いられるようになっている。

全国家的な取り組みでは、数多くの政府系機関を連携《れんけい》させ、それを教育制度や実業界、市民団体などと連携《れんけい》させている。政府系機関は別としても、民間の企業《きぎょう》や団体が連携《れんけい》に参加するかどうかはそれぞれの選択《せんたく》に任されているので、このアプローチは高いレベルの関

心と協力が求められることになるが、バルト海諸国ではうまく機能している。

アプローチの具体例としては、公教育の集中プログラム、外国による偽情報《にせ》を国を挙げて追跡《ついせき》するキャンペーン、外国による偽《にせ》情報を発見した場合の告知や法的措置《そち》、政治活動の透明性《とうめいせい》をはかるルール作りが挙げられる。

バルト海諸国にはロシア語をしゃべる住人が多いので、ロシア語のメディアがかなりある。そのメディアにロシア政府が関《かか》わっているかどうかを調べ、事実を国民に知らせるのも、このアプローチの目的の一つだ。たとえば、バルト海諸国内のロシア語ニュースサイト『バルトニュース』は、表向きは現地チームの運営ということになっているが、実はロシア国営メディアと関係があることがつきとめられ、広く報道された。

さらにバルト海諸国では、明らかにロシア政府寄りの意見とわかる内容を露骨《ろこつ》に報道しているニュース専門局に対し、罰金《ばっきん》を科したり、活動を停止させたりしている。

このアプローチは、アメリカでも威力《いりょく》を発揮するかもしれない。アメリカのように多種多様な人種が集まる巨大《きょだい》国家に導入するのは、気が遠くなるくらい大変な作業になるだろうが、前例はある。第二次世界大戦後、アメリカとソ連が対立した冷戦時代には、ソ連による偽《にせ》情報を食いとめるため、アメリカでも規模は小さいが同じようなアプローチがとられた。

しかし二〇二一年時点のアメリカでは、そういった協調体制はいっさい見られない。

インターネットに規制は必要？

ソーシャルメディアも政府も以前からインターネットの数々の難問と取り組んできたが、「完全に自由で、何の統制もないインターネット」は、これまでのところ、実際にうまく機能しているとは言いがたい。今、ソーシャルメディア企業《きぎょう》と議員たちは、「ソーシャルメディアは若者に悪影響《あくえいきょう》を及《およ》ぼす可能性がある」「一部の研究では、うつ病を引きおこす可能性が指摘《してき》されている」という膨大《ぼうだい》な調査結果に直面している。

しかも現在では、ロシアや他国がソーシャルメディアを通じてアメリカの内政に干渉《かんしょう》できるようになったため、規制が必要だという意識が高まるようになった。ドナルド・トランプとその支持者たちがソーシャルメディアを利用し、大統領選の結果を覆《くつがえ》す目的で連邦《れんぽう》議会議事堂を襲撃《しゅうげき》した二〇二一年一月六日以来、ソーシャルメディアを規制する必要性は確実に高まった。

Qアノンとトランプは、ソーシャルメディアの数多くのプラットフォームから締《し》め出された。さらに二〇二一年一月、アマゾンとグーグルとアップルは、反ユダヤ主義を説き、保守的な陰謀論《いんぼうろん》を拡散するトランプ支持者に人気のSNS『パーラー』のダウンロードを停止した。

このように締《し》め出されたサイトが、「通常の検索《けんさく》エンジンでは検索《けんさく》できず、合法と非合法、両方の活動が集まるダークウェブに移行する」懸念《けねん》はある。違法《いほう》薬物、銃器《じゅうき》、偽造貨幣《ぎぞうかへい》、盗難《とうなん》クレジットカード、ネットフリックスの無料アカウント、ハッキング専用ソフトウェアなど、ダークウェブにはさまざまな違法《いほう》商品が集まっている。

言論の自由と規制とのバランス

それならば、トランプやQアノンは、簡単に追跡《ついせき》できるオープンなソーシャルメディアで活動させるほうがましなのだろうか？

ここで注意しなければならないのは、解決策が問題以上に危険を招いてしまうことだ。ソーシャルメディアの各企業《きぎょう》は政府による規制に抵抗《ていこう》し、政府による規制を「言論の自由への干渉《かんしょう》」と見なしている——というか、本音はわからないが、そのように主張している。

政府の干渉《かんしょう》は、アメリカ社会を中国や、小説『一九八四年』で描《えが》かれた国家——政府が完全に支配するスクリーンがあらゆる場所に設置される社会——に近づけてしまうのか？

しかしアメリカ政府は昔からずっと、言論の自由の権利と、その自由を制限する必要性の双方《そうほう》に目配りしてきた。平たく言うと、暴力や憎悪《ぞうお》をあおる言論や、他人を危険にさらす言論に自由は認めない、ということだ。たとえば最高裁判事のオリバー・ウェンデル・ホームズ（一八四一〜

一九三五）は一九一九年の有名な判決文の中で、「劇場で火事だと嘘《うそ》をついてパニックを引きおこした場合、それは言論の自由として保護されない」と述べている。ただしホームズ判事に関しては、言論の自由にあたるかどうかで、別の判例もある。ホームズ判事は、第一次世界大戦での徴兵制《ちょうへいせい》に反対するビラに対し、国家の徴兵制度《ちょうへいせいど》に対する「明白かつ目前にある危険」として、言論の自由を認めなかった。

ホームズ判事の徴兵制《ちょうへいせい》に対する判決は、現代では賛成しない人のほうが多いかもしれない。しかしその人たちも、混みあった劇場で火事でもないのに「火事だ！」と大声で嘘《うそ》をついて、観客が出口に殺到《さっとう》するような危険な事態を招くのは——ソーシャルメディアで連邦《れんぽう》議会議事堂襲撃《しゅうげき》をほのめかし、実際に五人の死者が出たのと同じように——憲法で認められた言論の自由にはあたらない、という意見には、誰《だれ》もが賛成するだろう。

ソーシャルメディアでの誹謗《ひぼう》中傷を監視《かんし》する政府機関が必要だ、という意見もあるが、そのような機関にどの程度の権力を与《あた》えたらいいのか？　一歩まちがえれば、書物や新聞まで検閲《けんえつ》の対象になりかねない。そうなったら、ジョージ・オーウェルが描《えが》いた「思想警察」を作りだすことになりはしないか？

だからこそ、政府の取り組みを民間団体——教育者や弁護士、ジャーナリストといった民間人や消費者団体——と連携《れんけい》させ、全国家的な取り組みにするのが重要と言える。

ジャーナリストの役割

では、ジャーナリストが果たすべき役割とは何だろう?

ジャーナリストは嘘《うそ》の暴露《ばくろ》にあまり時間を費《つい》やさない、とよく苦情が寄せられるが、実際はその逆で、ジャーナリストは嘘《うそ》の暴露《ばくろ》に時間を割《さ》きすぎて、真実を伝える時間も紙面も足りていない。たとえば二〇一五年の共和党の予備選挙で、ジャーナリストたちはトランプの数々の嘘《うそ》を暴露《ばくろ》するのに時間と紙面を割《さ》きすぎたあまり、他の一六名の候補者の政策や声明をほとんど流さず、紙面にも取りあげなかった。トランプはあの時点で、嘘《うそ》をつけばつくほど自分がニュースを独占《どくせん》できることを学んでしまった。

新聞やニュース番組は、嘘《うそ》の暴露《ばくろ》ばかりに多大な時間を費《つい》やさないよう、嘘《うそ》を暴《あば》くためだけの特別なコーナーを設けたほうがいいかもしれない。

「ばかものギンペル」の脅威《きょうい》

ノーベル文学賞を受賞した作家のI・B・シンガー(一九〇四~一九九一)が創作した、言われたことをうのみにする「ばかものギンペル」は、自由と民主主義を脅《おびや》かす。

言われたことをうのみにせず、まずは本当かと疑うのは、現代を生きる我々の責任だ。

アメリカ史上もっとも尊敬され、もっとも影響力《えいきょうりょく》のあったラーニド・ハンド判事（一八七二～一九六一）は、一九四四年、アメリカへの忠誠を誓《ちか》うためにニューヨークのセントラルパークに集まった大勢の移民を前に、自分の考える自由についてスピーチし――そのスピーチは印刷され、全米に配られた――そのなかでこう言っている――「自由の精神とは、己の正義に固執《こしつ》しないこと」もし自由な社会を手に入れたければ、自分がまちがっている可能性はもちろん、他人がまちがっている可能性も考えなければならない。

まずは自分の頭で考える

科学者にとっては常識だが、すべてのアイデアはしっかり分析《ぶんせき》し、検証しなければならない。重要なのは、我々には真実に近づく手段があり、嘘《うそ》を暴《あば》く能力がある、ということだ。我々に必要なのは反抗心《はんこうしん》であり、「見たこと聞いたことをうのみにせず、まずは自分の頭で考える」ことは、究極の反抗《はんこう》と言っていい。

そのことを、一九世紀のアメリカの哲学者《てつがくしゃ》ラルフ・ワルド・エマーソン（一八〇三～一八八二）は以下のように表現している。

「人間は何のために生まれてきたのか？　改革者になるためではないのか？　人間が作り上げてきたものを作り直し、嘘《うそ》を放棄《ほうき》し、真実と美徳を取りもどすためではないのか？」

謝辞

僕《ぼく》にこの本を書くよう、強く勧《すす》めてくれた出版社のジョナサン・イートンと、僕《ぼく》を支えてくれたマリエレン・イートンに、心から感謝する。リサーチ・アシスタントを務めてくれた娘《むすめ》のタリア・フェイガ・カーランスキーにも、ありがとうと伝えたい。僕《ぼく》のエージェントで友だちのシャーロット・シーディ、ありがとう。医学研究の評価でアドバイスしてくれたポール・カーランスキー医師と、警察の嘘《うそ》発見器について知識を授けてくれたＡＥＬＥの常任理事のジョン・ピーターズと、インドの農村部からレポートしてくれた友だちのジェイディープ・ハーディカーにもお礼を言いたい。そしていつものように、マリアン、本当にありがとう。

マーク・カーランスキー

『ニューヨーク・タイムズ』紙でベストセラー入りした3冊(『鱈——世界を変えた魚の歴史』(飛鳥新社)、『「塩」の世界史—歴史を動かした、小さな粒』(扶桑社)、『1968 ——世界が揺れた年』(ヴィレッジブックス) を含む35冊の著作が、30言語に翻訳された、世界的ベストセラー作家。ジェームズ・ビアード財団賞、『ボナペティ誌』フードライター・オブ・ザ・イヤー(最優秀賞)、デイトン文学平和賞など、多数の受賞歴がある。また、ジャーナリストとして培った巧みな文章力を活かし、大人にも十分魅力的なヤングアダルト向けの教養書(本書、及び『魚のいない世界』(飛鳥新社))も執筆している。

橋本 恵
はしもと めぐみ

翻訳家。東京生まれ。東京大学教養学部卒業。訳書に「ダレン・シャン」シリーズ(小学館)、「アルケミスト」「スパイガール」シリーズ (共に理論社)、「カーシア国三部作」「12分の1の冒険」シリーズ(共にほるぷ出版)、『ぼくにだけ見えるジェシカ』(徳間書店)、『その魔球に、まだ名はない』『ルース・ベイダー・ギンズバーグ』(共にあすなろ書房)などがある。

大きな嘘とだまされたい人たち

2023年8月30日　初版発行

著者　マーク・カーランスキー
訳者　橋本 恵
発行者　山浦真一
発行所　あすなろ書房
〒162-0041 東京都新宿区早稲田鶴巻町551-4
電話 03-3203-3350(代表)
印刷所　佐久印刷所
製本所　ナショナル製本

 ISBN978-4-7515-3158-7 NDC209 Printed in Japan